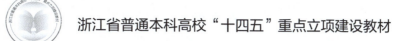

浙江省普通本科高校"十四五"重点立项建设教材

数 字 化 管 理 创 新 系 列 教 材

商业模式创新
数字经济时代持续竞争优势的源泉
第2版

胡保亮 闫帅 编著

清华大学出版社
北京

内 容 简 介

本书在明确商业模式创新在当前数字经济发展热潮中的重要作用的基础上，重点介绍了商业模式创新的基本概念、主要工具、常见类型、重要方法、战略框架与伦理规范等基础知识；突出介绍了商业模式创新过程中高管团队的作用、需求侧战略引领以及商业生态系统情境等进阶知识；最后特别介绍了新一代数字技术发展及其使能的商业模式创新，以及数字化转型及其驱动的数字商业模式创新等前沿内容，力求诠释数字经济发展背景下，为什么以及如何实现成功的商业模式创新。

全书共3篇12章，各篇内容逐层深入。第1章~第7章为第一篇——商业模式创新基础知识篇，第8章~第10章为第二篇——商业模式创新进阶知识篇，第11章、第12章为第三篇——商业模式创新前沿专题篇。读者可以根据需要选择学习或参考基础知识篇，基础知识篇+进阶知识篇或基础知识篇+前沿专题篇，当然也可根据需要选择学习或参考本书的全部内容。

本书适合作为高等院校管理类、经济类专业高年级本科生和研究生的教材，也可供对商业模式设计、创新、运营比较感兴趣的广大研究人员和企业实践者参考。

版权所有，侵权必究。举报: 010-62782989, beiqinquan@tup.tsinghua.edu.cn。

图书在版编目(CIP)数据

商业模式创新：数字经济时代持续竞争优势的源泉 / 胡保亮，闫帅编著 . -- 2版 . -- 北京：清华大学出版社，2024.8 (2025.2重印) . -- (数字化管理创新系列教材).
ISBN 978-7-302-67026-1

Ⅰ.F71

中国国家版本馆 CIP 数据核字第 2024QF2984 号

责任编辑：刘向威　李薇濛
封面设计：文　静
版式设计：常雪影
责任校对：王勤勤
责任印制：刘　菲

出版发行：清华大学出版社
　　网　　址：https://www.tup.com.cn, https://www.wqxuetang.com
　　地　　址：北京清华大学学研大厦A座　　邮　编：100084
　　社 总 机：010-83470000　　　　　　　　邮　购：010-62786544
　　投稿与读者服务：010-62776969, c-service@tup.tsinghua.edu.cn
　　质 量 反 馈：010-62772015, zhiliang@tup.tsinghua.edu.cn
印 装 者：三河市君旺印务有限公司
经　　销：全国新华书店
开　　本：185mm×260mm　　印　张：17　　字　数：341千字
版　　次：2021年6月第1版　2024年8月第2版　　印　次：2025年2月第2次印刷
印　　数：1501~2700
定　　价：59.00元

产品编号：106993-01

FOREWORD 总序

2003年，在习近平新时代中国特色社会主义思想的重要萌发地浙江，时任省委书记的习近平同志提出建设"数字浙江"的决策部署。在此蓝图的指引下，"数字浙江"建设蓬勃发展，数字化转型和创新成为当前社会的共识和努力方向。特别是党的十八大以来，我国加快从数字大国向数字强国迈进，以"数字产业化、产业数字化"为主线推动经济高质量发展，我国进入数字化发展新时代。

数字强国战略的实施催生出大量数字化背景下的新产业、新业态和新模式，响应数字化发展需求的人才培养结构和模式也在发生显著变化。加强数字化人才培养已成为政、产、学、研共同探讨的时代话题。高等教育更应顺应数字化发展的新要求，顺变、应变、求变，加快数字化人才培养速度、提高数字化人才培养质量，为国家和区域数字化发展提供更好的人才支撑和智力支持。数字化人才不仅包括数字化技术人才，也包括数字化管理人才。当前，得益于新工科等一系列高等教育战略的实施以及高等学校数字人才培养模式的改革创新，数字化技术的人才缺口正在逐步缩小。但相较于数字经济的快速发展，数字化管理人才的供给缺口仍然巨大，加强数字化管理人才的培养和改革迫在眉睫。

近年来，杭州电子科技大学管理学院充分发挥数字化特色明显的学科优势，努力推动数字化管理人才培养模式的改革创新。2019年，在国内率先开设"数字化工程管理"实验班，夯实信息管理与信息系统专业的数字化优势，加快工商管理专业的数字化转型，强化工业工程专业的数字化特色。当前，学院数字化管理人才培养改革创新已经取得良好的成绩：2016年，信息管理与信息系统专业成为浙江省"十三五"优势本科专业（全省唯一），2019年入选首批国家一流本科建设专业。借助数字化人才培养特色和优势，工业工程和工商管理专业分别入选首批浙江省一流本科建设专业。通过扎根数字经济管理领域的人才培养，学院校友中涌现了一批以独角兽数字企业联合创始人、创业者以及知名数字企业高管为代表的数字化管理杰出人才。

杭州电子科技大学管理学院本次组织出版的"数字化管理创新系列教材"，既是对学院前期数字化管理人才培养经验和成效的总结提炼，也为今后深化和升华数字化管理人才培养改革创新奠定了坚实的基础。该系列教材既全面剖析了技术、信息系统、知识、人力资源等数字化管理的要素与基础，也深入解析了运营管理、数字工厂、创新平台、商业模式等数字化管理的情境与模式，提供了数字化管理人才所需的较完备的知识体系建构；既在于强化系统开发、数据挖掘、数字化构建等数字化技术及其工程管理能力的培养，也着力加强数据分析、知识管理、商业模式等数字化应用及其创新能力的培养，勾勒出数字化管理人才所需的创新能力链条。

"数字化管理创新系列教材"的出版是杭州电子科技大学管理学院推进数字化管理人才培养改革过程中的一项非常重要的工作，将有助于数字化管理人才培养更加契合新时代需求和经济社会发展需要。"数字化管理创新系列教材"的出版放入当下商科人才培养改革创新的大背景中也是一件非常有意义的事情，可为高等学校开展数字化管理人才培养提供有益的经验借鉴和丰富的教材资源。

作为杭州电子科技大学管理学院的一员，我非常高兴地看到学院在数字化管理人才培养方面所取得的良好成绩，也非常乐意为数字化管理人才培养提供指导和支持。期待学院在不久的将来建设成为我国数字化管理人才培养、科学研究和社会服务的重要基地。

是为序！

中国工程院　机械与运载工程学部　院士
　　　　　　工　程　管　理　学　部
2020 年 6 月

FOREWORD 序言

人类社会的发展已经历了以蒸汽机为代表的第一次工业革命、以电力与流水线作业为代表的第二次工业革命以及以半导体、计算机、互联网为代表的第三次工业革命，当下正加速进入以万物互联化、数字化、绿色化与智能化为核心的第四次工业革命时期。从160多年前的洋务运动开始，虽历经磨难，但中国企业一直在不懈地砥砺前行。新中国成立后的70多年里，尤其在改革开放的40余年中，中国已经昂然成为世界第一制造大国、世界第二大经济体，跃上了从追赶到超越的快车道。

第四次工业革命为中国企业提供了全面赶超的重大机会窗口，其意义不仅在于催生了具有强大生产力的硬核力量，更在于改变了人类商业文明的底层逻辑。抓住这一机会窗口的关键不仅在于不断实现技术创新突破，赢得硬科技的创新制高点；更在于大力发挥商业模式创新的作用，打破和转化原有的商业生态系统，为新的商业生态系统赋能。而当代商业模式创新最值得人们关注的一个底层逻辑的转化，就是从封闭的价值链转向开放的价值网络。在此全球创新实践的新趋势下，技术创新与商业模式创新的"双轮驱动"已经成为全球众多企业的共识。

事实上，每次工业革命推动下的技术迭代与扩散应用，都伴随着商业模式创新。但是，虽然"商业模式"本身存在已久，但其作为一个"概念术语"的出现却是拜互联网改写人类及人类与世间万物关系所赐。早在20世纪90年代中期人们就开始认识到价值创造的模式已经从价值链转向价值网络，开始以价值网络为背景，进行商业模式的创新与设计。越来越多的人认识到，在价值网络中的各相关主体必须对基于多边交易与多边互动创新的商业模式创新有更全面与深刻的理解和把握，包括新的基础性知识、前沿知识及前沿实践等。

当前，我国大力发展数字经济已经取得了快速的进展，数字经济在GDP中的比重已然超过了三分之一，正处于重要的战略机遇期。但是，围绕商业模式创新的学术成果与专业知识还相对分散，迫切需要有专家予以汇集和评介，以便向广大读者作系统的介绍与传播。此外，国内现有的商业模式创新相关教材多来自国外，亟须有志之士对中国的实践进行系统深入的研究，从而编撰出适合国内读者学习的优秀教材。

本教材《商业模式创新：数字经济时代持续竞争优势的源泉》（第2版）的出版恰逢其时，具有不言而喻的重要意义和价值。本教材既包括商业模式创新基础性知识层面的理论篇，也包括商业模式创新热点探究层面的进阶篇，还包括新一代信息技术与数字化转型引致的商业模式创新的专题篇。这样的安排将帮助读者完成对商业模式创新从浅到深、从理论到实践、从基础到前沿的全面理解。

三年前，这两位青年学者基于他们在商业模式创新领域的多年研究积累，结合对数字经济发展的深刻理解完成了本教材的第一版并受到了广大读者的喜爱与推荐。三年来，两位编者紧紧围绕立德树人根本任务，紧密追踪新文科教育教学趋势，紧扣国内外相关知识与实践，一直执着地深化相关研究，动态地孜孜追求如何进一步提升本教材。"功夫不负有心人"，本教材成为浙江省普通本科高校"十四五"重点立项建设教材，并得以通过修订再版以"新面容"与广大读者见面。新版教材育人理念的知识性与价值性相统一的特征更加鲜明，知识体系的科学性与前沿性特征更加突显，在版式上也进行了重要创新，增加了微课等数字资源。

本教材既适合在校学习的本科生和研究生，也适合更多正在从事商业模式创新研究与实践的学者与践行者阅读。作为编者之一胡保亮博士曾经的导师，我为他的成果而深感欣慰。两位编者秉承浙江大学的"求是精神"校训，顶天立地，孜孜以求，守正创新，造就了今日之成就。可喜可贺，特此推荐！

浙江大学求是特聘教授
2024年6月

第2版 前言

衷心感谢三年来广大读者朋友对本教材的包容、支持与厚爱。编者于2021年出版了本教材第一版，试图为商业模式创新领域打造一本体系健全且创新、理论深刻且易懂、知识前沿且实用的符合国人思维与需求的优质教材。同时，编者深知及时对教材进行修订的重要性和必要性，因为这三年来发生了很多变化，出现了很多新趋势：一是人工智能等新一代信息技术加速发展并与商业模式创新理论、实践加速进行深度融合；二是商业模式创新实践更精致、更深入、更加需要方法指导；三是新文科教材建设的要求、特色与路径越来越清晰，例如注重政治导向与价值导向、注重知识交叉融合、注重反映国情社情民情等；四是本教材非常荣幸地被遴选为浙江省普通本科高校"十四五"重点立项建设教材。围绕这些新变化、新趋势、新需求、新要求，我们对本教材进行了修订。

具体来说，本教材进行了如下修订：第一，新增了部分章节，主要包括我国商业模式创新简史（2.6节）、商业模式创新方法（第5章）、高管团队动态管理能力与商业模式创新（8.4节）、高管团队决策逻辑与商业模式创新（8.5节）、人工智能与商业模式创新（11.4节）、元宇宙与商业模式创新（11.5节）、数字化转型与商业模式创新（第12章）；第二，完善了部分章节，主要包括基于画布式样的商业模式创新类型（4.1节）、商业模式创新伦理与治理（第7章）、大数据与商业模式创新（11.1节）、云计算与商业模式创新（11.2节）、物联网与商业模式创新（11.3节）；第三，在出版形式上探索与现代信息技术融合，在纸质书中嵌入二维码呈现课件、习题、微课等数字资源；第四，更新了教材中的一些数据、资料与案例。

修订框架与思路由胡保亮设计，第4、8、11、12章由胡保亮修订，第2、5、7章由闫帅修订。杨文婷、张卓越、李业隆、梅婕、付梦怡、刘记海、王嘉雯、王雨晴、吴娟娟、席从一、乔丹、斯琪欣、魏永杰、朱梦斌等博士生与硕士生在本教材修订过程中参与了资料收集与整理、PPT设计与制作等工作，在此表示感谢。在此次修订中，清华大学出版社的刘向威编辑与李薇濛编辑不辞辛苦，给予了很多非常有价值的建议与非常关键的支持，我们一并表示感谢。

欢迎广大同行和读者继续为本教材提出宝贵意见和建议。

编 者
2024年2月

第1版 前言

信息技术，特别是互联网的发展，显著改变了价值创造、传递与获取的方式。在此背景下，商业模式创新成为企业新的战略性的竞争手段，为企业获取竞争优势打开了新的机会窗口。随着商业模式创新重要性的日益显现，以及社会对商业模式创新的日益重视，越来越多的高校将商业模式创新独立作为一门新兴起的、面向未来的课程引入本科生、硕士生甚至博士生的培养中。有关商业模式创新的知识内容非常丰富，但缺乏系统梳理与总结；有关商业模式创新的研究性质的著作很多，但教材不多，特别是体系健全的教材。

本书旨在为开设商业模式创新课程的高校提供体系健全且创新、理论深刻且易懂、知识前沿且实用的教材，满足高校课程改革与人才培养的需求。本书在统一体系的框架内，采用模块化内容安排，共包括3篇10章。第1篇为商业模式创新知识基础篇，包括商业模式创新与数字经济、商业模式创新概述、商业模式创新工具、商业模式创新类型、商业模式创新战略、商业模式创新伦理。第2篇为商业模式创新知识进阶篇，包括高管团队与商业模式创新、需求侧战略与商业模式创新、商业生态系统与商业模式创新。第3篇为商业模式创新知识专题篇，即新一代信息技术发展与商业模式创新。基础篇与专题篇可供本科生与研究生选用，进阶篇内容可供对研究感兴趣的本科生深化选用，更可供研究生选用。本书也可以作为相关研究人员和企业实践者的参考用书。

本书框架与思路由胡保亮设计，第3、4、7、8、10章由胡保亮编写，第1、2、5、6、9章由闫帅编写。全书由胡保亮统稿，完成修改。本书的部分内容来自编者先前的一些研究成果，这些研究成果是在一些基金项目资助下完成的，在此表示感谢。本书的出版还汇聚了其他人员的努力与支持，在此表示感谢：编者的同事刘广、张素平在本书编写过程中提供了观点支持与启发；刘馨钰、胡晓冰、黄伟、张卓越等研究生在本书编写过程中参与了资料收集与整理等工作。本书获杭州电子科技大学教材立项出版资助，在此一并表示感谢。

限于编者水平，书中不当之处在所难免，欢迎广大同行和读者批评指正。

编 者
2020年9月

CONTENTS 目录

第一篇 基础知识

第1章 商业模式创新与数字经济 … 3
1.1 数字经济的兴起、内涵与特征 … 3
1.2 数字经济的内容与构成 … 7
1.3 商业模式创新与数字经济发展 … 14

第2章 商业模式创新概述 … 21
2.1 商业模式的定义与功能 … 21
2.2 商业模式与传统战略论的关系 … 23
2.3 商业模式创新的定义 … 24
2.4 商业模式创新与持续竞争优势 … 25
2.5 商业模式创新的挑战 … 29
2.6 我国商业模式创新简史 … 32

第3章 商业模式创新工具 … 39
3.1 商业模式解构与商业模式创新工具 … 39
3.2 常见的商业模式解构与创新工具 … 42

第 4 章 商业模式创新类型 ·· 57
4.1 基于画布式样的商业模式创新类型 ······························· 57
4.2 基于设计主题的商业模式创新类型 ······························· 69
4.3 基于破坏性创新的商业模式创新类型 ···························· 71

第 5 章 商业模式创新方法 ·· 77
5.1 商业模式创新的设计方法 ··· 77
5.2 商业模式创新的评价方法 ··· 86

第 6 章 商业模式创新战略 ·· 97
6.1 商业模式创新战略的制定 ··· 97
6.2 商业模式创新战略的执行 ·· 104
6.3 商业模式创新战略的常见问题 ··································· 106

第 7 章 商业模式创新伦理与治理 ····································· 113
7.1 商业模式创新中的常见伦理问题 ································ 113
7.2 商业模式创新中的企业对内伦理规范 ·························· 116
7.3 商业模式创新中的企业对外伦理规范 ·························· 119
7.4 商业模式创新伦理的治理 ·· 124

第二篇 进阶知识

第 8 章 高管团队与商业模式创新 ····································· 139
8.1 高管团队的界定 ·· 139
8.2 高管团队认知与商业模式创新 ·································· 140
8.3 高管团队行为与商业模式创新 ·································· 145
8.4 高管团队动态管理能力与商业模式创新 ······················· 148
8.5 高管团队决策逻辑与商业模式创新 ····························· 151

第 9 章 需求侧战略与商业模式创新························159
9.1 需求侧战略及其对商业模式创新的价值··················159
9.2 基于顾客体验的商业模式创新··························162
9.3 商业模式创新促发顾客价值共创························167
9.4 商业模式创新获取顾客侧结果··························168

第 10 章 商业生态系统与商业模式创新····················175
10.1 商业生态系统内涵··································175
10.2 商业生态系统战略··································179
10.3 商业生态系统与商业模式创新的关系··················182

第三篇 前 沿 专 题

第 11 章 新一代数字技术与商业模式创新··················193
11.1 大数据与商业模式创新······························193
11.2 云计算与商业模式创新······························201
11.3 物联网与商业模式创新······························206
11.4 人工智能与商业模式创新····························213
11.5 元宇宙与商业模式创新······························219

第 12 章 数字化转型与商业模式创新······················229
12.1 数字化转型的相关概念······························229
12.2 数字化转型的主要内容······························232
12.3 数字商业模式创新··································239

主要参考文献··249

第一篇

基础知识

第 1 章 商业模式创新与数字经济

1.1 数字经济的兴起、内涵与特征

1.1.1 数字经济的兴起

20世纪90年代，全球经济表现平平，美国却保持了持续快速发展。截至2000年年底，美国实现了连续118个月的增长，创造了连续增长时间最长的历史纪录，而且呈现出"两高两低"的特征，即高经济增长率、高生产增长率、低失业率、低通货膨胀率。这种高质量的增长在资本主义发展史上难得一见，诸多不同于以往发展模式的新特征显现出来，首先体现在驱动增长的要素中首次出现了现代信息通信技术，而20世纪90年代也正是信息通信技术革命如火如荼、互联网正式开启商业化进程的年代。美国前劳工部长罗伯特·赖克曾表示，美国新一轮经济增长中的70%应归功于计算机和互联网。互联网以"0"和"1"构成的比特流改变了信息输入方式和交互方式，改变了商品流通方式和交易方式，一经商业化就展现了强大的生命力。在此背景下，数字经济的概念被提出并引起广泛关注。

1996年，美国商业策略大师唐·泰普斯科特出版了一本名为《数字经济：网络智能时代的前景与风险》的著作，详细论述了互联网对经济社会的影响，他被认为是最早提出"数字经济"概念的人之一。此后，随着曼纽尔·卡斯特的《信息时代三部曲：经济、社会和文化》、尼古拉斯·尼葛洛庞帝的《数字化生存》等一系列著作的问世，数字经济的理念迅速流行开来。各国政府也开始把发展数字经济作为推动经济增长的重要手段。表1.1列举了一些国家的数字经济发展战略。

表1.1 一些国家的数字经济发展战略

一些国家的数字经济战略	数字经济战略的主要观点
中国《"十四五"数字经济发展规划》	从顶层设计上明确数字经济及其重点领域发展的总体思路、发展目标、重点任务和重大举措，为推动数字经济高质量发展提供指导

续表

一些国家的数字经济战略	数字经济战略的主要观点
中国《数字中国建设整体布局规划》	确定数字中国的战略地位，使数字中国的整体建设方案框架更为清晰，加大数字中国的推进力度
英国《英国数字战略》	聚焦完善数字基础设施、发展创意和知识产权、提升数字技能与培养人才、畅通融资渠道、改善经济与社会服务能力、提升国际地位6大领域，推动英国数字经济发展更具包容性、竞争力和创新性
澳大利亚《2022年数字经济战略更新》	制定实现2030年愿景的框架和方向，并确定了在技术投资促进计划、量子商业化中心、5G创新、帮助妇女在职业生涯中期向数字劳动力过渡、改革支付系统等方面的新行动
德国《数字化战略2025》	涵盖数字技能、基础设施及设备、创新和数字化转型、人才培养等内容，进一步提升德国数字化发展能力

在数字经济时代之前，人类经历了游牧经济、农耕经济、工业经济、信息经济。一般可从8方面对工业经济、信息经济和数字经济进行比较，如表1.2所示。可以看出，数字经济显著不同于工业经济与信息经济，在代表性通用技术、起主导作用的生产要素、代表性产业、核心商业主体、新经济形态、商业模式、组织模式、文化习惯等方面具有鲜明的特征。

表1.2 数字经济与工业经济、信息经济的比较

主要维度	工业经济	信息经济	数字经济
代表性通用技术	电力、交通网络等	数据中心、数字通信网络开始发育	大数据、云计算、人工智能、移动互联网、智能终端等
起主导作用的生产要素	资本、劳动力、土地等	"信息"开始体现价值	"数据"成为核心要素
代表性产业	汽车、钢铁、能源等	IT产业，以及被IT化的各行业	DT的产业融合产业，被DT化的各产业，数据驱动
核心商业主体	大企业主导、追求纵向一体化	大企业主导、由IT技术支撑起供应链协同	平台主导
新经济形态	规模经济：以产品为价值载体	范围经济：以服务和解决方案为价值载体	平台经济+共享经济
商业模式	B2C	大规模定制为最高形态	C2B、C2M

续表

主要维度	工业经济	信息经济	数字经济
组织模式	泰勒制	传统金字塔体系受到冲击，各类管理理念盛行	云端制（大平台+小前端）
文化习惯	命令和控制	泰勒制松动，重视个性和创造力	开放、分享、透明、责任

1.1.2 数字经济的内涵

人们对数字经济的认识是一个不断深化的过程。在众多关于数字经济的定义中，以2016年G20杭州峰会发布的"二十国集团数字经济发展与合作倡议"最具代表性。该倡议认为，数字经济是指以使用数字化的知识和信息作为关键生产要素、以现代信息网络作为重要载体、以信息通信技术的有效使用作为效率提升和经济结构优化的重要推动力的一系列经济活动。

"数字经济"中的"数字"至少有两方面的含义。

一是作为数字技术，包括仍在不断发展的信息网络、信息技术，如大数据、云计算、人工智能、区块链、物联网、增强现实（AR）/虚拟现实（VR）、无人机、自动驾驶等，将极大地提高生产力，扩大经济发展空间，产生新的经济形态，创造新的增量财富，同时也将推动传统产业转型升级，优化产业结构，从传统实体经济向新实体经济转型。在这些数字技术中，人工智能的重要性越来越凸显。智能将渗透到经济生活的各个环节。相对于工业经济时代的新技术解放人的体力，数字经济时代的技术将解放人的脑力，新型的数字经济也将是智能经济。

二是数字即数据，特别是大数据，既是新的生产要素，也是新的消费品。大数据作为新的生产要素，不仅能够提高其他生产要素（资本、劳动）的使用效率和质量，更重要的是，将改变整个生产函数，即经济活动的组织方式，通过平台化的方式加速资源重组，提升全要素生产率，推动经济增长。作为消费品，数字所包含的信息、知识、数字内容、数字产品已经形成了非常大的市场，同时也成为新的财富载体。直播、短视频、数字音乐、新闻推送等产业极富创造力，且增长速度飞快。

今天，人们看到的数字经济包含两大部分，或者说两个环节：一是传统产业的数字经济化；二是新兴的智能化经济形态。前者代表了现有经济的存量，是现有经济活动和环节的优化；后者反映了新的经济增量，代表着未来经济发展的方向。实际上，已有研究将数字经济分为1.0和2.0，1.0体现了"互联网+"对整个社会经济带来的变化，对已有经济活动的优化，推动存量经济的发展；2.0意味着数字经济的智能化，基于大数据、云计算和人工智能，带来新的经济增量。

1.1.3 数字经济的特征

1. 数据成为驱动经济发展的关键生产要素

随着移动互联网和物联网的蓬勃发展，人与人、物与物、人与物的互联互通得以实现，数据量呈爆发式增长。全球数据增速符合大数据摩尔定律，大约每两年翻一番。庞大的数据量及其处理和应用催生了大数据概念，数据日益成为重要的战略资产。数据资源将是企业的核心实力，谁掌握了数据，谁就具备了优势。国家层面也是如此。美国政府认为，大数据是"未来的新石油"、数字经济中的"货币"，是"陆权、海权、空权"之外的另一种"国家核心资产"。如同农业时代的土地和劳动力、工业时代的技术和资本一样，数据已成为数字经济时代的生产要素，而且是最关键的生产要素。数据驱动型创新正向科技研发、经济社会等各个领域扩展，成为国家创新发展的关键形式和重要方向。

2. 数据基础设施成为新的基础设施

在工业经济时代，经济活动架构在以"铁公机"（铁路、公路和机场）为代表的物理基础设施之上。数字技术出现之后，网络和云计算成为必要的信息基础设施。随着数字经济的发展，数字基础设施的概念变得更宽泛，既包括宽带、无线网络等信息基础设施，也包括对传统物理基础设施的数字化改造，如安装了传感器的自来水总管、数字化停车系统、数字化交通系统等。这两类基础设施共同为数字经济发展提供了必要的基础条件，推动工业时代以"砖和水泥"为代表的基础设施转向以"光和芯片"为代表的数字时代基础设施。

3. 数字素养成为对劳动者和消费者的新要求

随着数字技术向各领域渗透，劳动者越来越需要具有双重技能——数字技能和专业技能。但是，各国普遍存在数字技术人才不足的现象，40%的公司表示难以找到需要的数字技术人才。具有较高数字素养成为劳动者在就业市场胜出的重要因素。对消费者而言，若不具备基础的数字素养，将无法正确运用数字化的产品和服务。因此，数字素养是数字时代与听、说、读、写同等重要的基础能力。提高数字素养既有利于数字消费，也有利于数字生产，是数字经济发展的关键要素和重要基础。

4. 供给和需求的界限日益模糊

传统经济活动被严格划分为供给侧和需求侧，一个经济行为的供给方和需求方界限非常清晰。随着数字经济的发展，供给方和需求方的界限日益模糊，逐渐成为融合的"产消者"。在供给方面，许多行业涌现出新的技术，能够在提供产品和服务的过程中充分考虑用户需求，不仅创造了满足需求的全新方式，也改变了行业价值链。例如，很多企业通过大数据技术挖掘用户需求，有针对性地设计产品、开发影视作品和图书作品等，甚至借助3D打印技术实现完全个性化的设计、生产。公共服务的提供也是如此，政府通过听取民众意见，及时收集经济社会数据，进行科学决策、精准施策。相应地，在需求方面也出现了重大变化，透明度增加、消费者参与和消费新模式的出现，促使企业必须改变原来的设计、推广和交付方式。

5. 人类社会、网络世界和物理世界日益融合

随着数字技术的发展，网络世界不再仅是物理世界的虚拟映像，而是真正进化为人类社会的新天地，成为人类新的生存空间。同时，数字技术和物理世界的融合，也使得现实物理世界的发展向网络世界靠近，人类社会的发展速度将呈指数级增长。

网络世界和物理世界的融合主要是靠信息系统和物理系统的统一体（信息物理系统）实现的。信息物理系统是一个结合计算领域和传感器、制动器装置的整合控制系统，包含无处不在的环境感知、嵌入式系统、网络通信和网络控制等系统工程，使人们身边的各种物体具有计算、通信、精确控制、远程协作和自组织功能，使计算能力和物理系统紧密结合与协调。

在此基础上，随着人工智能、虚拟现实（VR）、增强现实（AR）等技术的发展，又出现了"人机物"融合的信息物理生物系统，这一系统改变了人类和物理世界的交互方式，更强调人机互动，强调机器和人类的有机协作。信息物理生物系统促使物理世界、网络世界和人类社会之间的界限逐渐消失，构成一个互联互通的新世界。

1.2 数字经济的内容与构成

1.2.1 数字产业化

数字产业化是当前和今后一个时期各地区产业竞争和经济角逐的主战场。所谓数字产业化，通常意义上讲就是通过现代信息技术的市场化应用，将数字化的知识和信息转化为生产要素，推动数字产业形成和发展。数字产业化是发展数字经济的重要内容，是推动经济高质量发展的重要驱动力。2018年4月，习近平总书记在全国网络安全和信息化工作会议上强调："要发展数字经济，加快推动数字产业化，依靠信息技术创新驱动，不断催生新产业新业态新模式，用新动能推动新发展。"

1. 数字产业化的内涵

数字产业化是大数据、云计算、人工智能等数字技术研发不断成熟并广泛地市场化应用，进而推动数字产业形成和发展的过程。数字产业化的结果是数字产业。数字产业由传统的信息产业演化而来，也称为基础型数字经济或数字经济核心部分，统计上可以界定为单一产出数字产品或数字服务的国民经济产业部门的总和。数字产业是数字经济发展的内核，是产业数字融合的基础。

数字产业的发展对科技、经济和社会发展具有重要价值。首先，数字产业加快了

科学技术的传播速度，缩短了科学技术从发明到应用的时间；其次，数字产业借助现代数字技术进行相关产业活动，提升了经济信息的传递速度，使经济信息的传递更加及时、可靠和全面，进而提高了各产业的劳动生产率。此外，数字产业的发展推动了知识密集型、智力密集型和技术密集型产业的发展，有利于国民经济发展结构的改善。数字产业的发展水平已成为决定一个国家经济发展水平的重要因素和衡量指标。当前，数字产业大幅提升相关产业和基础产业的发展，对传统制造业也正在产生重要影响，在国民经济中所占的比重也越来越大。

数字产业是以数字技术产业发展为基础，运用数字技术工具收集、整理、存储和传递信息资源，围绕数字产品和数字服务的生产和供给等相关环节的产业，对应于数据采集、传播、运算到建模的流转过程。数字产业主要包括电子信息制造业、信息通信业、软件服务业和互联网与人工智能等行业。电子信息制造业提供数据采集、存储的基础设施，主要开展计算机、集成电路、电子设备、可穿戴设备和传感器等硬件的研究、开发和生产，包括相关机器设备的硬件制造和计算机软件的开发设计。信息通信业主要利用现代化的数据传输中介，即时、准确、完整地将信息传递到需求方，包括互联网、物联网、无线通信、卫星通信和移动互联网等。软件服务业提供计算机软件、大数据技术、电子商务、人工智能、区块链等软件技术，主要从事基于现代电子计算机设备和数字技术收集、整理、筛选和处理信息资源，为相关组织部门提供决策依据的信息服务。互联网与人工智能产业包括互联网、大数据、云计算等基础技术的研发，人机交互、计算机视觉、深度学习等人工智能技术的发展和智能语音、人脸识别、智能机器人、无人驾驶等领域的人工智能技术的应用。

2. 数字产业化的驱动模式

数字产业化的本质是数字技术知识流动和数字产品创新的过程。按照数字产业化的驱动主体划分，可分为研发机构驱动模式、龙头企业驱动模式和特色小镇驱动模式，它们分别从研发创新、技术应用、规模发展等环节切入推动数字产业化。不同的驱动主体为数字产业提供了不同的发展模式。

1）研发机构驱动的数字产业化发展模式

研发机构是数字产业化的技术驱动力量。研发机构驱动模式是指大学、科研院所、新型研发机构和企业研究院等主体从数字经济的研发环节入手推动数字产业化的模式。基于5G、人工智能、云计算、物联网等领域的基础研究和技术创新，通过产学研合作、成果转化基金和开放平台建设等方式将基础研究成果传播和转化进而驱动数字产业化的过程。研发机构驱动模式关注的是数字科技的前沿科学技术问题，具有很强的战略前瞻性。

研发机构主导的基础研究和核心技术是创新的源头，对数字产业发展具有重要作用。从科技发展规律来看,数字科技强调学科交叉融合,不断产生新的学科增长点,基础研究、应用研究、技术开发和产业化的边界日趋模糊,创新周期缩短。从国际形势看,全球数字科技创新和竞争格局正在发生深刻变化,为抢占未来数字经济发展的战略制高点,世界主要国家都在强化数字科技的战略部署,对基础研究和数字技术的重视也是前所未有的。数字产业化的关键在于基础研究和关键核心技术的突破。

例如,以之江实验室和阿里达摩院为代表的新型研发机构在浙江数字产业化的过程中发挥了重要作用。之江实验室以创建世界一流的国家实验室为目标,在人工智能和网络安全两大研究领域形成特色优势。阿里达摩院从企业需求和科技前沿视角提出BASIC技术布局,加强数字技术的自主研发。之江实验室通过战略合作、项目承担和平台建设等方式推进数字科技前沿成果的高效转化。在战略合作上,之江实验室与阿里巴巴、海康威视、新华三等企业形成战略合作关系,从数据收集、基础研究到产业应用开展全链路布局,以产业发展需求为导向开展智慧城市、安防、超级视觉等领域的原始创新,以基础研究驱动人工智能产业的快速发展。在项目开展上,之江实验室在2019年浙江省工业和信息化科技全球精准合作大会上,承担了"人工智能开源开放平台"技术攻关项目。该项目主要技术指标实现了突破,并面向智慧安防、智能制造等浙江省优势产业,形成了人工智能赋能行业转型升级的示范性应用。在开放平台建设上,一方面围绕工业互联网安全这一重点,设立网络安全技术研究中心,建设supET工业互联网平台,服务浙江省工业互联网体系建设;另一方面加强开放合作平台建设,以"强网杯"工业互联网安全主动防御国际邀请赛为载体,联合国内多方力量共同参与工业互联网安全平台的建设,建立工业互联网安全靶场。

2)龙头企业驱动的数字产业化发展模式

数字龙头企业是数字产业化的产品驱动力量。龙头企业驱动模式是通过培育在5G、人工智能、云计算、物联网等领域具有较高的成果转化能力的数字龙头企业,通过优势产品开发、裂变创业、市场拓展等方式发挥其在产业和地区内的辐射、引领作用,进而推动数字产业化的过程。龙头企业具有规模大、效益好、带动能力强等特点,往往在某个领域处于领先地位,在技术、人才、资金等方面具有充足的储备,在技术创新应用、开拓新市场和促进区域数字经济发展方面具有规模优势。

例如,阿里云经过十年发展成为全球领先的云计算科技公司,围绕产业需求自主研发核心软件,为产业数字化提供云解决方案;海康威视以安防监控产业为基础,拓展以视频技术为核心的物联网解决方案;新华三作为国内网络设备市场龙头企业,不断创新数字技术产品和解决方案,帮助用户快速有效实现数字化转型。

3)特色小镇驱动的数字产业化发展模式

特色小镇是创新推动供给侧结构性改革,推动产业升级,培育新产业、新业态、新动能，解决经济发展动力问题的重要平台。特色小镇的核心是特色产业，如互联网金融、大数据和云计算、健康服务业等，表现为智力密集型产业。特色小镇驱动模式是指特色小镇以新兴数字产业为核心，加快互联网、大数据、云计算、人工智能和物联网等领域的企业集聚，通过搭建产品平台、建设孵化体系、优化创业生态，加速数字产业集群建设，以协同发展抢占数字产业制高点。

例如，浙江在推进数字产业化的进程中，以数字特色小镇为抓手，着力打造世界级数字产业集群。截止2024年，全省拥有8个超千亿元级的数字经济产业集群和30个数字经济类特色小镇。以杭州市高新（滨江）区为例，自物联网小镇成立以来，该区一直以信息经济为重点发展方向，形成了以阿里巴巴、网易为首的智慧互联产业集群，以海康威视、大华控股和宇视科技为代表的智慧安防产业集群和以新华三、华为通信为代表的通信制造产业集群等，走出了一条主导产业突出、高新特色鲜明的产业发展之路。

1.2.2 产业数字化

2018年4月，习近平总书记在全国网络安全和信息化工作会议上强调："要推动产业数字化，利用互联网新技术新应用对传统产业进行全方位、全角度、全链条的改造，提高全要素生产率，释放数字对经济发展的放大、叠加、倍增作用。"也就是说，要加速推动互联网、大数据、人工智能和实体经济深度融合，加快制造业、农业、服务业的数字化、网络化、智能化。

1. 产业数字化的内涵

产业数字化，指的是将信息技术应用于传统行业，促进传统行业的效率提升以及数字化、自动化转型，然后基于网络再造公司，通过利用信息技术，生成大量的数据资产，建立平台生态系统，拓展新时期的生存和发展空间。新技术能够带来效率提升，推动新旧动能持续转变，效率的提升又加速了信息技术应用于传统行业的进程，从而促进了传统行业与数字经济相互融合，如图1.1所示。

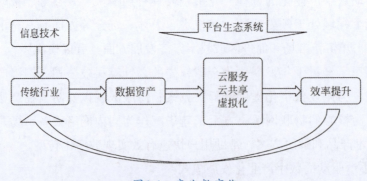

图1.1 产业数字化

2. 产业数字化的驱动力

产业数字化转型催生了对新型基础设施的强大需求，包括新型数字化基础设施（如5G、通信设施）、传统基础设施数字化。同时，政府治理和制度环境对产业数字化转型成败至关重要。在"新基建"和数字经济新管理制度的支撑下，技术赋能、创新经济模式、社会治理成为推动传统产业向未来产业转型的三股驱动力。

这里重点阐述技术赋能和创新经济模式这两个驱动力。以云计算、大数据、物联网、5G、人工智能、区块链为代表的新一代信息技术与各产业的设计、生产、制造、销售、服务等环节相融合，称为产业数字化转型的数字技术赋能。在数字技术的作用下，各产业突破传统经济模式，产生新业态、新组织、新管理，拓宽产业价值创造模式，提升产业生产效率，增加产业产出效益，称为产业数字化转型的新经济模式变革。

1）技术赋能

产业数字化转型中，主要涉及以下3个层次的内容。

（1）数字层。数字层主要进行数据资源的采集、存储、分析和应用。数字层由数据汇聚而成，是产业底层的物理层通过数字化技术到虚拟空间的一个映射，可以在数字端虚拟整个产业的生产过程。数据即服务（data as a service，DaaS）是一种新型服务，旨在将产业信息数据化和云化，通过将数据资源集中化管理，并把数据场景化，对数据进行清洗和优化，实现数据的开放和共享，同时提供数据的应用端口，为企业自身和其他企业的数据共享提供了一种新方式。在此基础上，将形成大数据服务。

数字层还通过数据建模等方式实现知识赋能，形成软件即服务（software as a service，SaaS）。SaaS是一种通过网络提供软件的模式，有了SaaS，所有的服务都托管在云上，无须对软件进行维护。企业可以根据实际需要向SaaS提供商租赁在线软件服务。SaaS可以帮助企业减少费用，高效管理硬件、网络和内部IT部门。

（2）平台层。平台层提供数据的存储、计算能力，由大数据平台和云计算平台构成。平台层可以围绕数字闭环、业务闭环等，搭建舆情监控平台、数字技能培训平台、社会治理平台、网络安全监控平台等，解决数字化转型过程中行业和企业发展的关键和共性问题。这一层主要实现平台即服务（platform as a service，PaaS），具体是将软件研发的平台作为一种服务提供给用户。用户或者企业可以基于PaaS平台快速开发自己需要的应用和产品。

（3）物理层。物理层主要由传感器、网络和其他硬件基础设备构成，负责数据的采集、传输和生产执行。物理层的技术主要包括物联网、5G、超算中心等。物联网作为数字化体系的物理层，其快速发展意味着数字化体系的快速构建和完善。数以亿计的传感器成为物理世界数字化的基础，物联网成为物理世界通向数字世界的通道。超级计算机（超算中心）的超级计算能力和应用水平关乎一个国家或地区在信息技术领域国际竞争的成败，也是国家创新体系的重要组成部分，已经成为世界各国特别是大国争夺的战略制高点。5G推动六大领域数字化转型，包括智能交通和运输、工业4.0、智慧农业、智能电网、智慧医疗、媒体和内容创新等。

2）创新经济模式

产业数字化转型是以数字化的知识和信息为关键生产要素，以数字技术创新为核心驱动力，以现代信息网络为重要载体的新型经济形态，由此催生新业态、新组织以及新管理。

（1）新业态。

①新产业链重构。产业数字化转型是通过电子手段从源头到目的地传送数据内容的过程，是一个集采购、智能仓储、智能制造、数字营销、智慧B2C物流、供应链风险预测与防控以及数字化客户关系管理等一体化的集成生态系统。

产业数字化转型主要基于数字化供应链的视角，通过对数据的采集、存储、传递、分析、管理和应用，定制化订单、产品开发、数字化采购、数字化生产、自动化生产、智能物流及客户服务的全产业链实现数字化转型，如图1.2所示。

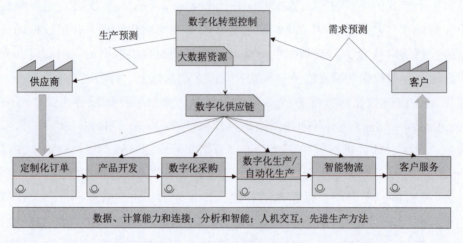

图1.2　产业供应链数字化

②新商业模式。数字化带来更多元化的商业模式，数字技术与实体经济深度融合，颠覆与重塑了传统实体行业的价值创造模式。

数字化发展使得企业价值创造方式转化为以消费端为导向的生产模式。智慧化生产不仅提高了市场内流通的产品质量，促进市场环境良性循环，还能够更大限度地利用各生产要素来实现价值创造。规模化定制、服务化延伸是智慧生产的表现，需求数字化使得企业供应变得更加精准，企业可以敏锐地捕捉市场动态，生产模式由大规模生产向大规模定制转变。用户需求导向型的创造促使企业不断升级产品和服务，最终促进产业结构整体创新能力的提升。在智慧化生产的背景下，企业不断重视用户需求，改善用户体验，强化构建以服务为核心的运行模式。

数字化转型为创新驱动提供了新方向，加速了智能创新发展。数字技术与信息技术的融合及深度应用，降低了创新成本和创新风险，明确了企业的创新方向。基于互联网的众筹、众包、众创、众智平台不断涌现，实现新型的跨地域、多元化、高效率的开放协同创业/创新模式。企业的数字化涵盖了从设计到使用的全过程，实时更新的数据在创新的每个阶段都会发挥驱动作用，最终使得企业可以调动所有生产要素并激发其累积效应来创造颠覆性创新产品。

（2）新组织。

随着即时连接、高度智能、深度透明的数字化技术逐渐深入企业内外的各个产业链环节，外部合作伙伴与企业内部业务单元开始实现无缝数字化连接，内部各个层次和各个业务模块也开始实现信息对称。平台化、生态化将推动企业发展新经济模式。

①平台化。产业互联网平台打造人、机、物全面互联的新型网络基础设施，形成智能化发展的新型业态和应用模式，促使产业数据的采集交换、集成处理、建模分析和反馈执行，为大规模个性定制、网络协同制造、服务型制造、智能化生产等新型生产和服务方式的实现提供有力的基础支撑。平台成为数字经济时代协调和配置资源的基本经济组织，是价值创造和价值汇聚的核心。一方面，互联网平台新主体快速涌现，商贸、生活、交通、工业等垂直细分市场领域平台企业发展迅猛；另一方面，传统企业加快平台转型，企业生产和交易方式的改变，使得企业的服务边界越来越模糊。平台化的企业如同一个聚集了信息、知识的开源社区，吸纳更多企业加入合作网络，使得资源被充分利用，闲置资产被激活，创造出更多价值。

②生态化。随着各个专业化平台的互联互通，生态化将成为平台的未来发展趋势，形成企业合作生态圈。在企业合作生态圈网络中，产业链上下游实现信息共享，输出智能化的管理方案。在以价值网络为导向的合作生态圈中，兼顾了客户、供应商和多方利益相关者，通过搭建合作平台，各方资源充分共享、互动融合，实现合作生态圈中各方的利益共同增值。

借助生态系统，产品供给模式得到创新，从单一的产品属性向多元化、场景化和链条化延伸，实现体验式的服务。生态系统的兴起必然引起众多企业走向价值共生、网络协同关系。随着平台参与者和使用者数量的不断增多，交易节点越来越多，生态系统内各要素、各环节和各流程的运营成本降低，规模效应逐渐显现。平台型组织在本质上是共建共赢的生态系统，通过整合产品和服务供给者，促成组织间的交易协作，共同创造价值。

（3）新管理。

企业数字化发展的高级阶段，是具有"数字神经系统"的智慧企业。企业在移动互联网、信息技术、云计算等技术发展的基础上，实现了管理的数字化、智能化。数字经济给组织结构、管理模式、管理方式都带来了深刻的变化。

①管理结构扁平化。数字化转型在一定程度上颠覆了传统垂直型的管理结构，大量数字信息的快速流动推进了管理运行效率的提升，形成由数字驱动的扁平化管理结构。信息技术发展水平日益提升，企业内部各环节数据的共享程度提升，为部门间的协同发展创造了条件。数据的实时流动需要企业具备能够实时互动、多方参与、快速响应的扁平化协同组织管理模式。数字化转型要求企业对外部环境具有灵活高效的反应，扁平化的管理结构可以通过缩短管理层级、提升管理智能化、扩大管理幅度来提高企业运行效率。

②管理模式自组织化。数字化转型使企业边界变得模糊，企业开始重视员工赋权，偏向自组织形态的管理模式。大数据时代下，SaaS将作为一种技术手段辅助人力资本管理的发展。这一过程提高了内部沟通、决策审批等业务的工作效率。由于生产方式、价值创造模式发生了改变，企业的管理模式更加智能化、敏捷化、柔性化、服务化，组织分工更加明确合理。通过打造敏捷的自主管理模式，建立快速反应、敏捷的组织结构，从而加速组织的决策及执行速度。

1.3　商业模式创新与数字经济发展

视频讲解　视频讲解

1.3.1　全球数字经济发展

当前，世界之变、时代之变、历史之变正以前所未有的方式展开，世界进入新的动荡变革期，经济增长动能不足，不稳定、不确定、难预料因素增多。在此背景下，新一轮科技革命和产业变革为各国高质量发展提供了重要战略机遇。数字经济布局持续完善，发展势头较为强劲；重点领域势头良好，发展潜力加快释放，成为推动各国经济复苏的重要力量和新生动能。

1. 主要国家优化政策布局，数字经济政策导向更加明晰、体系更加完善

数字经济新质生产力动能培育不断涌现，相关政策以促进数字产业化创新升级、加快产业数字化深度融合、完善数据要素市场建设等为主要特征。大力发展数字基础设施已成为各国激活新应用、拓展新业态、创造新模式的物质基础。数字经济包容性发展政策不断丰富，数字创业与数字素养培育成为包容性政策的布局重点。命运共同体构建初见成效，多边合作框架与多领域深化合作已成为数字经济国际合作的典型形式。

2. 数字经济加速构筑经济复苏关键支撑

2022年，测算的51个国家数字经济增加值规模为41.4万亿美元，同比名义增长7.4%，占GDP比重的46.1%。产业数字化持续成为数字经济发展的主引擎，占数字经济比重的 85.3%，其中，第一、二、三产业数字经济占行业增加值比重分别为 9.1%、24.7%和 45.7%，第三产业数字化转型最为活跃，第二产业数字化转型持续发力。

3. 全球数字经济多极化格局进一步演进

2022 年，从规模看，美国数字经济规模蝉联世界第一，达 17.2 万亿美元；中国位居第二，规模为 7.5 万亿美元。从占比看，英国、德国、美国数字经济占GDP比重均超过 65%。从增速看，沙特阿拉伯、挪威、俄罗斯数字经济增长速度位列全球前三位，增速均在 20%以上（资料来源：中国通信经济研究院《全球数字经济白皮书（2023）》）。

1.3.2 我国数字经济发展

近年来，数字经济发展速度之快、辐射范围之广、影响程度之深前所未有，正在成为重组全球要素资源、重塑全球经济结构、改变全球竞争格局的关键力量。我国数字经济将转向深化应用、规范发展、普惠共享的新阶段，已形成了横向联动、纵向贯通的数字经济战略体系。党的二十大报告明确指出，要加快发展数字经济，促进数字经济和实体经济深度融合，打造具有国际竞争力的数字产业集群。发展数字经济已成为推进中国式现代化的重要驱动力量。2022年，我国数字经济实现更高质量发展，进一步向做强做优做大的方向迈进，主要表现在以下方面。

1. 数字经济进一步实现量的合理增长

2022年，我国数字经济规模达到50.2万亿元，同比名义增长10.3%，已连续11年显著高于同期GDP名义增速。数字经济占GDP比重达到41.5%，这一比重相当于第二产业占国民经济的比重。

2. 数字经济结构优化促进质的有效提升

2022年，我国数字产业化规模达到9.2万亿元，产业数字化规模为41万亿元，占数字经济比重分别为18.3%和81.7%，数字经济的二八比例结构较为稳定。其中，第三、二、一产业数字经济渗透率分别为44.7%、24.0%和10.5%，同比分别提升1.6个百分点、1.2个百分点和0.4个百分点；第二产业渗透率增幅与第三产业渗透率增幅差距进一步缩小，形成服务业和工业数字化共同驱动发展格局。

3. 数字经济全要素生产率进一步提升

总体来看，我国数字经济全要素生产率从2012年的1.66上升至2022年的1.75，数字经济生产率水平和同比增幅都显著高于整体国民经济生产效率，对国民经济生产效率提升起到支撑、拉动作用。分产业来看，第一产业数字经济全要素生产率小幅上升，第二产业数字经济全要素生产率十年间整体呈现先升后降态势，第三产业数字经济全要素生产率大幅提升，成为驱动数字经济全要素生产率增长的关键力量。

4. 数据生产要素价值进一步释放

数据产权、流通交易、收益分配、安全治理等基础制度加快建设，破解数据价值释放过程中的系列难题。同时，数据要素市场建设进程加快，数据产业体系进一步健全，数据确权、定价、交易流通等市场化探索不断涌现。

1.3.3 商业模式创新与数字经济发展的联系

商业模式创新与数字经济发展具有天然的联系，如图1.3所示。它们之间的联系一方面表现为数字经济发展为商业模式创新提供了空间与基础。数字经济有两项内容：数字产业化与产业数字化。从数字产业化角度来看，随着信息技术、数字技术的不断发展及其深化应用，近些年涌现的智能语音服务、电子商务服务、云计算服务、自动驾驶服务等本身就是一些新的商业模式，这些新的商业模式以数字经济的组成部分或构成内容等形式展现在世人面前。这些新颖的商业模式有一个共同的特征，就是以知识密集型、智力密集型和技术密集型的企业创新为主导创造内涵崭新的商业逻辑。由于数字化产业与生俱来的创新性，它颠覆了先前传统的商业模式，无论是在技术层、产品层，还是在产业层的影响都是深入而持久的，一旦被市场所接受就具有极强的市场竞争力，必然成为新的经济增长点。近些年，在我国经济增长中，数字化产业对整个国民经济增长的贡献率逐年增高便是极好的例证。从产业数字化角度来看，信息技术、数字技术的不断发展在赋能传统产业的同时，也为传统产业商业模式创新提供了基础与动力，出现了工业互联网、数字化工厂、个性化定制等新的商业模式。传统产业以信息技术、数字技术为驱动，并将之作为重要的生产要素嵌入它们的商业逻辑中，在管理方式、组织模式、交易机制和业态表现形式上都发生了翻天覆地的变化，促进了新的商业模式落地，也为商业模式创新提供了不同于数字产业化的新场景。

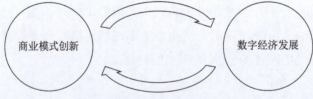

图1.3 商业模式创新与数字经济发展的联系

商业模式创新与数字经济之间联系的另一方面表现为商业模式创新引领与提升了数字经济发展的绩效。首先，商业模式创新引领了数字经济的发展。一批企业，如国外的谷歌、亚马逊、微软、脸书，又如国内的阿里巴巴、百度、腾讯、抖音、拼多多，正是凭借商业模式创新而成为行业内的标杆企业,并引领数字经济的创新发展的。可以这样说,这些领先型的商业模式创新企业,将新的商业逻辑、新的商业模式嵌入数字经济发展中。新的商业逻辑、新的商业模式一旦被市场所接受,极有可能在数字经济发展中形成网络效应,既不断改变数字经济发展的形态、路径和运作模式,也为数字经济发展提供了强大的动力。正是商业模式创新赋予了这些企业强大的竞争力和持续的发展能力,而它们的发展也同时带动了整个数字经济不断地迭代、更新和增长。其次,商业模式创新提升了数字经济的绩效。对于数字经济发展而言,无论是数字产业化还是产业数字化,核心之一都是信息技术、数字技术的落地与应用,即商业化。商业模式创新是信息技术、数字技术成功商业化不可或缺的行为。信息技术、数字技术本身不能自动保证甚至远远不能保证它们在商业或经济上的成功,从信息技术、数字技术中获取商业与经济价值是商业模式设计的关键任务。基于信息技术、数字技术的每个新产品、每项新服务的开发都应伴随着商业模式设计行为,它定义了新产品、新服务如何进入市场和如何获取新产品、新服务价值的策略。一般来说,越是突破性的技术,越是需要变革传统的商业模式。然而,现实中的管理者在思考信息技术、数字技术应用与落地时往往忽略商业模式的分析和开发,而不能将技术上的成功转变为商业上的成功。事实上,好的商业模式的设计和实施以及商业模式与业务战略的耦合是信息技术、数字技术成功商业化的必需,否则,即便是具有创造性的企业也会深陷困境。对于同样的技术,如果选择的商业模式不同,那么技术的回报也是不同的。在一些情况下,企业可以用自身熟悉的商业模式去商业化它们的信息技术、数字技术。但在另外一些情况下,企业必须寻找新的、合适的商业模式去获取信息技术、数字技术的价值。总之,企业需要为信息技术、数字技术找到合适的商业模式。

> **问题思考**
>
> 1. 数字经济发展的核心驱动力有哪些?
> 2. 数字产业化与产业数字化的关系是怎样的?
> 3. 企业如何把握数字经济发展的机会进行商业模式创新?

杭州与阿里巴巴深化战略合作,努力打造全国数字经济第一城

杭州是国务院《长江三角洲地区区域规划》明确定位的全国电子商务中心,电子商务服务业在全国乃至全球都处于领先地位。目前,杭州正在努力打

造"全国数字经济第一城"。杭州十多年的经济腾飞明显与数字经济发展密切相关,具有典型的数字产业化和产业数字化特征。杭州的经济发展与以阿里巴巴为代表的,以商业模式创新为引领助推的数字经济相互促进、相互依托,是典型的产城融合发展的典范。

2013年12月,杭州市政府与阿里巴巴集团签署战略合作协议。根据战略合作协议,双方将重点围绕阿里巴巴西溪园区(淘宝城)、西溪谷园区、滨江园区和国家跨境电子商务试点城市产业园区、"菜鸟网络"、阿里云和大数据业务、阿里巴巴集团网络信用体系和杭州公共信用体系等领域进行合作,共同打造电子商务服务业、现代智能物流、跨境电子商务、云计算和大数据等产业集聚区,推进"信用杭州"诚信体系建设。杭州市政府将大力支持阿里巴巴集团在杭州打造电子商务全球总部及相关产业带,对阿里巴巴集团在杭州投资布局重大项目予以重点支持。同时,支持阿里巴巴云计算、大数据等新兴产业的研发和应用,对跨境电子商务等新兴业务的发展给予支持;支持阿里无线和支付宝无线的推广应用,带动杭州相关产业发展,推进"智慧杭州"建设;完善企业周边交通等配套基础设施建设,对企业投资发展涉及的行政审批事项给予绿色通道服务;支持阿里巴巴集团研发中心发展,支持阿里巴巴与杭州师范大学共同提升阿里巴巴商学院办学水平。阿里巴巴集团将充分依托自身优势,持续提升集团在杭州市的全球、全国总部地位;加快建设各园区,吸引和培育电子商务相关服务业,将"菜鸟网络"在杭州的华东区域中心、三级体系应用建设成全国样板工程。阿里巴巴集团还将充分发挥业务集群优势和龙头带动作用,促进杭州市传统产业转型升级;通过电子商务促进产品销售,积极推动电子商务进政府采购、进企业、进农村、进专业市场等活动,扩大内需拉动;推进电子商务平台信用体系建设,完善网络信用管理的制度、模式和手段,推进"信用杭州"建设;积极承担促进充分就业、加强环境保护、构建和谐劳动关系、参与公益慈善等企业社会责任。

2014年5月,杭州市与阿里巴巴集团战略合作第二次联席会议召开,重点商讨了运用大数据云计算技术推进"智慧杭州"建设等。双方协商了在中国(杭州)跨境电子商务综合试验区创建、大数据和云计算、互联网金融、智慧物流、农村电子商务、网络监管等方面的合作。

2016年1月,杭州市与阿里巴巴集团召开战略合作第三次联席会议,双方商议积极抢抓"G20峰会""互联网+""一带一路"等重大机遇,全力打造名城名企合作"标杆"。要坚持把创新作为引领发展的第一动力,合力提升电子商务产业领先优势,合力厚植云计算大数据产业先发优势,合力打造互联网金融产业比较优势，合力培育"两化融合"新优势，积极抢占产业发展制高点、掌握话语权。

2016年12月，杭州市与阿里巴巴集团召开战略合作第四次联席会议，商议"后峰会"时期市企双方深化战略合作，合力推进创新创业、产业升级和城市国际化。

2023年1月，杭州市人民政府和阿里巴巴集团签订全面深化战略合作协议。阿里巴巴表示，将积极履行社会责任，以助力杭州数字之城建设为契机，深入实施云计算、消费、全球化三大战略，帮助创造就业，参与国际竞争，在加大科研投入、智能物联产业生态建设、支持数字经济新业态发展、助力共同富裕、办好亚运会等方面与杭州同频共振、深化合作，持续为杭州经济社会发展贡献力量。杭州市将坚定不移支持阿里巴巴健康高质量发展，全力支持阿里巴巴争当创新发展的引领者、融合发展的支撑者、规范发展的示范者。2023年6月，杭州市政府和阿里巴巴"6+N"业务集团签订全面战略合作框架协议。会上，"6+N"业务集团（阿里云智能集团、淘天集团、本地生活集团、国际数字商业集团、菜鸟集团、大文娱集团）负责人，以及飞猪旅行、银泰商业集团、达摩院业务公司代表分别与杭州市政府签订框架协议。

问题讨论

1. 根据以上材料，分析阿里巴巴对杭州市经济社会发展的促进作用有哪些，杭州市对阿里巴巴企业快速发展有哪些促进作用？

2. 根据当前经济社会发展形势，尝试分析杭州市与阿里巴巴在哪些方面还有合作的空间？

第 2 章 商业模式创新概述

2.1 商业模式的定义与功能

视频讲解

2.1.1 商业模式的定义

当前有关商业模式的定义很多,这是由于人们在理解商业模式的过程中采用了不同的视角,进而对商业模式概念的含义提供了不同的解释。表2.1列举了一些常被引用和使用的商业模式定义。

表2.1 商业模式常用定义

定 义 来 源	定 义 描 述
Timmers,1998	商业模式是产品、服务和信息流的体系结构,包括各种业务参与者及其角色的描述、潜在利益的描述、收入来源的描述
Amit和Zott,2001	商业模式是指为利用商业机会创造价值而设计的交易的内容、结构和治理
Chesbrough和Rosenbloom,2002	商业模式是将技术潜力实现为经济价值的启发式逻辑
Magretta,2002	商业模式回答了德鲁克的古老问题:谁是顾客?顾客看重什么?它也回答了每个经理必须问的基本问题: 我们如何在这个行业赚钱?我们以合适的成本为客户创造价值背后的经济逻辑是什么
Morris、Schindehutte和Allen,2005	商业模式是一系列有关战略、结构与经济领域中的相关的决策变量如何被用于创造持续竞争优势的描述
Johnson、Christensen和Kagermann,2008	商业模式由相互关联要素组成并被用于创造和传递价值
Casadesus Masanell和Ricart,2010	商业模式是公司已实现的战略的一种反映
Teece,2010	商业模式的本质是定义企业向客户交付价值、促使客户为价值付费,并将这些支付转化为利润的方式

续表

定义来源	定义描述
Zott和Amit，2010	商业模式是一个相互依赖的活动系统，它超越了焦点企业，跨越了其边界
Osterwalder和Pigneur，2010	商业模式描述了企业如何创造价值，传递价值和获取价值的基本原理

2.1.2 商业模式的功能

20世纪90年代中期以来，随着互联网的大规模普及与应用，互联网经济蓬勃发展。为了解释互联网经济与商业现象，无论是企业家、投资人，还是经营者、媒体、学者都纷纷使用"商业模式"这一术语，并将之快速发展。人们对商业模式的探索主要用于解决或解释三种现象：①电子商务和信息技术在组织中的使用；②战略问题——价值创造、竞争优势和企业绩效；③创新和技术管理。

1. 电子商务和信息技术在组织中的使用

迄今为止，对商业模式最为关注的领域是电子商务。电子商务是指"以电子方式开展业务"，它包括电子商业、电子市场和基于互联网的业务，强调公司通过互联网与其业务伙伴和买家进行商业交易。这里不包括那些仅仅利用网站展示产品或服务的信息业务。

通信和信息技术的最新进展，如因特网的出现和迅速扩展以及计算和通信成本的迅速下降，使人们能够开发创造和交付价值的新方法，它们提供了创建非传统交换机制和交易架构的空间，并强调了设计新的跨越边界的组织形式的可能性。事实上，这些发展为商业模式的设计开辟了新的视野，使企业能够从根本上改变其组织和从事经济交流的方式，无论是在企业内部还是跨行业。

互联网是人们对商业模式兴趣激增的主要驱动力，并随之出现了围绕这一主题的探索。关于电子商务商业模式的探讨主要集中于两个互补的方向：一是描述一般的电子商务商业模式并提供模式原型；二是侧重于电子商务商业模式的构成组件或模块。

2. 战略问题：价值创造、竞争优势和企业绩效

在解释企业的价值创造、绩效和竞争优势方面，商业模式越来越受到学者和商业实践者的关注。

数字经济为企业提供了试验新型价值创造机制的潜力，这种机制是网络化的，即价值是由企业和众多合作伙伴为多个用户协同创造的。这种对价值的重新定义引起了人们的注意，他们在试图解释网络市场中的价值创造时采用了商业模式的概念。然而，在解释价值创造时，商业模式的概念并不仅在数字经济的背景下使用。例如，Seelos和Mair（2007）研究了深度贫困背景下的价值创造机制，他们将商业模式概念化为"一组能力，其配置旨在实现与经济或社会战略目标一致的价值创造"。同样，Thompson和

MacMillan（2010）提出了一个开发新商业模式的框架，可以导致社会财富的改善（例如减少贫困和人类痛苦）。因此，价值创造可以指不同形式的价值（如社会价值或经济价值）。

虽然一些关于商业模式的探讨往往集中在公司与其合作伙伴网络的活动上，但人们越来越认识到，公司并不在竞争真空中执行其商业模式，而是可以通过其商业模式进行竞争。因此，商业模式代表了不同于公司产品市场地位的潜在的竞争优势来源。满足相同客户需求并追求相似产品市场战略的公司可以采用非常不同的商业模式获取竞争优势，商业模式设计和产品市场战略是互补的，而不是相互替代的。此外，新的、有效的商业模式所带来的新颖性可以创造卓越的价值，并取代旧的做事方式，成为下一代企业的标准。

商业模式可以在解释公司绩效方面发挥核心作用。例如，Afuah（2004）关注的是企业的盈利能力，并引入了一个战略框架，在该框架中，通过一组与企业盈利能力的决定因素相对应的组成部分对商业模式进行概念化。也有很多人对商业模式与企业绩效之间的关系进行了定量的实证研究，例如Zott和Amit（2007），他们发现新颖的商业模式能带来显著的企业绩效的改进与提升。

3. 创新和技术管理

商业模式的概念也在创新和技术管理领域得到了阐述，并形成两个互补的观点。首先，公司通过其商业模式将创新理念和技术商业化。其次，商业模式代表了一个新的创新主题，它是对传统的过程、产品和组织创新主题的补充，涉及新的合作与协作形式。

2.2 商业模式与传统战略论的关系

什么是战略？"战略"一词原本为军事用语，是指在战争中以取胜为目的的一种长期性的、综合性的策略。也就是说，战略是取胜的一种手段。

在传统的战略论中，为了取胜可采取的手段有哪些呢？在迈克尔·波特论述的传统战略论中，战略是指市场以及在市场中如何进行定位。波特提出的"五力模型"和"三种竞争战略（成本领先、差异化、集中化）"就是市场定位的方法。企业期望存在这样的一种收益性高的市场：在竞争的数量和质量、有无替代品等方面竞争压力较小，并且供应商和顾客的要求较少。企业应该选择进入这样的市场，并且在这种市场中可以选择三种竞争战略中的一种以帮助自己在市场中占据有利地位。传统的战略论虽然考虑到行业这个广义的市场，也考虑到如何在广义的市场中占据有利地位，但对于在市场中的具体商业策略却完全没有提及。在波特的战略论中，考虑的重点仍在市场，而不是市场中具体的商业策略。这种传统战略论者被称作定位学派。

在传统战略中，与定位学派相对的，还有另一学派，即资源学派，该学派重视自身公司的特征。杰恩·巴尼是该学派的代表人物，他提出的VRIO理论模型是此学派思想的代表。VRIO是针对企业内部资源与能力，分析企业竞争优势和弱势的工具。它由四个问题构成：价值问题（value）、稀缺性问题（rareness）、难以模仿性问题（inimitability）和组织问题（organization）。该理论同样认为战略的主要内容是市场。但是，与波特的理论不同的是，波特认为市场之所以重要，原因在于市场本身，而VRIO理论认为其原因在于公司的资源和能力是否与市场匹配。

所以，传统战略论考虑的重点在于市场的选择。它们的主要观点是：只有这个市场具有盈利能力，自己公司才有获得利润的可能；如果自己公司的能力与市场不具有一致性，是无论如何不可能获利的。这种想法不无道理。但是只考虑市场是无法在市场中取胜的。在军事领域，战场确定了之后，在战场内的作战策略同样十分重要。商业领域也是如此，市场确定之后，在这个市场内的商业策略也十分重要。但是，在传统的战略论中，谈到在市场中取胜的策略，除了考虑自己公司的资源、能力及其与市场的一致性之外，并没有提及商业策略。

与这些传统战略论相比，商业模式的内容有很大不同。商业模式所主要关注的，是在广义的市场（即行业）已经选好了的前提下，探讨在特定行业内的商业策略。更进一步，商业模式所探讨的，是如何构建一个机制去支撑已经选择的市场定位，用军事术语来说，就是特定战场内的作战策略。因此，要想获得成功，商业模式是必须考虑的问题，这是传统战略论没有涉及的内容。

传统战略论认为，商业模式并不是战略内容本身，而是指战略的实施，所以传统战略论不探讨商业模式的问题。但是，在当今社会，正是战略的实施决定了业务的成败。传统战略论认为战略就是市场，把市场定义为顾客和商品，只考虑"向谁卖""卖什么"的问题。现在，仅仅考虑这两个问题是不够的，战略问题已经变成了"向谁卖""卖什么""怎么卖"的问题。商业模式要解决的正是"怎么卖"。在军事领域，所谓战略，并不是指如何选择战场，而是指在战场内的作战策略。从这个意义上来看，商业模式虽然并不在传统战略论的讨论范围内，却是战略的一部分。

2.3 商业模式创新的定义

企业的商业模式不是一成不变的。若企业想要在动荡的商业环境中取得一席之地，其商业模式必然不能停滞不前。企业需要不断地分析外部环境和自身资源、能力，对商业模式进行创新，以获得长足的发展。通过商业模式创新，企业能够更好地适应和重新定义所面临的产业环境，从而获得高于机会成本的超额利润。表2.2列举了一些常被引用和使用的商业模式创新定义。

表2.2　商业模式创新常用定义

定 义 来 源	定 义 描 述
Aspara等，2013	商业模式创新是指公司创造价值的认知逻辑的改变
Markides，2006	商业模式创新是指在现有业务中发现根本不同的商业模式
Aspara等，2010	商业模式创新是指在某地理市场区域内，通过挑战现有行业特定的商业模式、角色和关系，来创造新价值
Khanagha等，2014	商业模式创新包括从商业模式的各个组成部分的增量变化、现有商业模式的扩展、并行商业模式的引入，一直到商业模式的颠覆破坏（这可能需要用不同的模式替换现有模式）
Esben等，2016	商业模式创新本质上是开发新的方式来获取、创造和交付价值

2.4　商业模式创新与持续竞争优势

互联网的出现改变了基本的商业竞争环境和经济规则，并使大量新的商业实践成为可能，一批基于它的新型企业应运而生。新涌现的一些企业，如美国的谷歌、亚马逊及我国的阿里巴巴、腾讯等，在较短的时间内取得巨大发展，并改变了行业格局。它们的盈利方式明显有别于传统企业。这些基于互联网的创新型企业的出现，对许多传统企业产生了深远冲击和影响。例如亚马逊仅用短短几年就发展为世界最大的图书零售商，给传统书店带来严峻挑战，新型商业模式显示出强大的生命力和竞争力。1998年后，美国政府甚至也因此对一些商业模式创新授予专利，以给予这种行为积极的鼓励与保护。无论是对准备创业的人，还是在企业任职的人，这些变化都激励他们在这个经济变革时期重新思考企业赚钱的方式，思考自己企业的商业模式。商业模式创新因而受到重视。此外，IBM论坛2006年就创新问题对全球765位大公司CEO和业务领导的调查也表明，近1/3的企业把商业模式创新放在最优先的地位；而且相对于那些更看重传统产品或工艺的创新者来说，重视商业模式创新的企业在过去5年中经营利润增长率表现比竞争对手更为出色。

未来的创新将不再局限于产品、体验和盈利模式，而是可以将有设计力的创新融入企业发展的基因中，从各个环节进行全面的创新，不断地以新的商业模式获取可持续的竞争优势。美国Doblin创新咨询公司通过大量研究总结出全面商业模式创新的十大环节，如图2.1所示。图中展示了从最左边接近企业内部的创新到最右边与客户接触的创新。十个环节的商业模式创新构建起了企业价值和用户价值融合的桥梁。

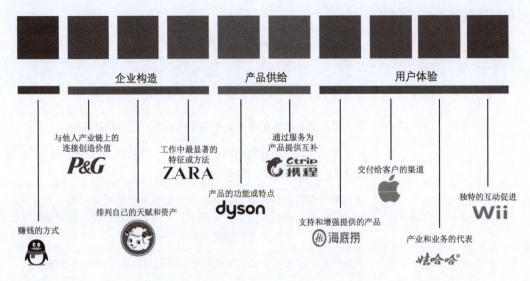

图2.1　全面商业模式创新的十大环节

1. 盈利模式创新

盈利模式创新指公司寻找全新的方式，将产品和其他有价值的资源转变为资金。这种创新常常会挑战一个行业关于生产什么产品、确定怎样的价格、如何实现收入等问题的传统观念。溢价和竞拍是盈利模式创新的典型例子。例如，QQ、Skype的免费增值模式为企业带来增值服务收益。

2. 网络创新

在当今高度互联的世界里，没有哪家公司能够独自完成所有事情。网络创新让公司可以充分利用其他公司的流程、技术、产品、渠道和品牌。悬赏或众包等开放式创新方式是网络创新的典型例子。例如，Nike+系列与iPod的结合、绿盛与大唐风云游戏的结合、宝洁研发与在线众包社区的融合，都实现了优势资源的互补，取得了双赢。

3. 结构创新

结构创新通过采用独特的方式组织公司的资产（包括硬件、人力或无形资产）来创造价值。它可能涉及从人才管理系统到重新配置固定设备等方方面面。结构创新的例子包括：建立激励机制，鼓励员工朝某个特定目标努力，实现资产标准化从而降低运营成本和复杂性，甚至创建企业大学以提供持续的高端培训。例如，小肥羊2004年曾名列全国餐饮企业第二位，它的成功建立在自己完整的供应链上，除了给自己品牌的火锅店供应肉制品之外，还给其他渠道供应，这条供应链就是其优势和资产。

4. 过程创新

过程创新涉及公司主要产品或服务的各项生产活动和运营。这类创新需要彻底改变以往的业务经营方式，使得公司具备独特的能力，高效运转，迅速适应新环境，并获得领先市场的利润率。过程创新常常构成一个企业的核心竞争力，例如，在ZARA的快速时尚供应链中，从设计草图到产品上架只需15天时间；丰田汽车广为人知的精益生产方式也是过程创新的体现。

5. 产品性能创新

产品性能创新指公司在产品或服务的价值、特性和质量方面进行的创新。这类创新既涉及全新的产品，也包括能带来巨大增值的产品升级和产品线延伸。产品性能创新常常是竞争对手最容易效仿的一类，如戴森的吸尘器、无叶风扇，就属于较为成功的产品性能创新的典范。

6. 产品系统创新

产品系统创新是将单个产品和服务联系或捆绑起来，创造出一个可扩展的强大系统。产品系统创新可以帮助企业建立一个能够吸引并取悦顾客的生态环境，并且抵御竞争者的侵袭。例如，携程网通过网络服务为传统的酒店和机票预订提供新的渠道。

7. 服务创新

服务创新保证并提高了产品的功用、性能和价值。它能使一个产品更容易被试用和享用，为顾客展现他们可能会忽视的产品特性和功用，能够解决顾客遇到的问题并弥补产品体验中的不愉快。例如，海底捞、支付宝、Zappos以优质的服务为顾客创造惊喜。

8. 渠道创新

渠道创新包含了将产品与顾客和用户联系在一起的所有手段。虽然电子商务在近年来成为主导力量，但实体店等传统渠道还是很重要的，特别是在创造身临其境的体验方面。这方面的创新老手常常能发掘出多种互补方式，将他们的产品和服务呈现给顾客。例如，苹果应用程序商店（App Store）为"果粉"提供一个体验产品的场所；奈斯派索（Nespresso）咖啡为客户提供内部的成员俱乐部。

9. 品牌创新

品牌创新有助于保证顾客和用户能够识别、记住你的产品，并在面对你和竞争对手的产品或替代品时选择你的产品。好的品牌创新能够提炼一种"承诺"，吸引买主并传递一种与众不同的身份感。例如，娃哈哈的产品种类从饮料扩展到奶粉再到童装，优秀的品牌可以将自己的产业进行拓展。

10. 客户体验创新

客户体验创新指理解顾客和用户的深层愿望，并利用这些信息来发展顾客与公司之间富有意义的联系。顾客体验创新开辟了广阔的探索空间，帮助人们找到合适的方式把自己生活的一部分变得更加难忘、富有成效并充满喜悦。例如，星巴克为顾客创造了一个家和公司以外的第三空间。

在创新十大环节中，如果能在多个环节建立优势，就会建立起比单一环节创新更加有保障的竞争壁垒，设计出新的商业模式。

图2.2显示了苹果公司的多个商业模式创新环节。2001年，苹果公司推出第一款iPod音乐播放器。当时全美每年仅售出72.4万台数码音乐播放器，似乎看不出什么市场前景。但苹果随即推出网上音乐商店iTunes，每首歌曲只需付费99美分即可下载，并且只有使用iPod才可以播放从iTunes下载的音乐。iTunes下载业务一度占据了北美合法音乐下载市场的82%。iPod从音乐播放器变成了一种文化符号或身份的象征。

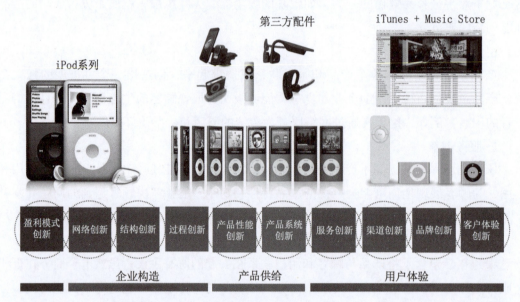

图2.2　苹果公司商业模式创新环节

2003年前后，创新并设计出好的商业模式，成了商业界关注的新焦点。商业模式创新被认为能给企业带来战略性的竞争优势，是新时期企业应该具备的关键能力。2008年后，以苹果公司为代表的一批企业通过商业创新设计，在全球经济陷入负增长的情况下实现了高速的企业增长。然而，作为曾经全球最大的手机设备制造商的诺基亚，此时，已被苹果、三星等公司所取代。日本家电三巨头——松下、索尼和夏普所公布的截至2012年9月30日的财年第二财季业绩报告表明，近年来缺乏创新性和竞争力的三家巨头已经连续多个季度亏损严重，其中松下仅在2012年4—9月这半个财年之内就亏损3875.84亿日元（约合48.4亿美元）。更多的人认识到，在全球化浪潮冲击、技术变革加快及商业环境变得更加不确定的时代，决定企业成败最重要的因素，不是技术，而是它的商业模式。

苹果公司的创新不仅仅是硬件层面的，而是让数字音乐下载变得更加简单易行，它成功利用"iPod+iTunes"组合开创了一个全新的商业模式——将硬件、软件和服务融为一体。苹果公司还看到了基于终端内容服务市场的巨大潜力。在其整体战略上，它也已经开始了从纯粹的消费电子产品生产商向以终端为基础的综合性内容服务提供商的转变。随后，iPhone+App Store、iPad又改变了手机和平板市场，建立了市场的新秩序；苹果公司也因为成功地找准了盈利点，开创了硬件、软件和服务的新型产业链，通过不断的商业模式创新建立了可持续的竞争优势。

2.5 商业模式创新的挑战

在商业模式创新者看来，商业模式能打败竞争对手。但是商业模式创新并非易事，通常并非是因为企业不愿意进行创新；确切地说，是因为企业对商业模式缺乏了解，从而阻碍了它们的创新。对于商业模式创新者而言，在进行商业模式创新时经常遇到以下三方面的核心挑战。

2.5.1 挑战1：跳出本行业的主导逻辑进行思考

一家企业对过往辉煌的记忆很容易阻碍其新想法的产生。即使是思想非常开明的领导者在突破自己行业的主导逻辑时，也有可能会困难重重。如今的现金牛产品和竞争对手仍然对公司管理层的心态具有很大影响。没有人生活在真空里，每家公司都属于一个行业分支，都需要遵循现有价值链和在竞争对手相互作用下形成的组织结构。无论公司是否明确重构这种结构，都会深受它们的影响，以至于公司的商业模式创新不可避免地被限制在一定的范围之内。

大企业主导的行业逻辑频频受到行业新手的挑战，这些行业新手们思维活跃，他们所提出的问题也只有他们自己才能想到。经验丰富的行业权威会颇为耐心而宽容地解释说："在我们的行业内是不行的，客户不会接受其他任何逻辑。"公司的信条被赋予了"正统"的标签，于是这些信条就变成了铁的定律。

少数公司系统地分析了这些来自其他行业的新手们所提的问题，并把它们当作新创意的源泉。引进公司以外的创意是经营者突破其思维定式最具前途的方式。不幸的是，这些想法经常会受到"非我所创症候群"的挑战，并且在它们对企业发挥真正影响之前就被扼杀。这一症候群的实质是一种既定团队或机构拒绝接受任何外来观念的心理现象。因此，任何商业模式的创新方法，必须在综合外来观念的必要性和允许公司内部管理层开发自己的创意之间找到平衡。

企业领导者经常无法理解为何他们应该冒险走出企业的舒适区，毕竟现行的商业模式仍在持续盈利。但是，收益一旦缩减，就应该认定引进新型商业模式的时机已经成熟。如果起步太晚，公司即将濒临破产，就意味着董事会除了降低成本和重组之外没有别的选择了。

一个著名的案例是，柯达公司因未能及时突破行业主导逻辑，于2012年申请破产。早在1975年，柯达公司就已经开发出了世界上第一台数码相机，但却从未将其推向市场，因为它担心数码相机的推广会削弱公司的主导业务——胶片摄影。当时，柯达的大部分收入都来自销售和冲洗胶卷，而相机制造业则在柯达的商业模式中发挥相对次要的作用。柯达坚信胶片摄影不会受到数码相机影响。1999年，当数码相机的新技术席卷市场时，柯达公司曾公开预测，10年内数字摄影的市场份额绝不会超过整体摄影市场份额的5%。这一错误判断被证明对柯达的影响是毁灭性的：到了2009年，胶片摄影仅占到市场份额的5%，而剩余的95%全部被数字摄影占据。

所以，要为不断创新的商业模式提供创意，就一定要克服存在于一个行业或公司内部的主导逻辑。只有突破现有观点的限制，才能萌发新的创意。

2.5.2 挑战2：从商业模式而非技术和产品的角度进行思考

商业模式创新的挑战之二在于，商业模式创新往往会受到对于新技术的谬见阻碍。诸如互联网、自动识别技术（如无线射频识别）、云计算等新技术都已广为人知且对外开放。这些技术取得成功的原因在于它们被使用或应用于自己的企业，并因这些技术的应用使企业得到彻底改变。真正的革命在于发现新技术潜在的经济可行性，换句话说，就是发现正确的商业模式。

保险行业的按里程付费原则就是一个很典型的例子。多年来，许多汽车保险公司都纷纷推出汽车保险政策，提议有针对性地使用多种先进技术。远程信息处理汽车保险的基本原则是直接检测驾驶人并把信息反馈给保险公司。为了实现这一目的，保险公司通常会在车辆上安装一个盒子，用以监测并传送各项数据，例如制动力、时间、行驶的距离等。保险公司根据这些数据估算出不同驾驶人的事故风险，并因此对他们的保险费做出相应调整。此外，还通过GPS功能、快速定位事故现场功能以及其他特性完善这一系统。

尽管按里程付费系统所涉及的技术很先进，但它远没有人们想象的那么成功，因为只有将这一系统应用到恰当的商业模式框架内才是至关重要的。2004年，由于顾客人数不足，诺威奇联合保险公司（Norwich Union）和其他一些保险公司终止了它们的按里程付费计划。诺威奇联合保险公司的按里程付费提议所存在的问题在于其复杂性。保险公司就像是一个检测机构，需要知晓投保人在何时、何地、以何种方式在开车。总而言之，这种模式未经过深思熟虑，很难吸引到新顾客。正因为如此，这一方案注定不能成功。

随后的智能汽车保险市场的服务供应商从前人的错误中吸取经验，以引进服务热线和新功能作为开端，大幅降低了保险政策的复杂性。例如，瑞士的安联保险集团（Allianz）推出了服务热线和3项简单的功能：应急按钮、碰撞传感器、汽车搜索。这些功能以简单的网络电话、传感器和GPS为基础，一旦汽车出现紧急状况，如发生交通事故或被盗，系统就会在事故现场提供快速帮助。这一商业模式比之前的商业模式更为智能，体现在服务条款更加容易理解，投保人所缴纳的保险费用显著减少，过程更透明，而且保险公司承诺在正常情况下不会对车辆实施监控，也就是说在没有收到急救电话的情况下不会监控车辆。此外，收费模式也更加合理，车载监控盒子由保险公司负责免费安装，服务费按月支付。

按里程付费项目证明了成功并非总是由技术带来的，也可以是将技术创造性地应用于一个创新型商业模式的结果。

2.5.3 挑战3：系统工具的缺乏

系统工具能够促进创造力、发散思维，并且对开发新型商业模式至关重要。美国科学家乔治·兰德致力于研究年龄和发散思维之间的关系。1968年，美国国家航空航天局邀请兰德来帮助他们发现哪些人是有创造力的，旨在招募富有创新精神的工程师和科学家。为此，兰德设计了一个发散性思维的能力测试。他研究了1600名5岁儿童在创造力测试中的表现，后续每5年重测一次。测试问题根据儿童的年龄做出修改，那些获得10分（满分）的孩子被归为创新天才组。测试结果令人震惊，测试结果中天才的比例如下：

- 5岁：98%；
- 10岁：30%；
- 15岁：12%；
- 25岁：2%。

兰德在1993年曾写道："我们所得出的结论是，非创造性行为是后天学来的。"换句话说，就是成人的创造力相对较弱，需要创新技术的支持。但是，目前仍没有一套系统工具适用于商业模式领域。

所以，商业模式创新仍然是一项充满神秘的任务，使许多管理者闻之却步。表2.3列举了存在于管理者中的相当普遍的商业模式创新"谬见"。

表2.3 商业模式创新常见谬见

谬见	内容
"一步登天"谬见	认为"商业成功始于前所未有的创意"。事实上，新的商业模式往往从其他行业借鉴而来
"敢想"谬见	认为"商业模式创新总是激进和新颖的"。大多数人会把新的商业模式和互联网公司的巨大飞跃联系在一起。事实上，与产品创新的方式相同，商业模式创新也可以是渐进式的
"技术"谬见	认为"每一个商业模式创新都是靠卓越的技术催生新产品的"。事实上，当新技术确实可以推动商业模式创新时，它们具有了通用的本质。创造力产生于运用新技术对商业进行彻底的变革当中。纯粹关注技术，却是创新项目失败的首要因素。真正变革的举措是挖掘新技术的经济潜力

续表

谬　见	内　容
"运气"谬见	认为"商业模式创新只关乎运气，不能系统地进行"。事实上，想要创新商业模式，需要付出和开发新产品、新技术、售后流程及物流设计一样多的努力。商业模式创新需要毅力和动力。就像对未知领域的探险一样，必须提前计划，并为它做好准备。虽然系统化进行并不能保证什么，但它显著增加成功的可能性
"爱因斯坦"谬见	认为"只有创新天才才能想出具有创新意义的点子"。今天，成功越来越少地依赖个人策划，跨领域团队已经延伸到各职能部门和公司，取代了过去像爱迪生和怀特一样的象牙塔里的发明家。创新不再是个人行为，而是团体性的活动。商业模式创新尤其如此。对商业模式创新来说，缺少合作意味着再好的创意也只是一个创意而已
"规模"谬见	认为"大突破需要大量资源的投入"。事实上，小型初创企业负责最重要的商业模式革命。绝大多数成功的互联网公司起步时都是微小而智能的。恰当的创意和适量的勇气有时比资源重要许多
"研发"谬见	认为"研发部门是重要创新的源头"。事实上，商业模式创新本质上是跨学科的。虽然研发部门通常负责新产品的研发，但创新不仅仅源于研发部门，其他部门（包括战略部、市场部、售后服务部、信息技术部、生产部、物流和采购部等）的创新也非常重要

2.6　我国商业模式创新简史

2.6.1　我国古代的商业模式创新

用今天的商业语言归纳我国古代的商业模式，主要有三种基本模式，分别是集市货物贸易、异地贩运贸易、手工作坊。

（1）集市货物贸易。3000多年前，生活在部落里的人安居乐业，用来生产生活的东西常常富余，于是就有人把这些东西拿出来和别的部落的人进行交换，互通有无。之后，各个部落的人就约定在固定的时间和地点进行商品交易。再后来，随着文明与商业的不断发展，众多发达的部落和村镇都依靠出售货物获利，慢慢形成了商业一条街，成为更发达的集市。这种模式就是今天的集市、交易市场、超市和百货商店的雏形。

（2）异地贩运贸易。古时候，部落里的人驯服了马和牛，发明了马车与牛车。于是，越来越多的人开始使用牛车或者马车拉着物品到更远的地方进行交易。这种交易方式极大地促进了古代商业的发展。

异地贩运贸易比较典型的方式主要有两种。一种是陆路。我国著名的"丝绸之路"就是异地贩运货物进行交易的商业模式的一个典型例子。"丝绸之路"是我国古代连接东西方商业贸易的交通干道，这条道路上的商人们赶着骆驼和马车，载着充满异域风情的货物，华夏文明和波斯文明在这条道路上不断交融。另一种是海路。古代除了陆路，还有海路，阿拉伯人发明的航海技术让古代商品贸易的半径得到了极大拓展。宋朝的时候，我国的杭州、广州、福州、泉州等地经常有外国的商船停靠进行交易；而到了元代，杭州、广州、福州、泉州等地更是有大量的外国人居住，他们说着不同的语言，和中国人进行贸易往来。到了明朝时期，航海家郑和率着浩浩荡荡的商船七次下西洋，进一步拓展了海上贸易，在把中国的瓷器送到了国外的同时，又把国外的黄金、香料等物品运回国内。

这种"异地贩运货物进行贸易"的模式有三个关键的元素。第一个元素就是货品。这些货品必须是可以互通有无的必需品，才有交易的价值。比如曾经活跃在茶马古道上的商帮，他们从一个山谷到另一个山谷，又从一个村寨到另一个村寨，用货物连接起中国西南和西藏地区，贸易成了大西南地区的联系纽带。此外，还有著名的"徽商"，从两淮运盐入湖广，再把盐换成大米，运到长江下游进行交易，从中赚取利润。第二个元素是运输能力。古代因为交通不便利，所以无论异地贩运贸易走陆路还是海路，都存在着不可想象的风险与艰辛。那时候运输货物只能靠牲畜驮运和海运，特别是海运，由于货船吨位很小，能拉的货物非常有限，加之货船没有导航设备，变化无常的海上天气更是充满不测，因此面临很大风险。所以，在古代，运输距离和运输的艰难程度决定着货物的价格和利润。通常情况下，距离越远，货物的利润就会越高。第三个元素是商品信息。古代商人必须清楚哪些地区的哪些货品比较紧缺，哪些商品可以在市场上获得较高的利润，什么地方的人们喜欢什么商品等，才能及时抓住商机。例如，我国古代"民间财神"范蠡看到漕湖一带有很多马夫，但苦于没有马；而北方有很多好马，却因为路途遥远运不过来。于是，范蠡就和他的一个商人朋友开始合作，从北方运送马匹过来贩卖。

（3）手工作坊。在工业得到发展之前，我国的生产方式相对比较简单，除了农业生产之外，就是手工业生产。到了明清时期，手工业逐渐出现并越加发达，丝绸等产品已经有专门的较大规模的作坊生产。江南的富庶与作坊生产有很大的关系。

清朝小说家曹雪芹的小说作品《红楼梦》里主人公锦衣玉食、令人眼花缭乱的繁华生活情景，以及大观园里亭台楼阁的奢华，无不与江宁织造府息息相关。江宁织造府早在明朝就已存在，因为当时南京地区的养蚕业和丝绸织造业比较发达，于是朝廷就在这里设立直属机构，清朝也延续了这个机构，其地位仅次于两江总督，可见其重要性。而曹家从曹雪芹曾祖父曹玺开始，历经祖父曹寅、父亲曹颙、伯父曹頫三代，一直掌管江宁织造府，掌权近60年。据相关史料记载，当时作为朝廷丝织品专供机构的江宁织造府无论是机器、人员配备，还是产值都具有相当的规模，仅南京市区就拥有织机3万多台，男女工人5万名左右，年产值达白银1200万两，丝织品织造业盛况空前。

2.6.2 改革开放以来的商业模式创新

改革开放以来，特别是近年来我国十分注重推进商业模式创新。例如，2022年11月17日，习近平总书记在亚太经合组织工商领导人峰会上的书面演讲中指出："我们要顺应新一轮科技革命和产业变革，加速科技创新和制度创新，培育新经济、新业态、新商业模式，实现亚太经济数字化转型。"

按照时间维度，可以将我国改革开放后的商业模式创新划分为五个阶段：民营企业的崛起与发展阶段、第一次互联网浪潮阶段、第二次互联网浪潮阶段、第三次互联网浪潮阶段和第四次互联网浪潮阶段。

1. 阶段一（1978—1994年）：民营企业的崛起与发展

在这个阶段，民营经济开始发展。政府积极鼓励外商投资，这也使国内企业开始关注市场，为了赢得市场份额而展开竞争。

改革开放后，开始出现民营小微型企业。"个体户"等称呼是那个时代企业家的代名词。这一批做企业的人，许多都没有企事业单位的正式工作。而正是这批人成为了改革开放后的第一批企业家。

1984年，国务院发布了《关于农村个体工商业的若干规定》，允许个体工商户合法经营。在该条例推动下，国家相关部门批准了姜维的民营公司，新中国的第一家民营企业诞生。同年，联想、海尔、万科、德力西、TCL、健力宝相继成立，这一年被称为中国企业元年。

1992年是中国商业史上影响深远的一年。大批在政府机构、科研院所工作的知识分子受1992年邓小平南方谈话的影响，纷纷主动下海创业，开启了按照现代企业制度创办市场化股份制企业的浪潮。当时，这批下海创业的企业家从事的产业都是高附加值的，比如金融服务、地产、咨询、高科技等。

2. 阶段二（1995—1999年）：以Web 1.0为特征的第一次互联网浪潮

Web 1.0是个人计算机时代的互联网，用户利用Web浏览器通过门户网站，单向获取内容，主要进行浏览、搜索等操作。该阶段，我国门户时代正式开启。这一门户时代成为我国互联网的启蒙阶段，同时这也是我国互联网萌芽破土的阶段。

1995年，我国第一家互联网公司——瀛海威信息通信有限责任公司诞生，面向普通家庭开放，成为我国第一个互联网接入服务商。同年，马云在杭州创办"中国黄页"，这是我国第一个互联网商业信息发布网站。因此，1995年被视为我国互联网的商业元年。

随后，网易、搜狐、新浪和腾讯四大门户网站先后创立。以他们为代表的一批互联网门户网站，面向刚刚通网的我国第一批网民，以资讯服务为主要业务内容。这个阶段的流量红利，是刚刚开始发展的我国互联网与12亿人口，以及这一望无垠又潜力无限的蓝海市场。

3. 阶段三（2000—2008年）：以Web 2.0为特征的第二次互联网浪潮

Web 2.0是相对于Web 1.0的新的时代，指的是一种利用Web的平台，由用户主导生成内容的互联网产品模式，是区别于传统由网站雇员主导生成内容的第二代互联网。该阶段，我国网络信息分发模式从门户网站变成搜索引擎，掀起第二次互联网浪潮。社交工具、电子商务、网络游戏的相继发展，推动第二次互联网浪潮进入爆发期。

2000年，百度创立，打造搜索引擎，向网民提供获取信息的搜索服务，并以基于广告收费的搜索营销模式进行盈利。自此，搜索引擎成为网民获取信息的主要模式。

该阶段，随着低带宽网络与个人计算机的普及，社交工具与电子商务开始改变人们的生活习惯。QQ、人人网、百度贴吧、天涯论坛、博客等社交平台上活跃着大量的年轻人。网络世界成为了人们活跃的第二空间。同样地，传统的线下零售业也受到了电子商务的第一波冲击，其中，淘宝、京东是主要的电商平台代表。

此外，网络游戏市场也在该阶段开始爆发，主要以免费模式吸引玩家，例如网易推出我国第一个大型在线游戏《大话西游》。网络游戏的崛起，是由我国的宽带用户趋向平民化、互联网功能趋向娱乐化的发展趋势所决定的。网络游戏正是在这种用户娱乐诉求空前高涨的背景下应运而生的。

4. 阶段四（2009—2019年）：以移动互联网为特征的第三次互联网浪潮

随着国内第三代移动通信（3G）的发展，移动互联网用户迅速增长，微博、微信等移动端App兴起。2012年，手机网民规模首次超过个人计算机用户规模。这个阶段，网民获取信息的主要方式从搜索引擎转移到手机端App，信息分发模式从搜索引擎变为订阅关注模式。

在4G通信技术的强力支撑下，智能化设备全面普及，接入互联网的门槛大幅降低，微信、移动支付、手机健身、网络租车、移动视频、移动阅读等海量应用覆盖了百姓生活的方方面面，小米科技、滴滴出行等一批公司因此诞生。移动互联网以其泛在、连接、智能、普惠等突出优势，有力推动了互联网和实体经济深度融合，成为创新发展新领域、公共服务新平台、信息分享新渠道。

此外，自媒体行业在该阶段得到了持续的发展。2009年新浪微博上线，引起社交平台自媒体风潮；2012年微信公众号上线，自媒体向移动端发展；2012—2014年，门户网站、视频、电商平台等纷纷涉足自媒体领域，平台多元化；2015年至今，直播、短视频等形式成为自媒体内容创业新热点。

5. 阶段五（2020年至今）：以数智化为特征的第四次互联网浪潮

总体来讲，这个阶段的主要特征是注重数字化、数据驱动和智能化的发展。

随着云计算、大数据、人工智能、虚拟现实、5G等技术的不断突破，数字化迎来了新的巨大的发展契机，数字技术在各行各业的应用越来越普遍。

在医疗健康行业，电子病历、远程医疗、智能诊断、虚拟健康助手等应用缩短了诊断时间，降低了医疗成本，同时让医疗资源更加合理地分布。

在工业制造行业，数字化工厂、智能制造、虚拟仿真等技术的应用，让企业更好地掌握生产流程和设备状态，降低生产成本，并且为客户提供更加定制化的产品。

在零售行业，智能收银、智能库存管理、线上线下融合等应用让零售企业更好地把握顾客需求，提升商品销售效率，增加顾客忠诚度。

在教育行业，智能教学、定制化学习等数字技术可以让教育资源更好地分配，使学生更加关注个性化的学习体验。

问题思考

1. 商业模式与传统战略论的关系是怎样的？
2. 商业模式创新的具体环节包括哪些方面？
3. 商业模式创新过程中常见的挑战有哪些？
4. 有哪些谬见思维会阻碍企业的商业模式创新？

案例分析

"老字号做新零售"——同仁堂的知嘛健康

随着社会变迁和人们消费形态的改变，在新的消费环境下，老字号企业在经营和发展过程中遇到了巨大挑战。老字号企业因存在"小富即安"的传统盈利观念、产品组合不合理、经营机制陈旧、服务水平不高、市场定位过于狭窄等问题，导致企业创新动力和能力不足，进而蚕食了企业竞争优势。但是也有些老字号企业在互联网和数字经济的浪潮下借助新技术和平台，在盈利模式、产品、营销、渠道、组织架构上不断创新，以新零售为路径，焕发新活力，开辟新市场。

北京同仁堂（集团）有限公司是中药行业的老字号企业，始创于1669年，距今已有350多年的历史。公司目前已经形成了在集团整体框架下发展的现代制药工业、零售医药商业和医疗服务三大板块，并以生产和销售传统中成药为主业，产品剂型丰富，拥有以安宫牛黄丸、同仁大活络丸为代表的十大王牌产品及众多家喻户晓的经典药品，可较好地满足不同年龄层次、不同类别中药消费群体的多样化需求。

北京同仁堂这家老字号企业在发展过程中也遇到了重重危机。例如2013年，健康行业的高端市场下滑严重。同仁堂为消费者所熟悉的虫草、燕窝、海参等高档滋补产品销售出现了下降，而新的明星产品却迟迟没有出现，一直快速增长的销售受到了冲击。再如近几年，在科技推动下，单一的线下零售终端消费场景已经不能满足消费者多样化的需求，公司的线下零售终端门店的出货量增长趋势也变得缓慢。

为了克服经营和发展方面的危机，公司基于用户思维和开放式的互联网思维，采取了一系列的变革措施。2019年，公司推出的"知嘛健康"就是基于用户思维和开放式的互联网思维，在新零售业务上进行的尝试。同仁堂作为传统的老字号品牌，主要对标中老年群体，而从新零售店的产品品类和店面布局来看，"知嘛健康"则是一家为年轻人打造的"同仁堂大药店"。"知嘛健康"的定位是通过在线下设立超级体验店，为现代年轻人提供亚健康一体化解决方案的平台。

目前，"知嘛健康"在北京共有两家门店，一家是位于北京同仁堂健康药业大兴生产基地的"零号体验店"，另一家则是北京双井富力城附近的"社区店"。以后者为例，位于北京双井富力城附近的"社区店"上下共两层，面积近五百平方米。一楼是咖啡、饮品、零售综合的体验区，一侧用一整面墙壁的展示柜陈列同仁堂特色的商品，以蜂蜜、枸杞、燕窝、西洋参为主，天花板的装饰以药盒为主要元素，其中透明药盒的中药材也传递着店铺属性，吸引年轻群体打卡拍照，并在社交网络走红。门店一楼设置的吧台售卖专区提供具有同仁堂特色的饮品，例如，在咖啡产品里融入草本元素，推出了甘草拿铁、罗汉果美式、肉桂卡布奇诺等新型咖啡。除咖啡外，门店也提供润肺茶、黑枸杞葡萄柚等非咖啡类的饮品。在知嘛健康的门店，还会针对二十四节气推出特定的节气饮品。一时间，类似"同仁堂居然开了间养生咖啡店""同仁堂里喝咖啡""原来你是这样的同仁堂"的帖子在小红书、大众点评、微博、微信等社交平台上吸引了一大批年轻群体的眼球。

如果说门店的一楼售卖咖啡主要作用是引流，那么零号店的二楼、三楼和社区店的二楼则与北京同仁堂的主业密切相关。以零号店为例，二楼根据当前中国人亚健康状态，设有体重管理、小儿推拿、睡眠调理、疼痛专科、经络调理、脊柱专科、量子降脂、心理调理、美体养颜、整合检测10大科室，开发出了12套健康解决方案，可以为不同用户提供针对性健康服务。零号店三楼则将现代科技和老字号中医诊疗充分融合，不仅设置了古色古香的中医调剂台、中医诊室和煎药室，还有颇具现代感的无人售药机、新视觉药房和健康TED直播。由阿里云技术团队为知嘛健康的商品和用户全数字化运营提供基础支撑。

同仁堂知嘛健康基于公司在中医药行业积累的丰厚底蕴和与时俱进的用户导向的思维，致力于构建全新的多元化、智能化、精准化、一体化的消费者服务场景，开拓企业的新市场，使传统老字号企业发挥作用的空间逐渐增大，服务更多的消费人群。同仁堂知嘛健康负责人认为，这种尝试"是一种突破，更是一种颠覆，整个过程非常虐心。同仁堂作为百年老品牌，前有古人打下的根基，后又面临竞争者的不断挑战。在保留传统特色的基础上，要不断接纳新的东西"。

未来，知嘛健康将以36个裂变小微场景作为标准模型，为满足消费者不同的消费场景，在全国一线城市布局50家城市旗舰店，提供精准健康综合解决方案，形成社区店、写字楼店和商场店三种业态；还将通过线上构建大健康入口级流量平台及社交新零售平台，线下以零号店验证商业模式，构建线下新零售终端形象超级IP，实现全面裂变。

问题讨论

1. 结合资料，分析同仁堂为何推出知嘛健康。
2. 同仁堂在推出知嘛健康时，在"创新十环"（盈利模式创新、网络创新、结构创新、过程创新、产品性能创新、产品系统创新、服务创新、渠道创新、品牌创新、客户体验创新）的哪些环节上做了哪些有益探索？
3. 同仁堂知嘛健康对提升企业持续竞争优势的意义是什么？

第 3 章 商业模式创新工具

3.1 商业模式解构与商业模式创新工具

商业模式创新是一个复杂的系统工程,需要一定的工具支持。目前,企业界和学术界多从商业模式构成要素解构的视角来探讨商业模式创新,为商业模式创新的理解、系统规划和具体活动执行提供工具。表3.1列举了一些商业模式构成要素的解构划分,其中应用较为广泛的是Amit和Zott的三要素模型、Chesbrough的六要素模型、Johnson的四要素模型、Osterwalder和Pigneur的商业模式画布。人们可以基于这些模型从构成要素的角度认知、理解、评价、优化、改变和创新商业模式。

表3.1 商业模式构成要素

来 源	构 成 要 素	数量
Horowitz,1996	价格、产品、分销、组织特征、技术	5
Viscio等,1996	全球核心、治理、业务单元、服务、连接	5
Timmers,1998	产品/服务/信息流结构、行动者利益、收入来源	3
Markides,1999	产品创新、顾客关系、基础设施管理、财务因素	4
Donath,1999	顾客理解、营销策略、公司治理、内部网络能力、外部网络能力	5
Chesbrough等,2000	价值主张、目标市场、内部价值链结构、成本结构和利润模式、价值网络、竞争战略	6
Gordijn等,2001	行动者、价值目标、价值端口、价值提供、价值界面、价值交换、目标客户	7
Linder等,2001	定价模式、收入模式、渠道模式、商业流程模式、以互联网为基础的商业关系、组织形式、价值主张	7
Hamel,2001	核心战略、战略资源、价值网络、顾客界面	4
Dubosson-Torbay,2001	产品、顾客关系、基础设施和伙伴网络、财务因素	4

续表

来　源	构　成　要　素	数量
Petrovic，2001	价值模式、资源模式、生产模式、顾客关系模式、收入模式、资本模式、市场模式	7
Afuah，2001	顾客价值、范围、价格、收入、连接行为、实施、能力、持续力	8
Weill，2001	战略目标、价值主张、收入来源、成功因素、渠道、核心能力、目标顾客、IT基础设施	8
Applegate，2001	概念、能力、价值	3
Amit和Zott，2001	交易内容、交易结构、交易治理	3
Alt等，2001	使命、结构、流程、收入、合法性、技术	6
Rayport等，2001	价值集群、市场空间提供物、资源系统、财务模式	4
Betz，2002	资源、销售、利润、资本	4
Stähler，2002	价值主张、产品/服务、价值体系、收入模式	4
Forzi等，2003	生产设计、收入模式、产出模式、市场模式、财务模式、网络和信息模式	6
Gartner，2003	市场提供物、能力、核心技术、损益底线	4
翁君奕，2004	价值主张、价值支撑、价值保持	3
Osterwalder，2004	价值主张、目标市场、分销渠道、顾客关系、价值配置、能力、伙伴、成本结构、收入模式	9
Shafer等，2005	战略选择、价值创造、价值获取、价值网络	4
Morris等，2005	供应、市场、内部能力、竞争战略、财务、人员/投资者	7
Westerlund等，2008	收入、行动者、定位、网络	4
Janssen，2008	商业逻辑、价值主张、顾客、当前和未来的业务	4
Johnson，2008	顾客价值主张、关键资源、关键流程、盈利模式	4
Doganova等，2009	价值主张、价值建构体系、收入模式	3
Mason等，2009	技术、网络建构体系、市场提供物	3
Mutaz M. Al-Debei，2010	价值主张、价值建构体系、价值网络、价值财务	4
Osterwalder和Pigneur，2010	价值主张、客户细分、渠道通路、顾客关系、关键业务、关键资源、重要合作、成本结构、收入来源	9
Ming-Hone Tsai等，2011	基础架构层、价值网络层、服务层	3
吕鸿江等，2012	交易主体、交易关系、交易规则	3

在以上商业模式构成要素框架中，既有相似的地方也有不同的地方。从商业模式构成要素数量上看，最少为3个，最多为9个。构成要素数量多少的差异主要在于人们归纳方法的不同，以及对商业模式考察的深度和广度不同。从商业模式构成要素本身来看，提起较多的是价值提供/主张、价值网络、顾客界面/关系、伙伴网络/角色、内部结构/关联行为，以及目标市场。同时，通过进一步分析不同视角商业模式构成要素之间的关系，原磊（2017）提出，可以将人们对商业模式构成要素的探讨划分为3个阶段，如图3.1所示。需要说明的是，这3个阶段在时间上并不严格遵从首先出现简单罗列阶段，然后进入细节描述阶段，最后实现网络建模阶段的次序，而是在时间上相互交叉，甚至同时出现。

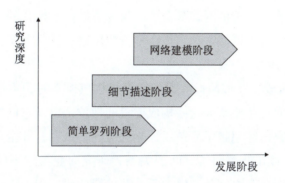

图3.1　商业模式构成要素探讨的3个不同阶段

（1）简单罗列阶段。人们为了更好地理解商业模式概念本质，将自己所认为的商业模式应涉及的几方面内容简单地罗列出来。这种罗列类似于一种"购买清单"，各要素之间是横向列举关系，对不同要素的重要性也不进一步区分。从商业模式探索深度看，尚处于较浅阶段。在表3.1中，Horowitz（1996）、Viscio等（1996）、Timmers（1998）、Markides（1999）、Donath（1999）、Chesbrough等（2000）、Linder等（2001）、Petrovic等（2001）、Betz（2002）、Forzi等（2003）的探讨可以归为这个阶段。国外早期对商业模式的探讨基本都处于这一阶段。例如，Timmers是国外最早对商业模式进行研究的学者之一，对后来的研究者产生了较大的影响。他的最大贡献是采取简单罗列的方式对商业模式体系构成进行研究，并且通过这种罗列指出商业模式是一个复杂的、包含多方面内容的复合概念。他认为商业模式包含3方面内容：①关于产品、服务和信息流的体系结构，包括对各种商业活动参与者和他们所扮演角色的描述；②各种商业活动参与者潜在利益的描述；③收入来源的描述。

（2）细节描述阶段。通过对商业模式应涉及的要素进行细节上的描述，使企业在了解商业模式应当包括几方面内容的同时，也明确这些要素的详细含义和进行这些要素设计时应当注意的问题。这一阶段的研究相比于简单罗列阶段更加深入，也更加能指导企业实践。Hamel（2001）、Afuah等（2001）、Weill等（2001）、

Applegate（2001）、Stähler（2002）、Gartner（2003）、Shafer等（2005）、Janssen等（2008）、Doganova等（2009）、Mason等（2009）、Ming-Hone Tsai等（2011）的研究可以归为这个阶段。例如，Hamel（2001）认为，商业模式包括4个主要的组成部分，而每个组成部分又由几个小的子部分组成，这些部分共同构成一个简单但完整的商业模式体系。他在分析每个主要部分和子部分构成因素时，均采取了案例和问答的形式进行说明。这样使人们能够清楚地了解商业模式应当由哪些部分组成，帮助人们更深入和熟练地思考应当如何在进行商业模式设计的时候实现经营理念创新。又如，Ming-Hone Tsai等（2011）使用"扎根理论"对谷歌的商业模式进行分析，指出谷歌的商业模式可以分为3个层次：①基础架构层，认为谷歌商业模式的基础架构层为强大的计算技术和信息处理技术能力；②价值网络平台层，认为谷歌商业模式的价值网络平台层包括补充性的价值网络、网络平台战略和合作竞争价值网络；③服务层，认为谷歌商业模式的服务层包括搜索服务和广告服务。

（3）网络建模阶段。在该阶段探讨商业模式构成要素时，不仅要指出商业模式应包括哪些构成要素，而且还要研究这些构成要素的地位，以及它们之间的关系。在这一阶段，商业模式的研究已经超越了简单、孤立的描述，试图打开企业这个"黑匣子"，通过考察企业内部因素和外部因素之间的关系，研究商业模式不同要素与企业绩效之间，以及商业模式不同要素之间的逻辑关系。此阶段的研究中，人们对商业模式概念本质的理解也超越了经济类、运营类和战略类概念，而是上升到整合类概念的高度。采用的分析工具除了包括经济学和管理学以外，还包括系统论、进化论等其他学科分析工具。Gordijn等（2001）、Dubosson-Torbay等（2001）、Amit和Zott（2001）、Alt等（2001）、Rayport等（2001）、Johnson（2008）、Osterwalder和Pigneur（2010）、Westerlund等（2008）、Mutaz M. Al-Debei（2010）的研究可以归为这个阶段。例如，Gordijn等（2001）提出e^3-value，用于指导商业伙伴合作的价值网络建模，以及判断一个价值网络是否具有可持续性的盈利能力。e3-value的根本贡献在于提供了一种以价值为主线的研究方法，用于分析商业模式构成体系，并对体系中的价值交易活动建模，说明参与者"为谁"，提供了何种"经济价值"，以及获得何种"收益"。进入网络建模阶段后，商业模式的研究已经变得更抽象和复杂了，但同时也使商业模式更加容易与信息技术结合，并且使得通过计量方法对商业模式进行评价和检验变为可能。

3.2 常见的商业模式解构与创新工具

3.2.1 三要素模型

Amit和Zott（2001）将商业模式定义为"为利用商业机会创造价值而设计的交易内

容、交易结构和交易治理",因而将商业模式划分为3个要素。

1. 交易内容

交易内容指正在交换的商品或信息,以及促成交换所需的资源和能力。例如,哥伦比亚银行作为一家商业银行,除了常见的服务活动外,还采取了旨在向60%以上无法获得银行服务的哥伦比亚人提供小额信贷的活动。为执行这些新的交易内容,银行需要培训其最高管理层,招聘和培训新员工,开发新能力,并将新交易内容与现有系统(平台、应用程序和渠道)相联系。

2. 交易结构

交易结构指参与交换的各方以及连接各方的方式,并且包括交易发生的顺序(即交易的顺序),以及为促成交易而采用的交易机制。交易结构的选择影响到实际交易的灵活性、适应性和可伸缩性。以IBM为例,在20世纪90年代早期的一场严重的金融危机中,公司改变了核心和外围业务,将重心从硬件供应商(旧核心)转变为服务供应商(新核心)。凭借几十年来积累的专业知识,IBM在咨询、IT维护和其他服务领域推出了一系列新业务,到2006年,IBM 900亿美元收入的一半以上来自这些业务,而这些业务在15年前几乎不存在。

3. 交易治理

交易治理指相关方控制信息、资源和商品流动的方式,涉及组织的法律或法定形式,以及对交易参与者的激励。例如,特许经营是交易治理的一种可能的方式,是释放价值的关键。日本零售业企业家铃木敏文在20世纪70年代初便意识到,美国开发的特许经营制度是对政府严格规定的理想回应,这些法规限制了日本零售店的规模和开放时间。在日本的7-11便利店的特许经营中,铃木采用了一种新颖的交易治理方式,并通过专业管理和本土适应来进行价值创造。

3.2.2 四要素模型

马克·约翰逊(Mark Johnson)提出的四要素模型是一个很好的分析商业模式的框架。四要素即图3.2中的4个要素,分别是顾客价值主张、盈利模式、关键资源、关键流程。这个模型可以看作为了更好地发挥商业模式效用的工具,但是它的一个缺点是基本上只能在公司内部使用,使用范围较为狭窄,也无法用来获取客户;另一个缺点是它无法用于企业之间的合作。

1. 顾客价值主张

为解决顾客的重要问题和难题提出的方案。除了产品或服务外,该产品或服务的销售方式也是为顾客提供价值的关键。

2. 盈利模式

能够确保企业及股东利润的体系,如收益模型、成本结构等。

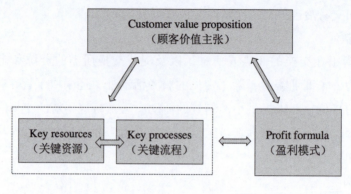

图3.2 四要素模型

3. 关键资源

为了实现为顾客提供价值所需要的人才、技术、产品、场所及设备、交货供应商、流通渠道、资金和品牌等。

4. 关键流程

制造及开发、销售、服务、员工培训、制定预算、商业发展计划等所有需要重复进行的业务。

以支付宝为例,用四要素模型解构其商业模式,如图3.3所示。

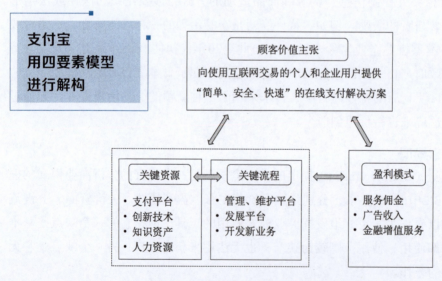

图3.3 支付宝商业模式四要素模型解构

3.2.3 六要素模型

Chesbrough将商业模式划分为6个基本要素:价值主张、目标市场、内部价值链结构、成本结构和利润模式、价值网络、竞争战略。

1. 价值主张

提供产品或服务，为顾客创造价值。例如，通用电气飞机引擎部门从向航空公司出售喷气发动机转变为向航空公司出售飞行时数，创造了一种创新的价值主张。这种做法将停机的风险从航空公司客户转移到通用电气，并使通用电气建立了非常有利可图的服务运营。

2. 目标市场

确定一个细分市场，即产品对哪些用户是有用的，其用途是什么。例如，不断壮大的欧洲折扣航空公司——爱尔兰瑞安航空公司创新了目标市场，它的目标客户是休闲旅行者，而不是通常的商务旅行者。

3. 内部价值链结构

定义企业创造和提供产品所需的价值链结构，并确定支持企业在价值链中的地位所需的互补资产。价值链包括公司的供应商和客户，并且应该从原材料延伸到最终客户。例如，沃尔玛以其供应链管理而闻名。

4. 成本结构和利润模式

明确公司的创收机制，根据所选的价值主张和价值链结构，估算出产品的成本结构和利润潜力。例如，施乐通过租赁复印机而不是出售复印机，开辟了复印机租赁业务。

5. 价值网络

描述公司在连接供应商和客户的价值网络（也称为生态系统）中的位置，包括确定潜在的互补和竞争对手。例如，瑞安航空在这方面再次创新，对未得到充分利用的地区机场进行了创新性安排。瑞安航空从这些机场的优惠销售中抽取一定比例的佣金，在某些情况下，甚至可以从旅客在这些机场着陆所享受的服务中获取报酬。

6. 竞争战略

制定竞争战略，使创新企业获得并保持对竞争对手的优势。商业模式的一个有趣之处在于别人很难模仿。许多航空公司都试图效仿西南航空的低成本策略，但大多数尝试都没有成功。照搬西南航空的模式显然会与这些公司现有的商业模式产生太多冲突。

3.2.4 商业模式画布

在描述商业模式的框架中，另外一种被广泛使用的是Osterwalder和Pigneur（2010）提出的"商业模式画布"。商业模式画布包括9个模块，如图3.4所示。

视频讲解

商业模式画布从顾客细分和价值主张这两个目标市场的要素出发，网罗了获取这两个要素的机制，同时也关注了财务和公司间合作的情况，是一个网罗性很强的框架，受到较高评价。但是，从每个要素的命名方式来看，商业模式画布记录的只是静态的东西，很难想象这个模式具体是怎么运作的。例如，在客户关系模块中，商业模式画布只

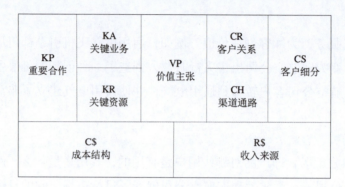

图3.4 商业模式画布

记载了与顾客构建关系的种类,没有记录如何建立客户关系。又如,在核心资源模块中,商业模式画布只记录了所用到的资源种类,而没有记录获取这些资源的机制。

1. 客户细分

客户细分(customer segment,CS)模块描述了给什么样的顾客(群体、市场)提供价值。

客户构成了一切商业模式的核心,没有可获益的客户,任何企业都无法长期存活。企业可以把客户分成不同的细分区隔,每个区隔具有共同的需求、共同的行为和其他共同的属性。

商业模式可以定义一个或多个可大可小的细分群体,并明确应该服务哪些客户细分群体,应该忽略哪些客户细分群体。

判断一个客户群体是否可以成为一个独立的客户群体,主要参照以下判断标准:是否需要提供明显不同的产品或服务来满足需求;是否需要不同的分销渠道来接触它;是否需要和它建立不同类型的关系;这个群体的盈利能力(收益性)是否存在本质区别;这个群体是否愿意为产品或服务的不同方面付费。

通常的客户群体主要体现为以下几种类型:大众市场、利基市场、区隔化市场、多元化市场、多边平台或多边市场,如表3.2所示。在明确企业的"客户细分"时,通常要思考以下两个问题:我们正在为谁创造价值?谁是我们最重要的客户?

表3.2 常见的客户群体类型

类 型	含 义
大众市场	聚焦于大众市场的商业模式在不同客户细分之间没有多大区别。价值主张、渠道通路、客户关系聚焦于一个大范围的客户群组。在这个群组中,客户具有大致相同的需求和问题。这类商业模式经常在消费类电子行业中找到
利基市场	以利基市场为目标的商业模式迎合特定的客户细分群体。价值主张、渠道通路和客户关系都针对某一利基市场的特定需求定制(专业化)。这类商业模式可以在供应商-采购商之间的关系中找到

续表

类型	含义
区隔化市场	客户的需求及困扰略有不同。不同细分群体间有相似,但又有不同的需求和困扰,这会影响到商业模式的其他构造块
多元化市场	具有多元化商业模式的企业可以同时服务多个具有不同需求的不相关的客户细分群体
多边平台或多边市场	有些企业服务于两个或更多的相互依存的客户细分群体。需要这些相互依存的群体共存才能让商业模式运转起来

2. 价值主张

价值主张(value proposition,VP)模块描述了企业能够为顾客提供什么样的价值(产品或服务)。

价值主张是客户选择一家企业而非另一家企业的原因,它解决了客户的困扰或者满足了客户的需求。每个价值主张都包含系列的产品和服务,以迎合特定客户细分群体的需求。从这个意义上讲,价值主张是公司提供给客户的受益的集合或者系列。

有些价值主张可能是全新的产品或服务,而另一些价值主张可能与市场上现有的产品或服务类似,只是增加了功能或特性。在明确企业的"价值主张"时,通常要思考以下几个问题:该向客户传递什么样的价值?在帮助客户解决哪一类难题?正在满足客户的哪些需求?正在给客户细分群体提供哪些系列的产品和服务?

通常,企业可以在以下几方面进行完善和创新,以更有效地为客户创造价值,如表3.3所示。这几方面包括新颖、性能、定制化、把事情做好、设计、品牌/身份地位、价格、成本削减、风险抑制、可达性、便利性/可用性。

表3.3 价值主张创新要素

要素	含义
新颖	满足客户从未感受和体验过的全新需求
性能	改善产品和服务性能是传统意义上创造价值的普遍方法
定制化	定制产品和服务以满足个别客户或客户细分群体特定需求来创造价值
把事情做好	通过帮助客户把某些事情做好而比较简单或容易地创造价值
设计	设计是一个重要但又很难衡量的要素,产品可以因为优秀的设计而脱颖而出
品牌/身份地位	客户可以通过使用和显示某一特定的品牌而发现价值
价格	以更低的价格提供同质化的价值是满足价格敏感客户细分群体的普遍的方法
成本削减	通过帮助客户削减成本为其创造价值

续表

要　素	含　义
风险抑制	通过帮助客户抑制风险为客户创造价值
可达性	把产品和服务提供给以前接触不到的客户也是一种创造价值的方法
便利性/可用性	帮助客户更便利地、更容易地使用某种产品和服务

3. 客户关系

视频讲解

客户关系（customer relationship，CR）模块描述了需要与客户建立什么样的关系，如专用个人助理、社区等。

通常，客户关系可以被以下几个动机所驱动：客户获取、客户维系、提升销售额（追加销售）。企业要弄清楚希望和客户建立的关系类型。不同的客户关系类型会对客户产生不同的体验效果。表3.4中列举了6种客户关系。

表3.4　常见的客户关系类型

类　型	含　义
个人助理	这种关系类型基于人与人之间的互动。在销售过程中或者售后阶段，客户可以与客户代表交流并获取帮助
专用个人助理	这种关系类型包含了为单一客户安排的专门的客户代表。它是层次最深、最亲密的关系类型，通常需要较长的时间建立
自助服务	在这种关系类型中，公司与客户之间不存在直接的关系，而是为客户提供自助服务所需的所有条件
自动化服务	这种关系类型整合了更加精细的自动化过程，用于实现客户的自助服务。自动化服务可以识别不同客户及其特点，并提供与客户订单或交易相关的信息。最佳情况下，良好的自动化服务可以模拟个人助理服务的体验
社区	越来越多的企业通过建立社区与客户建立更深入的联系。建立在线社区，与客户或潜在客户建立更加深入的联系，让其用户交流知识和经验，解决彼此的问题，促进社区成员之间的互动。同时，社区还可以帮助公司更好地理解客户需求
共同创作	超越传统的客户-供应商关系，与客户共同创造价值

在明确建立"客户关系"前，要重点思考如下问题：每个客户细分群体希望与我们建立和保持何种客户关系？哪些关系已经建立了？这些关系的成本如何？如何把它们与商业模式的其他部分相整合？

4. 渠道通路

渠道通路（channels，CH）模块描述了如何接触顾客，与顾客沟通，并将价值提供给顾客，如通过店铺或线上商店等方式。

视频讲解

沟通、分销和销售等渠道构成了公司与客户的接口界面。渠道通路是客户的接触点，它在价值传递与客户体验中扮演着重要的角色。

渠道通路一般具有以下功能：提升产品或服务在客户中的认知；帮助客户评估公司价值主张；协助客户购买产品和服务；向客户传递价值主张；提供售后客户支持。

在明确企业的"渠道通路"时，通常要思考以下几个问题：通过哪些渠道可以接触到客户细分群体？现在如何接触他们？渠道如何整合？哪些渠道最有效？哪些渠道成本效益最好？如何把渠道与客户的例行程序整合？

企业组织可以选择通过其自有渠道、合作伙伴渠道或两者组合来接触客户。自有渠道可以是直接的，如内部销售团队或网站；也可以是间接的，如组织拥有或运营的零售渠道。合作伙伴渠道是间接的，并在很大范围内可供选择，如分销批发、零售或者合作伙伴的网站。虽然合作伙伴渠道的利润更低，但允许企业凭借合作伙伴的强项，扩大企业接触客户的范围和收益。自有渠道和部分直销渠道有更高的利润，但是其建立和运营成本都很高。渠道管理的诀窍是在不同类型渠道之间找到适当的平衡，并通过整合来创造令人满意的客户体验，同时使收入最大化。

5. 收入来源

收入来源（revenue stream，R$）模块描述了用什么样的方式获取收入，如销售产品、使用费等。

如果客户是商业模式的心脏，那么收入来源就是动脉。企业必须问自己，什么样的价值能够让客户细分群体真正愿意付款？只有回答了这个问题，企业才能在各客户细分群体上挖掘一个或多个收入来源。表3.5给出了一些常见的获取收入的方式。

表3.5 常见的收入来源

方　　式	含　　义
销售资产	销售实体资产的所有权。例如，亚马逊在线出售图书
使用收费	通过特定的服务收费。例如，旅馆按照客户入住的天数计费
订阅收费	通过销售重复使用的服务获得收入。例如，健身房按照月或者年以会员制订阅的方式销售健身设备的使用权
租赁收费	这种收入来源于针对某个特定资产在固定的时间暂时性排他使用权的授权。对于出借方来说，租赁收费可以带来经常性收入的优势；对于租用方来说，无须承担购买所有权的全部费用。例如，音像店租碟服务

续表

方　式	含　义
授权收费	这种收入来自将受保护的知识产权授权给客户使用，并换取授权费用。授权方式可以让版权持有者不必将产品制造出来或将服务商业化，仅依赖知识产权本身即可获得收入。例如，在技术行业，专利持有人授权其他公司使用专利技术，并收取授权费作为回报
经纪收费	这种收入来自为满足双方或多方之间的利益提供中介服务而收取的佣金。例如，房屋中介和股票经纪人通过成功匹配买家和卖家来赚取佣金
广告收费	这种收入来源于为特定的产品、服务或者品牌提供广告服务宣传服务。例如，媒体行业和会展行业均以此作为主要的收入来源

每个收入来源的定价机制可能不同。定价机制类型的选择就产生收入而言会有很大的差异，表3.6给出了多种不同的定价机制。

表3.6　不同的定价机制

固定定价（根据静态变量而预设价格的定价)		动态定价（根据市场情况变化而调整的定价)	
标价	单一产品、服务或其他价值主张的固定价格	协商或谈判定价	双方或多方商定价格，最终的价格取决于谈判能力或谈判技巧
基于产品特性的定价	基于价值主张特性的数量或质量的定价	收益管理定价	基于库存量和购买时间定价（通常用于易损资源，例如旅馆的房间或飞机的座位)
基于客户细分的定价	基于客户细分群体的类型和特点定价	实时市场定价	基于市场供求的动态关系定价
数量定价	基于客户购买的数量定价	拍卖定价	根据竞拍结果定价

在制定企业的"收入来源"时，我们通常要思考以下几个问题：什么样的价值让客户愿意为之付费？他们付费买什么？他们是如何支付费用的？他们更愿意如何支付费用？每个收入来源占总收入的比例是多少？

6. 关键业务

关键业务（key activity，KA）模块描述了将价值提供给顾客所需要的行动、活动。

任何商业模式都需要多种关键业务活动。这些业务活动是企业得以成功运营所必须实施的最终动作，是企业创造和提供价值主张，接触市场，维系客户关系并获取收入的基础。关键业务会因为商业模式的不同而有所差别。例如，对于微软等软件制造商而言，其关键业务主要是软件开发。对于戴尔等计算机制造商来说，其关键业务主要是供应链管理。对于麦肯锡咨询公司而言，其关键业务主要是问题求解。

通常，关键业务有三类：制造产品、问题解决、平台/网络，如表3.7所示。

表3.7 三类关键业务

类 型	含 义
制造产品	这类业务活动涉及生产一定数量、一定质量的产品，与设计、制造及发送产品有关。制造产品这一业务活动是制造企业商业模式的核心
问题解决	这类业务指为个别客户的问题提供新的解决方案。例如，咨询公司、医院和其他服务机构的关键业务是问题解决。它们的商业模式需要知识管理和持续培训等业务
平台/网络	以平台为核心资源的商业模式，其关键业务也都是与平台或网络有关的。网络服务、交易平台、软件甚至品牌都可以看成是平台。例如，淘宝的商业模式决定了阿里巴巴公司需要持续地发展和维护其平台taobao.com网站

在明确建立的"关键业务"前，要重点思考如下问题：价值主张需要哪些关键业务？渠道通路需要哪些关键业务？客户关系需要哪些关键业务？收入来源需要哪些关键业务？

7. 关键资源

关键资源（key resource，KR）模块描述了执行商业模式所需要的核心资产，如人力、物力、财力等资产。

每个商业模式都需要关键资源，这些资源使得企业组织能够创造和提供价值主张，接触市场，与客户细分群体建立关系并赚取收入。

不同的商业模式所需要的关键资源有所不同。关键资源可以是实体资产、金融资产、知识资产或人力资源。关键资源既可以是自有的，也可以是公司租借的或从重要伙伴那里获得的。

明确企业的"关键资源"时，通常要思考以下几个问题：价值主张需要什么样的关键资源？渠道通路需要什么样的关键资源？客户关系需要什么样的关键资源？收入来源需要什么样的关键资源？

8. 重要合作

重要合作（key partnership，KP）模块描述了让商业模式有效运作所需的供应商与合作伙伴的网络。

企业会基于多种原因打造合作关系，合作关系正日益成为许多商业模式的基石。很多企业通过创建联盟来优化其商业模式，降低风险或获取资源。

通常，合作关系大致包括以下4种类型：在非竞争者之间的战略联盟关系、在竞争者之间的战略联盟关系、为开发新业务而建立的合资关系、为确保可靠供应而建立的购买方-供应商关系。以下3种动机有助于创建合作关系。

（1）商业模式的优化和规模经济的运用。伙伴关系或购买方-供应商关系的最基本的价值，是用来优化资源和业务的配置。公司拥有所有资源或自己执行每项业务活动，是不合逻辑的。优化的伙伴关系和规模经济的伙伴关系通常会降低成本，而且往往涉及外包或基础设施共享。

（2）风险和不确定性的降低。伙伴关系可以帮助减少以不确定性为特征的竞争环境的风险。竞争对手在某一领域形成了战略联盟而在另一领域展开竞争的现象很常见。例如，蓝光是一种光盘格式，由世界领先的消费类电子、PC和媒体生产商所构成的一个团体联合开发，目的在于降低新产品开发的风险和不确定性。该团体合作把蓝光技术推向市场，但个体成员之间又在竞争销售自己的蓝光产品。

（3）特定资源和业务的获取。很少有企业能够拥有所有的资源或执行其全部商业模式所要求的业务活动。相反，它们依靠其他企业提供特定资源或执行某些业务活动来扩展自身能力。这种伙伴关系可以根据需要，主动地获取知识、许可或接触客户。例如，移动手机制造商可以为它的手机获得一套操作系统授权而不用自己开发。

9. 成本结构

成本结构（cost structure，C$）模块描述了商业模式运营过程中所发生的所有成本。

创建价值、提供价值、维系客户关系以及产生收入都会引发成本。这些成本在确定关键资源、关键业务与重要合作后可以相对容易地计算出来。

通常，商业模式成本结构有两种极端类型：成本驱动和价值驱动。有些商业模式是由成本驱动的，有些商业模式是由价值驱动的，有些商业模式的成本结构介于这两种极端类型之间。

成本驱动的商业模式侧重于每个地方尽可能地降低成本。这种做法的目的是创造和维持最经济的成本结构，采用低价的价值主张，最大程度自动化和广泛外包。廉价航空公司，如美国西南航空公司、英国易捷航空公司和爱尔兰瑞安航空公司就是以成本驱动商业模式为特征的。

价值驱动的商业模式不太关注特定商业模式设计对成本的影响，而是专注于创造价值。增值型的价值主张和高度个性化服务通常是以价值驱动型商业模式为特征的。豪华酒店的设施及其独到的服务，都属于这一类。

关于"成本结构"，企业要重点思考：什么是我们商业模式中最重要的固定成本？哪些关键资源花费最多？哪些关键业务花费最多？

以拼多多为例，用画布对其商业模式进行解构，如图3.5所示。

> 拼多多
> 用商业模式画布
> 进行解构

KP	KA	VP	CR	CS
· 微信 · 合作商铺 · 工厂 · 农户 · 物流	· 平台维护 · 平台升级	以"社交电商" 购物拼单模式 满足用户"多 实惠、多乐趣" 的购物诉求	· 自助下单 · 社区分享	· 价格敏感人群 · 低端品牌商家 · 工厂白牌商家
	KR		CH	
	· 电商平台		· 微信分享 · 电商APP	
C$				R$	
· 营销 · 平台运营 · 技术研发				· 商家服务 · 交易佣金 · 广告	

图3.5 拼多多的商业模式画布解构

问题思考

1. 为什么说商业模式构成要素框架可作为商业模式创新的工具？
2. 比较Amit和Zott的三要素模型、Johnson的四要素模型、Chesbrough的六要素模型、商业模式画布这四种商业模式创新解构工具的优点和缺点。
3. 请用商业模式画布来描绘你熟悉的一家企业的商业模式。

京东商业模式的优势

京东集团，以线下起家，"非典"之后转战电商平台设立了京东商城，一跃成为电商企业的领军者之一。2014年5月22日，京东集团顺利在美国NASDAQ证券市场挂牌上市，它是我国首家在美国申请IPO成功的自营电商企业。截至2024年3月，京东的市值已高达392亿美元。在这辉煌业绩的背后，是京东集团在多年迭代过程中对自己商业模式的不断调整与创新。目前京东集团已经从"自营模式"转向以"自营为主，平台为辅"的商业模式，在占据自营式网络零售领域国内领先地位的同时凭借平台逐步扩大自己的业务范围,以为网络大众消费者及第三方平台商家提供多、快、好、省的服务、产品为目标,逐渐建构出了其商业模式中诸多方面的核心优势。

1. 渠道商业化

京东集团早期并不能直接跟厂商、供应商进行直接的资金往来,而是通过中间的经销商。主要原因是供应商不愿直接向京东集团提供赊销而承担坏账风险,而是更愿意将风险转移给经销商。随着京东的市场影响力逐步提高,京东选择放弃经销商合作模式,打通供应商渠道,使得进货成本降低,形成了价格方面的核心优势。在供应商选择方面,京东为了最大限度满足顾客需求,提高现货率,选择了多样化、多地化的供应商模式,即保证多个供应商、多地有供货商,并强调要一次性大规模、大批量从供应商处采购,然后运到库房,最后送到消费者的手中。商品只实现一次搬运,以求物流成本降到最低。

2. 最大的自建物流和仓储系统

京东商业模式能完全掌握其物流成本的背后,是其自建的物流与仓储系统在支撑。京东集团的物流集成设施是全国电商领域中规模最大的,具有中小件、大件、冷藏冷冻仓配一体化服务电商物流仓储系统,在全球也处于领先地位。截至2023年12月,京东集团已在全国建立了8大物流中心,仓库数量超过了1600个,仓储总面积达到了约3200万平方米。除了物流的独立,下沉与国际化也是京东物流的战略。渠道下沉是京东2019年很重要的一个战略,下沉对物流来说就是要以更快的速度把货物送到消费者手里面。京东物流推出"千县万镇24小时达"时效提升计划,内部称为"4624",即四至六线城市的货物24小时内送达,以提高京东在小城市的知名度,以"星星之火,可以燎原"的效应帮助京东物流呈现新的发展局面。不仅如此,京东还表示下沉的供应链建设将会打破原有的模式,通过开放共生的体系,利用产地的资源,把当地的车、当地的仓、当地的农户能力结合起来。此举得到了政府部门的大力支持,这体现了京东物流在助力脱贫攻坚、创新解决就业、发展绿色物流、参加公益事业等方面承担的社会责任。尤其在2020年抗击新型冠状病毒感染疫情的行动中,京东坚持运营不停摆,开辟免费运输通道,成为国家邮政局重点推荐的快递物流企业之一,累计承运医疗应急物资超7000万件、3万吨,无人配送车等"五件套"更是被国家博物馆永久收藏。另外,国际业务也被京东物流定为主战场之一。首先,在跨境业务方面,中国到全球的"双通"路线的生意非常大,无论是跨境小包还是其他形式的物流业务,都有很大的机会。同时,京东物流在泰国、印尼等一些国家通过技术出海提升当地物流效率,已经验证成功。另外,京东物流的技术也可以通过共生的手段，在国外持续发挥很大的潜力。

3. 打造完美的用户体验

物流的建设体现出的是京东商业模式对顾客体验的重视，这一点在京东产品端、服务端、价格设定方面也得到了呈现。第一，坚守销售正品行货、不卖假货的底线。京东集团早期在品类选择上很严格，在成立的前7年只做了5个品类，主要原因就是选择容易保证产品质量的品类可防止因品类过多导致假货泛滥，从而保证用户体验。伴随着京东商城的出现，产品的品类逐渐丰富，随之而来的问题是用户搜索难度的增加。于是，京东以精准营销为目的建立了用户的大数据系统，以手机用户购买行为和搜索记录等为基础，向顾客精准推荐迎合其喜好的特色产品与服务，大大优化了用户的平台体验。第二，打造无缝的完整服务链条。从用户下单到最后交易真正完成，包括退换货完成，京东集团大概有34个大的节点，100多个具体流程动作，只有所有流程保证不出问题，才能满足用户体验。为此，京东集团采取了很多措施以保证配送人员的服务质量，其不仅为配送员提供五险一金，还为他们准备了高于市场平均水平的工资。除了金钱方面的回馈，京东也为员工准备了极大的职位上升空间。第三，实行低价销售。京东集团的销售毛利率很低，因为其一直保持低价策略。京东集团一直努力节约成本、提高效率，将利润让利给消费者和供应商。京东规定：不打长时间的价格战。从整个行业角度来讲，长时间进行价格战会让整个行业受到伤害或者损毁，整个业态是不健康的。京东始终秉持与竞争对手共存的理念，在短时间内解决问题，不让自己陷入危险的状态。产品、服务、价格，是3个决定用户体验的因素，京东集团依靠自身物流系统、信息系统、财务系统的支撑，将三者进行有效融合，打造了完美的用户体验。

4. 自主研发的信息系统

信息系统是京东集团的软实力，可能用户并不能直接接触到它，但它却是保证用户体验的重要基础设施，帮助京东提高运营效率，也是京东的核心优势之一。自成立以来，京东的信息系统主要包括了管人、管钱、管物的功能。管人指公司的人力资源系统，管钱指公司的财务信息系统，管物指库存管理、物流管理等信息系统。京东的信息系统根据业务发展需要适时更新和升级，这得益于京东有自身的技术研发团队。京东集团的信息系统非常强大，将下单、支付、发货流程细分至34个环节，这个系统小到可以监督配送员用了多少胶带和纸箱，大到可以直接在线向供应商下订单。京东集团把控流程中尽可能多的环节，以提升供应链的效率和服务品质。自2008年起，该系统就具备了订单查询和跟踪功能，用户可以直接查询物流信息，以解决物流矛盾。京东集团所有的工作人员都是基于信息系统开展工作的。京东集团的信息系统真正连接了业务和运营环节的线上与线下的每个环节，是京东集团商业模式中非常重要的核心优势。

5. 业务的多方面拓展

随着京东近几年的快速发展，京东也在积极扩展自己的业务范围以降低运营的风险，扩大市场影响力。京东白条的推出是京东在金融方面的探索，旨在利用统一为供应商付款的时间差过程中产生的资金沉淀开展投资等商业活动，进而产生盈利。目前京东白条已经打通了京东体系内的大部分产品线，例如全球购、众筹等，如今在租房、旅游、装修、教育、婚庆等领域都实现了覆盖，涉及范围非常广。另外，京东白条在自身的产业扩展方面也不断优化，从一开始的消费先行支付分期偿还，到如今提供信用消费贷款，在自身发展的同时也为各个来源的消费者提供了更加便利的服务，以满足用户各方面消费需求为目标进一步优化。

京东深知商业模式的搭建是一件持续性的工作，核心优势的铺垫不仅仅是为了确保京东市场地位的稳固，也是为了使京东在面临风险危机时仍可以展现强劲的生命力。新型冠状病毒感染疫情证实了京东商业模式布局的巨大优势基础。于2020年5月15日晚发布的京东一季度财报显示，京东在面对新型冠状病毒感染疫情所导致的经济不利局面时，当季净收入仍达到了1462亿元，同比增长20.7%；活跃用户也大幅增长2500万名。拿净收入来说，不少主流电商平台对一季度这一指标的预期是负增长，而京东此前曾表示预计增长10%以上，表现非常亮眼。在疫情影响下，京东取得这样的业绩，再次印证了其商业模式的后劲和威力。

问题讨论

1. 使用画布描绘京东电商商业模式。
2. 京东电商商业模式的优势有哪些？
3. 京东电商商业模式可以为其他企业带来哪些启示？

第 4 章 商业模式创新类型

4.1 基于画布式样的商业模式创新类型

Osterwalder和Pigneur（2010）用商业模式画布构造块的相似布局或者相似行为来描述商业模式，并将类似的商业模式称为商业模式式样，包括非绑定、长尾、多边平台、免费、开放等商业模式式样。以改进或创新这些商业模式式样为目标，则形成非绑定式、长尾式、多边平台式、免费式、开放式等商业模式创新类型。

4.1.1 非绑定式商业模式创新

"非绑定"的概念最早由约翰·哈格尔（John Hagel）于1999年提出。"非绑定"的概念认为，企业存在三种不同的基本业务类型：客户关系型业务、产品创新型业务和基础设施型业务。每种类型的业务都包含不同的经济驱动因素、竞争驱动因素和文化驱动因素。这三种业务类型可能同时存在于一家公司内部，但是理论上它们会"分离"成独立的实体，以便避免冲突或不利的权衡妥协。因此，执行非绑定商业模式的企业需分离这三种业务类型，并在企业内部聚焦到其中一种类型。企业的三种业务类型与驱动因素如表4.1所示。

视频讲解

表4.1 企业的三种业务类型与驱动因素

驱动内素	产品创新型业务	客户关系型业务	基础设施型业务
经济因素	要更早地进入市场以保证溢价价格，并获取巨大的市场份额；速度是关键	获取客户的高昂成本决定了必须获取大规模的客户份额；范围经济是关键	高昂的固定成本决定了通过大规模生产达到单位成本降低的必要性；规模是关键
竞争因素	针对人才而竞争；进入门槛低；许多小公司繁荣兴旺	针对范围而竞争；快速巩固；寡头占领市场	针对规模而竞争；快速巩固，寡头占领市场
文化因素	以员工为中心；鼓励创新型人才	高度面向服务；客户至上的心态	关注成本；统一标准；可预测和有效性

具体而言，企业的产品创新型业务遵循的是速度经济，通过比竞争对手更快的产品创新，在竞争对手跟随上来之前获取差异化带来的更高溢价；人才是产品创新的关键；其企业文化特征是鼓励创新。客户关系型业务遵循的是范围经济，通过尽可能多地满足客户多元需求并获取更多客户价值以支付用户获取与运营成本；用户分析、挖掘用户需求和范围经济是用户运营的关键，其文化强调客户至上。基础设施型业务遵循的是规模经济，通过大规模生产或高效利用来消化基础设施的固定资产投资成本；获得更大的市场份额和规模效应是基础设施型业务的关键；其文化强调关注成本、效率和标准化。

在互联网时代，企业间交易成本的下降、信息不对称情况的缓解将使得非绑定商业模式更加流行。越来越多的行业和企业意识到或感受到非绑定商业模式的经济价值，开始利用这一概念提升效率。

阿里巴巴集团的非绑定商业模式创新

阿里巴巴集团在2023年3月启动新一轮公司治理变革。根据方案，在阿里巴巴集团之下，设立阿里云智能、淘宝天猫商业、本地生活、国际数字商业、菜鸟、大文娱六大业务集团和多家业务公司，并分别建立各业务集团和业务公司的董事会，实行各业务集团和业务公司董事会领导下的CEO负责制，对各自经营结果负总责。此举被认为是阿里巴巴24年来"最重要的一次组织变革"，也引发外界的巨大关注。

阿里巴巴集团原有的业务主要包括七大板块：

- 中国商业，该部分主要指中国零售商业业务，如淘宝、天猫、淘特、淘菜菜、盒马、天猫超市、高鑫零售、天猫国际和阿里健康等。
- 国际商业，该部分主要指国际零售与批发商业业务，如Lazada、速卖通等。
- 本地生活服务，该部分主要指基于位置的服务，如饿了么、淘鲜达、高德及飞猪等。
- 菜鸟，该部分包括国内及国际一站式物流服务及供应链管理解决方案。
- 云业务，该部分包括阿里云及钉钉等。
- 数字媒体及娱乐，该部分包括优酷、夸克和阿里影业，以及其他业务和分销平台。
- 创新业务及其他，该部分包括达摩院、天猫精灵及其他业务。

阿里巴巴集团此次的业务分拆是一次典型的非绑定式商业模式创新，其业务被明确拆分为客户关系型业务、产品创新型业务和基础设施型业务。这次创新使各个业务部门能清晰认识现有业务模式的核心，更聚焦各自的业务特色与优势，从而实现让组织变敏捷、让决策链路变短、让响应变快的变革初衷和根本目的。

4.1.2 长尾式商业模式创新

长尾商业模式的核心是多样少量，关注于为利基市场提供多样商品，每种商品相对而言卖得较少。利基产品的销售总额可以与传统商业模式中凭借少量畅销产品产生的大量销售额相媲美。长尾模式需要低库存成本和强大的平台，并使得利基产品对于兴趣卖家来说容易获得。

"长尾"概念是美国杂志《连线》（Wired）总编辑克里斯·安德森（Chris Anderson）提出的，这个概念描述了媒体行业从面向大量用户销售少数拳头产品，到销售庞大数量的利基产品的转变。安德森描述了很多非经常或非频繁的销售活动所产生的销售总额等于甚至超过拳头产品所产生的收入。正所谓"聚沙可以成塔，聚水可以成河"。

长尾式商业模式创新的适用场合，基本仅限于互联网行业。众所周知，传统的小商品店基本上只会销售一小部分的人气商品，因为有店铺面积及库存成本等物理因素的限制。如果把那些一年都未能卖出去一件的商品摆放在店铺里，它们不仅会成为占地方的赔钱商品，也将导致没有空间摆放其他畅销商品。

如今，顾客兴趣越来越多样化，而能满足其兴趣的畅销商品很难产生。如果通过互联网进行长尾销售，以往无法满足顾客需求的难题也就可以解决了。除了物品售卖网站，通过互联网提供库存较小的音乐、动漫、电子书籍等服务的商家都属于长尾型商业模式应用的代表。

然而，并不是把商品放到网络上销售，就可以理所当然地被认定为长尾型商业模式了，有两个条件是必不可少的。

第一个条件是针对想要利基产品的顾客在传播该类商品信息时存在的"相互匹配"。如果不能将信息精准地传递给对利基产品有需求的顾客，利基产品就永远是利基产品，难以产生可观的利润。

第二个条件是"高效"。就算是线上商铺，只要是实物销售企业就会产生库存管理成本和物流成本，因此，凭借长尾式商业模式取得成功的网络购物网站大多引入平台模式，即招募第三方商家到自己的网站上开店，以此扩大产品类别的数量。库存管理及配送是由第三方自行解决的，故可以有效地控制成本。

所以，匹配和高效是长尾式商业模式创新成功的两个关键条件。长尾式商业模式画布式样如图4.1所示。

| 亚马逊的长尾式商业模式创新 | 以亚马逊为首的大型商店，其绝大部分营业额来自实体店难以销售的小众商品。例如，亚马逊小众商品的营业额就占到了其总营业额的57%。

当然，并不是摆放了利基产品就一定可以卖出去，所以亚

	关键业务包括平台开发和维护，还有利基产品/内容的获取和生产	长尾模式的价值主张是提供宽泛非拳头产品，这些产品可以和拳头产品共存。长尾模式也可以促进用户自生成和构建在用户自生成内容基础上	长尾模式基于互联网构建客户关系	
利基产品/内容提供商（专业的或者是用户自生成的）是这个模式的重要伙伴				长尾商业模式专注于利基客户
	关键资源是平台		长尾模式将互联网作为渠道通路	
主要成本是平台的开发和维护		长尾模式基于大量产品带来小额收入的集合，收入来源多样，可能来源于广告、销售或订阅		

图4.1 长尾式商业模式画布式样

马逊全力提升精准推荐功能。基于用户的购买记录或搜索记录等数据向用户推送推荐商品，可以为用户推送其本人都没有想到的喜欢的书或服饰等。利用独家的运算体系对数据进行分析，因为有压倒性数量的货品类别和用户，其计算的准确性得到了外界的肯定。

亚马逊通过上述方式促进用户与这些利基产品相遇，实现了长尾式的商业模式创新应用。

亚马逊230万种图书的销路，大致遵循以下两大规律：

【幂律分布】热门商品销售佳，冷门商品数量大。

【28:72】虽然营业额大都源自热门商品，但二八定律并不符合实际，冷门商品（长尾部分）对销售额也有巨大贡献（如图4.2所示）。

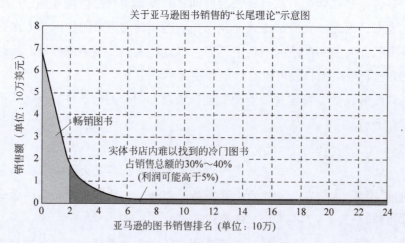

图4.2 亚马逊的图书销售长尾模式

亚马逊长尾式商业模式创新的要点：

【可提供的价值】图书、CD、家电、服饰、鞋、文具、食品等5000万种商品，顾客可以一键购买。

【盈利模式】自己的仓库可以控制流通成本，以实现高利润率。同时，与第三方商家并存可以减少库存成本。

【经营资源/业务流程】自己的仓库、平台、精准度非常高的搜索工具和推荐功能等。

4.1.3 多边平台式商业模式创新

"多边平台"由安德烈·哈丘（Andrei Hagiu）于2006年提出后被广泛关注。简单来讲，"多边平台"指的就是提供场所（平台）的商业模式，该模式创建以买卖或信息交换等为目的的场所，将买方和卖方等持有各种需求的人或企业聚集在一起，而人或企业通过在平台中的活动来获取价值和利润。

作为场所，最容易理解的例子就是购物中心。购物中心将那些想在客流量大的场所做生意的小店聚集起来，然后吸引那些想在一个综合的场所购物的人群。作为资方的商场运营方，可通过店铺的场所使用费或销售佣金提成获取利润。

随着互联网技术的发展，应用互联网的多边平台在不断增多，其中最典型的案例就是淘宝等互联网购物平台。除此以外，谷歌等搜索引擎、华为的应用市场等也都属于这一类。

越来越多的企业纷纷开始使用多边平台，原因在于只要能够引起网络效应（网络外部性），就可以获取巨额收入。

简单来说，网络效应就是聚集的人或企业越多，平台的价值就越高，就能够再聚集更多的人和企业的效应。以购物中心为例，其优良店铺越多，购物中心的魅力值就越高，就会有更多的人聚集在这里。这样，店铺的生意越来越旺，购物中心运营方就可以坐收店铺租金、销售佣金提成等收益；而且随着集客增多，更多的人气店铺也都想加入该平台开店。只要进入这样的良性循环，平台的收入就会像滚雪球一样源源不断地增长。随着平台上聚集的人越来越多，新的商机也会随之出现。对于购物中心而言，其业务就会扩展到餐饮和停车场等。

当然，建成这样的平台并非易事，企业需要不断地提升平台自身的魅力、价值，必须让用户感受到使用这个平台能够有对其有利的事情发生。然而，一个大平台失去了魅力之后，其他平台将该平台用户全部带走的情况也时有发生。因此，通过不断努力，让平台持续拥有吸引客户的魅力是必不可少的。

所以，企业在进行多边平台商业模式创新时，要重点思考以下问题：我们能否为平台各边吸引到足够数量的客户;哪边对价格更加敏感;能否通过补贴吸引价格敏感一边的用户;平台另一边是否可以产生足够的收入来支付这些补贴。多边平台式商业模式画布式样如图4.3所示。

	平台管理 服务提供 平台推广	该模式的价值主张通常在三个方面创造价值:吸引用户群;作为客户细分群体的媒介;在平台上通过渠道化的交易降低成本		该模式有一个清晰的结构:它们拥有两个或多个客户细分群体,每个客户细分群体都有其自己的价值主张和收入来源。而且,每个客户细分群体之间是相互依存的
	平台			
平台的开发和维护成本		每个客户细分群体都产生不同的收入来源。一个或多个群体会享受免费提供物或者通过来自其他客户细分群体的收入补贴来降低价格。选择哪边来补贴是关键的定价策略,这个决策也决定了多边平台商业能否成功		

图4.3 多边平台式商业模式画布式样

苹果的多边平台商业模式创新

iPod、iPhone和iPad是苹果公司接连发售的畅销产品,其操控简单且有着精练的外观设计。苹果公司的成功因素有很多,乔布斯本人的非凡个人魅力也包括在内,但最重要的还应是其构建了用户及合作伙伴都想用到的多边平台,如图4.4所示。

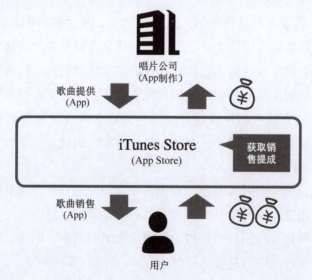

图4.4 苹果公司iTunes Store的"多边平台"商业模式

苹果公司最开始构建的平台是2003年发布的iTunes Store。该平台最大的魅力是可通过网络下载EMI、华纳、索尼及环球影视等大型唱片公司歌手的作品。这在当时已经是属于划时代意义的商业模式了。

这种商业模式不仅对用户有利，对唱片公司来说也是值得庆幸的事情。因为当时，盗版歌曲下载横行，致使唱片公司陷入销售业绩低迷的状态。

因为能够下载人气歌曲，用户量在不断增加，于是其他的唱片公司也主动加入进来，iTunes Store从中获取一定的销售提成。由于这样的网络效应作用，iPod成功地与其他的音乐播放机形成了显著的差别化，成了地位稳固的人气商品。

苹果公司将iPod的商业模式直接沿用至iPhone，建立售卖App的App Store，并为App开发公司免费提供所需要的配套元件。这种商业模式类似于开放式商业模式，制作公司利用苹果公司提供的这套开发配套元件可以开发出各种各样的App，也让iPhone的魅力大大增加，苹果公司在App的销售中获取一定的销售佣金。iPod里的音乐可以从一般市面销售的CD中读取，但iPhone中的App只能从App Store下载，因此建立了通过售卖App来获取利润的"围剿式"商业模式。

苹果多边平台商业模式创新的要点：

【可提供的价值】各式各样的App；无论到哪里都可以听到各式各样的歌曲。

【盈利模式】使用iTunes的歌曲以及App的销售提成；App属于独家销售状态。

【经营资源/业务流程】史蒂夫·乔布斯的创意想法和产品的设计感；生产通过电子代工服务。

4.1.4 免费式商业模式创新

美国杂志《连线》总编辑克里斯·安德森在发表了《长尾理论》之后，又出版了另一本书，名为《免费：商业的未来》。在这本书中，安德森对免费给人带来的冲击力，以及在免费的基础上如何实现盈利等问题进行了深刻剖析。在免费式商业模式中，至少有一个庞大的客户细分群体可以享受持续的免费服务。免费服务可以来自多种模式。通过该商业模式的其他部分或其他客户细分群体，给非付费客户细分群体提供财务支持。

让免费成为可行商业模式可选项的三种不同商业模式式样，每种式样都有不同的潜在经济特征，但是它们都有一个共同的特点：至少有一个客户细分群体持续从免费的产品或服务中受益。这三种商业模式式样分别是：

（1）基于多边平台（基于广告，advertising-based）的免费产品或服务。

（2）带有可选收费服务（所谓的"免费+收费"模式）的免费基本服务。

（3）"诱钓"（bait & hook）模式，即使用免费或廉价的初始产品或服务来吸引客户重复购买。

其中，基于多边平台（基于广告）的免费产品或服务作为传统的免费商业模式式样已经广为人知，其基本原理就是基于4.1.3节介绍的多边平台式样。因而，在本节中我们重点介绍"免费+收费"的商业模式和诱钓式商业模式。

1. "免费+收费"的商业模式

"免费+收费"模式，英文名是freemium，由free和premium两个英文单词缩写而成。它是指顾客免费享受基本服务而付费享受基本服务之外的额外服务。"免费+收费"模式之所以成功，主要是因为它基于提供数字化的内容和服务，故免费部分的成本可以控制在非常低的范围内。可以说，无论免费用户增加多少，仅一小部分的付费用户就可以撑起公司整体的利润。安德森本人也曾尝试过"免费+收费"模式。《免费：商业的未来》一书完成后，允许读者在一定时期内利用互联网免费下载。这期间该书被下载了30万次，却因此聚集了人气，最终该书成功登上热销榜。

但是，"免费+收费"模式不等于成功，它需要时间和资本来支撑。在"免费+收费"模式下，为了获取付费会员，需要相当长的时间。所以采取这种模式之前就必须有所认识，那就是忍得了入不敷出。另外，如果免费部分不吸引人，就无法发挥其"口口传，满论坛"的优势，基础会员的人数也会增长乏力。但如果免费功能过于完善，就不会有人花钱成为付费会员。

所以，"免费+收费"模式成功的关键在于让免费用户的成本降到最低。而且为了促进更多的免费用户向付费用户转化，设置好免费与付费两者之间最有吸引力的差别化和既合理又容易执行的转换条件也是必不可少的。"免费+收费"商业模式画布式样如图4.5所示。

			客户关系必须实现自动化低成本，同时处理大量免费用户	免费增收的模式是以少量付费用户补贴大量免费服务用户为特征的。 用户可以享受免费的基础服务，也可以为提供额外利益的增值服务付费
	平台是最关键的资产，因为它允许以很低的边际成本提供免费的基础服务			
大量固定成本 针对免费用户提供服务的极低的边际成本 单独针对增值账户的成本			最重要的经营度量标准是免费用户转化为付费用户的转化率	

图4.5 "免费+收费"商业模式画布式样

印象笔记是可以免费使用的网络剪贴簿软件，其商业模式是典型的"免费+收费"模式，如图4.6所示。用户只要将文本、照片、名片、语音、视频以及网页等剪

印象笔记"免费+收费"商业模式创新

辑下载到自己的印象笔记账号（网络剪贴簿）中，便可以借助云技术，随时通过计算机或智能手机访问使用、编辑及共享。这些功能可以免费使用，只是每月可以上传的数据大小被限制为60MB，并且无法使用PDF文件的文字搜索、图片识别及笔记共享功能。

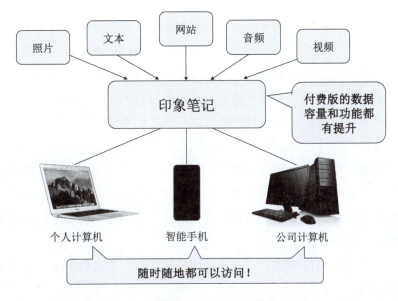

图4.6　印象笔记"免费+收费"模式

现在，印象笔记的免费版和付费高端版的用户比例是96∶4，免费用户占压倒性多数。尽管这样，其依然能够盈利的主要原因是有效应用了可以最低控制运营成本的云技术。印象笔记靠"免费+收费"模式取得成功的关键因素有两个。

一是免费版和付费版的功能差异非常巧妙。免费版虽有数据容量限制，但每月依然可以上传60MB。对已经在印象笔记的免费版有一定数据存储的用户来说，随着存储数据的日益增加，若切换至其他服务软件，其成本和麻烦程度也是日益增加的，也就是说，很容易形成没有印象笔记就没有办法工作的状态。

另一个不能忽视的因素是创始人兼首席执行官Phil Lion明确对外宣称的"以100年企业为目标"的概念。这是在硅谷诞生的风险企业中很少有的理念，但是对于一家提供保管用户所有数据的服务公司来说，这样持久性的理念显著地加强了用户的信赖。与其首席执行官在媒体上的曝光相呼应，这种信赖感也是用户数量增加的重要原因之一。

2. 诱钓式商业模式

诱钓式商业模式指产品的主体部分以低价格或免费形式提供，然后依靠附属品或消耗品的持续售卖来赚取利润的模式。因为该模式由剃须刀品牌吉列公司使用才被大众广泛熟知，所以该模式又被称为"吉列"模式或"刀片+刀架"模式。这些术语被经常用来描述使用最初产品或服务"引诱"客户而从后续销售中赚取收入的普遍做法。

吉列公司将男士用的剃须刀刀架和刀片分开售卖。公司不是靠刀架获取利润的，而是靠顾客持续购买替换刀片来获取利润的。

以前，市场上只有刀架和刀片一体化的男士剃须刀商品，而吉列公司采取了刀架和刀片分开售卖的方式。顾客只要在第一次购买时购买了刀架，之后只需要购买替换刀片即可，整体算下来其价格要比刀架和刀片一体的剃须刀的价格低廉。而吉列公司又采取了刀架低价售卖的方式，顾客便自然而然地选择了吉列的产品。

同时，吉列模式对于剃须刀的厂商来说，也是有百利而无一害的。因为从顾客的角度来看，只购买替换刀片远比购买刀架和刀片一体式的剃须刀便宜得多，厂商便可以利用顾客对价格认识的这种错觉，提升自己的产品利润。

另外，企业都是采取"自己品牌的刀架只适用于自己企业的刀片"的方式进行售卖的，这样就可以让顾客一直购买自己的品牌，通过专利限制保证了竞争对手无法为吉列刀架提供更便宜的刀片。也就是说，吉列模式的应用不仅可以持续吸引更多的顾客，还可以长期不断地获取营业收入。

无论刀架以多么低的价格售卖，只要替换刀片可以一直销售下去，其目标的利润就是完全可以达到的。

吉列模式看似对于买方和卖方都是有利的，但实际上买方对其持不满态度的情况也存在，例如消耗品的价格很高的情况。例如，喷墨打印机的墨盒较为昂贵，就有很多顾客在购买更换的墨盒时，因为价格太高而感到烦恼。

还有就是附属品和已有的商品本体部分无法兼容的情况。例如，男士的剃须刀经常会出现新型刀片不适用于旧刀架的情况。从顾客角度来看，其特意买了新型刀片，却发现跟原有的刀架无法匹配，可以想象出其不愉快和无奈的心情。

吉列模式本来应该是长期、循序渐进地获取利润的模式，但以上两种情况都属于以短期获利为目标的行为。因此，在采取短期获利的形式时，需要评估使用该模式是否会对品牌形象造成不良的影响。诱钓式商业模式画布式样如图4.7所示。

4.1.5 开放式商业模式创新

开放式商业模式可以用于那些通过与外部伙伴系统性合作来创造和捕捉价值的企业。这种模式可以是"由外到内"的，将外部的创意引入公司内部；也可以是"由内到外"的，将企业内部闲置的创意和资产提供给外部伙伴。

开放式创新和开放式商业模式是由亨利·切萨布鲁夫（Henry Chesbrough）提出的两

	关注提供后续产品或服务的交付	以便宜甚至是免费的诱饵吸引用户，并与（一次性）后续产品和服务紧密联系	这种式样以在初始产品和后续产品或服务之间的强连接或"锁定"关系为特征	客户被廉价或免费产品和服务的瞬间愉悦所吸引
	通常需要强大的品牌			
初始产品的补贴 后续产品和服务的生产成本			起初的一次性消费很少或不产生收入，但通过重复性后续高利润产品或服务销售可以产生收入	

图4.7 诱钓式商业模式画布式样

个概念。切萨布鲁夫认为在一个以知识分散为特征的世界里，组织可以通过对外部知识、智力资产和产品进行整合创造更多价值。切萨布鲁夫区分了"由外到内"和"由内到外"两种开放式商业模式。当组织将外部的创意、技术和智力资产引入内部的开发和商业化流程中时，就是"由外到内"模式。而企业将闲置的产品、技术、知识和知识产权，通过许可、合资或者剥离等方式，提供给外部团体使用以从中变现，则是"由内到外"模式。"由外到内"和"由内到外"的开放式商业模式画布式样如图4.8和图4.9所示。

有时，来自完全不同行业的外部组织可能会提供有价值的见解、知识、专利，或者对内部开发团队来说现成的产品	要借助外部知识，需要将外部实体和内部业务流程及研发团队联系在一起的专门的业务活动		拥有强势品牌、强大分销渠道和良好客户关系的知名老字号公司，非常适合由外到内的开放式商业模式。这种模式可以让它们通过构建外部资源创新来挖掘现有客户关系的价值
	要借助外部创新的优势，需要能构建与外部网络连接的特定资源		
从外部资源获取来的创新需要花费成本，但是通过基于外部已创建的知识和高级研究项目基础的研发，企业可以缩短产品上市前的时间，并提高内部研发的效率			

图4.8 "由外到内"的开放式商业模式画布式样

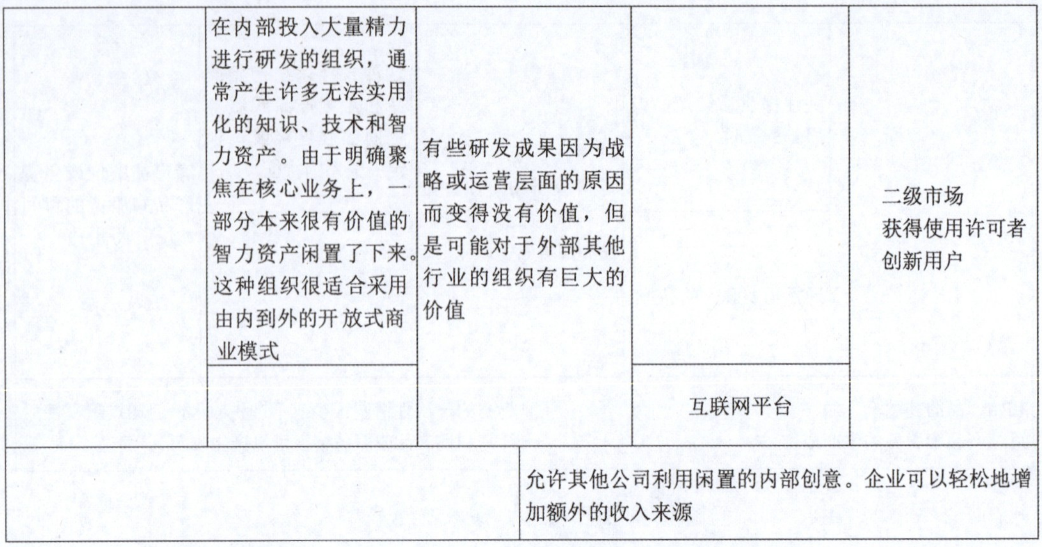

在内部投入大量精力进行研发的组织，通常产生许多无法实用化的知识、技术和智力资产。由于明确聚焦在核心业务上，一部分本来很有价值的智力资产闲置了下来。这种组织很适合采用由内到外的开放式商业模式	有些研发成果因为战略或运营层面的原因而变得没有价值，但是可能对于外部其他行业的组织有巨大的价值	二级市场 获得使用许可者 创新用户
		互联网平台
	允许其他公司利用闲置的内部创意。企业可以轻松地增加额外的收入来源	

图4.9 "由内到外"的开放式商业模式画布式样

在知识经济时代，企业仅仅依靠内部资源进行高成本的创新活动，已经难以适应快速发展的市场需求以及日益激烈的企业竞争。在这种背景下，"开放式创新"正在逐渐成为企业创新的主导模式。表4.2是从封闭到开放的一些创新思路的转换。

表4.2 "封闭"与"开放"创新的原则比较

封闭创新	开放创新
让处于本领域的人才为我们工作	我们需要与企业内部和外部的人才一起工作
为了从研发中获益，必须自己调研、开发和销售	外部的研发可以创造巨大的价值，内部的研发需要成为这种价值中的一部分
如果我们掌控了行业内绝大多数最好的研究，就会赢	不必从头开始研究，坐享其成即可
如果我们创造了行业内绝大多数好的创意，就会赢	如果我们能最好地利用内部和外部的创意，就会赢
需要控制自己的创新过程，避免竞争对手从我们的创意中获益	应该从其他组织使用我们的创新中获益，并且无论何时，只要其他组织的知识产权可以扩大我们的利益，就应该购买过来

华为的开放式商业模式创新

1997年，华为开始从封闭式创新走向开放式创新。技术上，在美国、印度、俄罗斯等国家设立了研发中心，与IBM、英特尔等公司成立了联合研究所。管理上，聘请了国外多名优秀的咨询管理专家。自2003年至今，华为的开放式创新策略快速稳健地发展，在全球各地设立研发机构，与3COM、西门子等一流企业合资。与2008年相比，其专利授权量得到很大的提高。如今，不仅在中国，在很多其他国家，如美国、日本等，华为手机都很受欢迎，销售火爆。

华为的成功得益于其优秀的开放式创新逻辑。首先，华为收购公司并支付专利费用。华为收购光通信企业Optimight、网络处理商Cognigine，使其在光通信、路由器处理技术等方面有了全面的变革。为了拥有更成熟完善的技术，华为更是收购了CDMA专利权，支付专利许可费。通过交叉授权、合理付费，华为快速成长，在欧洲以1600项专利申请量排行第一。其次，华为开拓了海外市场，建立稳固合资关系。自1997年至今，华为与3COM、西门子、Global Marine等国际领先企业共同成立合资公司，专注于TD-SCDMA、企业数据网络等方面的研究。成立合资企业，大幅降低了华为开发生产的成本，并且使华为获得了合资企业的高端技术。通过与外国企业合作，一方面可以让华为公司更了解当地情况，一方面也为其打入外国市场，开通分销渠道打下坚实基础。最后，华为与国际上14个运营商建立了28个联合创新部，研究范围覆盖无线及固定宽带、云计算、通信终端等。

4.2 基于设计主题的商业模式创新类型

视频讲解

商业模式的总体目标是利用商业机会为相关方创造价值，即满足客户需求并创造客户盈余，同时为焦点企业及其合作伙伴创造利润。因而，商业模式又被视为活动组成的系统，或活动系统。商业模式活动系统是一组以焦点企业为中心的相互依赖的组织活动，包括焦点企业、其合作伙伴、供应商或客户等进行的活动。焦点企业的商业模式活动系统可能跨越其自身边界，但仍将以自身为中心，以使焦点企业不仅能够与合作伙伴合作创造价值，而且能够从合作创造的价值中分得一部分。

Zott和Amit（2010）提出了设计商业模式活动系统时的两个重要参数：设计要素和设计主题。其中，设计要素包括内容（企业应该展开哪些活动）、结构（这些活动应该如何被连接、排序）、治理（这些活动应该由谁进行管理，在哪个过程中进行管理）；设计主题主要包括新颖、锁定、互补、效率。基于不同设计主题的商业模式创新，它们的商业模式设计要素的配置和编排也不同；或者说，不同设计主题（如效率、新颖）通过以不同方式配置和编排商业模式设计要素而形成不同的商业模式类型。根据Zott和Amit（2010）对商业模式设计主题的划分，商业模式创新可以划分为新颖型、锁定型、互补型与效率型四种类型。

4.2.1 新颖型商业模式创新

新颖型商业模式创新的本质是采纳新的活动（即内容），并且/或者采纳新的连接活动的方式（即结构），以及/或者采纳新的活动管理方式（即治理）。新颖型商业模式创新并不要求对三种设计要素均进行革新，只要对一种或一种以上要素进行革新即可。

一个突出的例子是苹果公司，它过去专注于生产PC等创新型硬件，但通过开发iPod和相关的音乐下载业务iTunes，成为一家将音乐发行作为一项活动（内容新颖性）的公司。苹果公司将音乐发行与iPod硬件和软件的开发联系起来（结构新颖性），并将其数字化，从而将合法音乐下载的许多子活动推向其客户（治理新颖性）。

4.2.2 锁定型商业模式创新

商业模式创新可以将商业模式活动系统设计为锁定型，目的是有利于第三方作为商业模式参与者而活动。锁定可以表现为转换成本，也可以表现为由活动系统中的结构、内容与治理产生的网络外部性。网络外部性是新经济中的重要概念，是指连接到一个网络的价值取决于已经连接到该网络的其他参与方的数量。通俗地说，就是每个用户从使用某产品中得到的效用与用户的总数量正相关。用户人数越多，每个用户得到的效用就越高，网络中每个人的价值与网络中其他人的数量成正比。

例如，在阿里巴巴旗下的二手平台"闲鱼"的活动系统中，每件商品的营销、对商品的拍摄或展示都是由顾客（买方）自行解决的。那么，是什么吸引了这些顾客来到闲鱼，并激励他们执行这些活动，阻止他们转向其他服务提供商呢？非常重要的一个因素是闲鱼的活动系统中固有的强有力的正向网络外部性，也就是闲鱼系统中大量的潜在顾客基数，吸引着顾客在这个平台上发布产品：因为大量的潜在顾客使得产品曝光率更强、更容易出售。所以，顾客们自然而然地被"锁定"在了这种商业模式中。微博、抖音等社交媒体也是如此，用户除了享受基于友谊的网络外部效应外，通常也在个性化方面投入了大量时间和精力，比如在媒体上发布精美的视频、图片、推文等。这些无形投资形成了强大的障碍，使得用户难以换用其他类似的社交媒体App。

4.2.3 互补型商业模式创新

当一个系统内的活动捆绑运行比单独运行更有价值时，就会出现互补性。例如，在商业银行中，吸收的客户存款是银行进行贷款活动的重要资金来源，银行无法吸收存款时就会出现严重的流动危机。其中，吸收顾客存款的活动与贷款活动就出现了互补性。再比如医药行业，创新生物科技公司通常只对医药产品进行研究与开发活动，而市场推广与销售活动则由大型的医药企业承担。在这个活动系统中，研究开发活动与推广销售活动也出现了互补性。

4.2.4 效率型商业模式创新

以"效率"为设计主题的商业模式创新是指企业利用其活动系统设计，通过降低交易成本来实现更高的效率。其本质是降低交易成本，而交易成本的降低通常来自降低不确定性、复杂性、协作成本、交易风险等事项。

例如，因为企业的交易伙伴可能会利用它们之间相互依赖的关系，所以企业决定进行纵向整合，以避免被其交易伙伴"劫持"，进而降低交易成本。又或者是，企业设法使其商业模式活动系统中的活动之间的接口标准化，通过将某些活动外包给第三方来降低交易成本，进而提升活动的效率。

典型的例子是美国第一资讯集团，它是美国著名的金融行业资讯服务公司。它雇用了超过3万名外包雇员，为全球数十个国家、超过1400家金融机构和商户处理重要活动，包括申请、批准信贷额度和处理数亿个信用卡账户的交易。在我国，外包最为常见的是客服行业。例如中国移动，它每天需要接听上百万个客户来电咨询。面对每天庞大的电话咨询量，中国移动利用自有客服系统来满足顾客需求显然是不现实的。因此，它将大部分的常规业务的来电分流到各个外包公司的客服人员中，而等级较高客户或涉及较为复杂业务的来电则由企业内专业的客服接听，大幅提高了企业效率。实际上，这些效率型的企业商业模式中隐含了对活动系统的治理。此外，企业还可以通过改变其活动系统的内容和结构来提高效率。一些廉价航空公司在出售机票时，不提供普通航空公司的某些标准服务，如为顾客提供免费餐饮、座位分配等；或者也可以改变活动的执行方式和连接方式，比如提供在网上订购机票、选座订餐等服务。

4.3 基于破坏性创新的商业模式创新类型

人们经常发现，市场在位企业往往不敌依靠破坏性创新上位的企业。尽管在位企业在战略、技术等方面已经发展得非常成熟，但当面对破坏性的对手时，这些成熟的部分反而会阻碍在位企业有效地应对对手。面对如此窘境，Christensen（1997）在《创新者的窘境》一书中提出了破坏性创新理论，进而根据创新引起的组织结构和市场变化程度将创新划分为破坏性创新和延续性创新，如图4.10所示。延续性创新致力于在主流市场用户重视的功能属性及价值维度上对现有产品进行改进，向现有市场提供更好的产品；而破坏性创新则或者创造新市场，或者提出一种新的价值主张（低成本、更好用、更方便、更简单等）来重新塑造现有市场。

"破坏者"总是寻找行业的边缘或低端市场作为切入点，将技术和企业经营方面的创新（很多源自在位企业而非它们的原创）首先应用于边缘或者低端消费群体，建立"农村根据地"；站稳脚跟后再凭借更好的产品和服务向更高一级市场推进。而在位企业尽管在研发、市场、管理和资源方面占有优势，但由于投资者要求更大的投资回报率、过往的成功容易使企业产生路径依赖等原因，它们屡屡将创新应用于现有市场的主流和高端消费群体，寻求更高的投资回报率；对"破坏者"也不会及时有效地反击，甚至主动让出低端市场，"成全"破坏者，从而陷入了"创新者的窘境"。当市场中原先的主流客户也开始大量接受"破坏者"的产品和服务时，颠覆也就产生了。

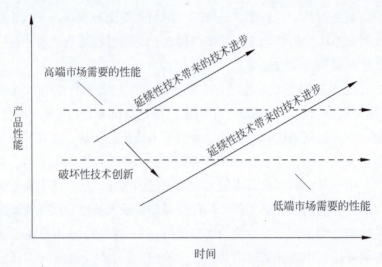

图4.10 延续性创新与破坏性创新

"破坏性创新"一个重要的实践意义就是提供了分析在位企业/先发企业为什么会失败的框架,与此同时,也提供了分析新加入者/追赶企业如何成功的框架。在Christensen看来,在位企业/先发企业之所以经常遭遇失败,是因为推动它们发展成为行业龙头企业的管理方法反过来严重阻碍了它们实施破坏性创新,而破坏性创新则最终吞噬了它们的市场。在位企业/先发企业善于实施延续性创新,而新加入者/追赶企业较易实施破坏性创新。破坏性创新改变了市场的价值主张。就主流客户所关心的产品属性来说,当破坏性创新刚开始出现时,它几乎总是提供更低的产品性能,但与此同时拥有某些边缘客户(通常也是新客户)所看重的其他属性。就这样,破坏性创新打开了新市场。此外,由于积累了相关经验并得到了足够的投资,破坏性创新的实施者总是能够提高其产品的性能,并最终能够占领原来的市场。这是因为,它们不但能够在原有属性的基础上提供完善的性能,还能增加一些新的性能。

破坏性创新理论从改变市场结构的着力点入手,将破坏性创新划分为新市场破坏(new-market disruption)、低端市场破坏(low-end disruption)、混合市场破坏(mix disruption)。Christensen(2003)对破坏性创新的分类进行了补充,认为除了基于技术的破坏性创新之外,还存在商业模式的破坏性创新。Markides(2006)将破坏性创新分为三类,即商业模式的破坏性创新、技术的破坏性创新、全新产品的破坏性创新。所以,按照破坏性创新导致破坏的市场切入点、产生破坏的途径和方法,将破坏性商业模式创新划分为低端市场破坏性商业模式创新、新市场破坏性商业模式创新、混合破坏性商业模式创新。

4.3.1 低端市场破坏性商业模式创新

低端市场破坏性商业模式创新是指围绕企业如何从外部合作网络中获取低成本运营

要素，如何采取低成本战略协同企业内部核心资源与关键业务，怎样面向原有市场最低端的、服务要求最低的、价格敏感型的市场客户，如何有效传递低价可用的价值主张等问题，扩大原有市场容量，实现财务收入的价值创造逻辑。

沃尔玛就是典型的低端市场破坏性商业模式创新案例，其商业口号是天天低价，商业模式的核心就是低毛利率、高周转率。传统的西尔斯百货毛利率是40%，存货一年周转3次，而沃尔玛毛利率降为25%，存货一年周转5次。就这样，沃尔玛通过"农村包围城市"的策略，凭借运营模式上的低成本优势，战胜之前的连锁巨头西尔斯。

再以航空运输产业为例，随着航空公司品类内部的竞争，分化出现了低成本航空公司，并随之兴起与发展。例如，美国西南航空公司是于1971年成立的全球第一家低成本航空公司，其成功引发了航空运输业的低成本革命；欧洲和亚太地区也相继出现了以瑞安航空、亚洲航空为代表的区域性低成本航空公司。同样，作为中国首批民营航空公司之一的春秋航空，借鉴美国西南航空公司等航空公司的运营模式，聚焦单一舱位客运，定位于低成本航空业务模式，以点对点、中程航线为主，航线设置在以基地、枢纽为中心，向外飞行时间5小时以内的航段内，以客运为主。区别于全服务航空公司的商业模式，低成本航空公司可有效降低单位成本，使其在以低票价吸引乘客的同时获得较好的收益，并在经济周期性低谷中体现出较强的抗风险能力。

4.3.2　新市场破坏性商业模式创新

新市场破坏性商业模式创新是围绕企业如何从外部合作网络中获取价值，如何采取差异化战略协同企业内部核心资源和关键业务，怎样面向边缘的新市场创造全新的客户价值主张，如何有效传递这些价值主张等问题，将原来不存在的或潜在的消费群体变为实际的市场容量，通过开辟新市场实现财务收入的一种价值创造逻辑。

以分众传媒为例，它聚焦高档写字楼这一新市场，突破了传统的广告市场，进行了破坏性商业模式创新。根据央视市场研究股份有限公司的研究，看到广告立刻转身的人占49%以上，看到广告会看但是坚持不到两分钟的占10%左右，真正认真看广告的只占17.76%。因此，普通广告很难达到投放者的目的。

但分众传媒的创始人发现，在一个比广告更无聊的空间里，广告就有人看了。站在电梯口，大家的感觉是什么？他观察到，尽管等电梯只要一两分钟，但是因为这是一段短暂的滞留时间，电梯口也不是大家的目的地，所以此时大家的情绪是无奈、无趣的，这个时候只要有一点儿信息都会激发人们的关注。回家看电视也是一样，在节目和广告之间选择，一定会选择节目。在电梯口的时候，不是在广告和节目之间选择，而是在广告和无聊之间选择。这个时候大家就会看广告，广告就显得很精彩了。

分众传媒正是捕捉到了这个市场的机会，2003年5月，分众传媒（中国）控股有限公司成立。分众传媒通过私募获得充足的资本之后，就充分利用其先行者的优势，以迅雷不及掩耳之势在全国各大城市掀起了圈地攻势，短短两年多，就在全国45个城市中占领了2万多栋极具商业价值的楼宇。统计数据显示，分众当时就已在全国拥有3.75万块液晶屏。

4.3.3 混合破坏性商业模式创新

混合破坏性商业模式创新是低端市场破坏和新市场破坏的综合体。混合破坏性商业模式创新在应用中常常会进行一种"聪明的"改进，在降低产品价格、简化功能的同时，引入一些新的价值功效。因此，混合破坏性商业模式创新主要围绕如何有效整合内外部资源，怎样有效提供并传递质优价廉、物美价廉的价值主张的问题，在吸引低端用户的同时，把原来的非消费群体吸引过来，从而通过扩大原有市场容量或开辟新市场实现财务收入。

> **问题思考**
>
> 1.长尾式商业模式创新、多边平台式商业模式创新成功的关键分别是什么？
> 2.基于设计主题的商业模式创新类型有哪些？
> 3.成熟在位企业如何应对市场新加入企业破坏性商业模式创新的威胁？

拼多多的"破坏性"商业模式创新

电子商务在中国发展已经有二十多年的时间，被很多人认为是一片"厮杀"的红海，逐渐形成了寡头和垄断，其他企业已经没有机会在这个行业有所作为。但拼多多的崛起让原本冷清的电商市场再次热闹了起来，只用了不到5年的时间，便和阿里、京东形成了三足鼎立之势。拼多多成立于2015年，经过3年的发展，于2018年在纳斯达克上市。到2019年底，拼多多平台交易额突破万亿大关。取得同样的成就，阿里用了9年，京东用了13年，而拼多多只用了不到5年。可以说在这5年里，拼多多已经成为发展最快的电商企业。

拼多多以独创的社交拼团为核心模式，主打百亿补贴、农货上行、产地好货等，致力于服务中国最广大的普通消费者。创立至今，拼多多始终将消费者需求放在首位，通过C2M模式对传统供应链成本进行极致压缩，为消费者提供公平且最具性价比的选择。通过去中心化的流量分发机制，拼多多大幅降低传统电商的流量成本，并让利于供需两端。基于平台大数据，拼多多根据消费者喜好与需求，帮助工厂实现定制化生产，持续降低采购、生产、物流成本，让"低价高质"商品成为平台主流。

拼多多成立并发展的初期正是电商领域开始倡导"消费升级"的2015年、2016年。淘宝以衣物服饰等非标品起家，用了几年时间摆脱了"质量差""骗子多"等骂名，其后一直致力于追求服务升级，通过支付宝、物流体系、天猫等一系列手段力争在高端市场占据市场地位。以3C商品起家、自建物流的京东更是含着金钥匙出生，直接站在了"鄙视链"的上游，并不断优化自己的配送、仓储、物流体系，力争为用户提供更好的服务。淘宝、京东的行为很容易理解，随着时间的推移，代表着"更好的性能""更高价值的用户""更大的利润率"的市场，似乎有某种磁力，吸引着各行各业的企业推陈出新、服务升级。国际巨头苹果、IBM、微软莫不如是，在更大的市场份额、更高的利润率驱动下，会投入更多研发费用，为客户（用户）提供更好的服务，推动服务与需求的升级，从而获得更高的利润，并为投资者赢得收益。

这场消费升级的运动对中小型商家的触动相当之大。天猫与京东对尾部小商家的扶持有限，这些尾部商家的生存空间与利益也越发受到侵占。这些在消费不断升级中被"排挤""清除"出来的中小型商家，正是拼多多初期商家端的资源。拼多多何以能让这群商家心甘情愿地让利呢？首先，这些商家多数是自产自销的小厂商或与小厂商合作的低端卖家，所售商品多为"白牌货"，即非品牌货。商品中间流通环节少，因而中间成本低；非品牌货又无品牌溢价，相比市面上的品牌商品，价格本就低了不少。其次，这是一个新的平台，新的竞争机会，许多原来的腰部、尾部商家有机会在这个平台成为头部商家，而平台的低价战略势必让其流量资源向低价商品倾斜，因此商家主动让利是新环境下最有效的竞争手段。而拼多多又能给这些商家带来什么？上面所说的新的平台和新的机会是一个方面，还有一点也至关重要：拼多多通过对消费者侧需求的集聚，可以向上游供应链提出一定程度的批量定制需求。中小厂商生存的一大困难在于生产的不确定性：对市场信息的了解不足使它们难以确定到底需要生产怎样的商品、生产多少商品。生产量波动大，也导致了生产成本高（例如，生产线忽多忽少，忽停忽启，厂商的生产资源有效利用率极低）。拼多多汇聚消费者侧的需求，给中小厂商提供了足够的需求信息，据此，厂商可以进行一定时间段的生产资源合理规划；反过来，生产成本的降低又能进一步压缩价格，从而形成一个正循环。

商家找到了，接下来要解决的是如何找到用户的问题。拼多多对用户的理解是"价格敏感型用户"。首先是低消费能力的群体，典型的就是三四线城市及以下的用户群体。同样是从2015年开始，智能手机迅速向三四线城市以下普及，大量被裹挟进入移动互联网的下沉用户带来了一波巨大的、还未被充分利用的流量福利。这类群体的人均可支配收入较低，对价格更为敏感，追求性价比。随着拼多多的进一步发展，用户群体不再局限于"北京五环外"了，一二线城市的用户占比逐渐提升。其原因在于，多数人群对高品质商品的追求不会覆盖到所有方面，在某些场景下低价商品具有极大的吸引力（例如男性可能在数码产品上表现奢侈，但买快消品就追求低价）。低价商品的用户场景需求的规模事实上是极大的。若能以低价买到质量可靠的商品，一二线城市用户也能成为产品的忠实用户。

问题讨论

1. 拼多多何以与阿里、京东形成了三足鼎立之势？
2. 拼多多的"破坏性"商业模式创新的成功原因有哪些？
3. 拼多多的"破坏性"商业模式创新的未来走向是什么？

第 5 章 商业模式创新方法

5.1 商业模式创新的设计方法

方法论是人们在总结组织经营管理活动经验的基础上形成的标准、模型、框架等知识沉淀。方法论对于商业模式创新而言，是不容忽视的。

商业模式创新的设计需要来自设计领域的一系列的技术方法和工具，帮助设计更好、更具创意的商业模式。在我们通常认知的设计中，如产品设计，设计师的任务包括持续追求最好的设计方法，探索未知的领域并实现所需要的功能。设计师的工作就是拓展思想的界限，毫无保留地探究新的方向，发现未知并加以实现，因而需要有找到"还有什么不存在"的能力。Osterwalder和Pigneur（2010）认为，一些来自设计同行们的设计方法、设计工具和设计理念，同样是商业模式创新取得成功的必要条件。

本节主要从是什么、怎么做两方面分别介绍六种商业模式创新的设计方法，包括客户洞察、创意构思、可视思考、原型制作、故事讲述和情景推测。

5.1.1 客户洞察

1. 什么是客户洞察？

客户洞察是企业有效获取、识别与分析用户信息的关键能力或过程。企业采用客户视角作为整个商业模式创新设计过程的指导原则，选择价值主张、渠道通路、客户关系、收入来源。

2. 如何进行客户洞察？

"移情图"是帮助企业进行客户洞察的一个常用工具或方法。任何研究商业模式的人都应该能够大致描述出所需要满足的客户细分群体的特征。移情图（empathy map，感同身受之意）是XPLANE公司开发设计的一个可视思考工具。我们更喜欢将其称为"超简客户分析器"（really simple customer profiler）。这个工具可以超越客户的人口学特征，帮助使用者更好地理解客户的环境、行为、关注点和愿望。这样可以开发出更强大的商业模式，因为对客户的深入理解可以指导我们设计更好的价值主张，更方便地接触客户的途径和更合适的客户关系。最终，这个工具可以让你更好地理解客户为什么愿意付钱。

如何使用（客户）移情图呢？首先，找出你的相关商业模式中可提供服务的所有客户细分群体。选出三个有希望的候选人，并选择一个开始客户描述分析。其次，给这个客户命名并附加一些人口统计特征，诸如收入、婚姻状况等。然后，参考表5.1，通过询问和回答以下六方面的问题，在活动挂图或白板上描绘这个新命名的客户。

表5.1 移情图"六问"

问题1	问题2	问题3	问题4	问题5	问题6
她看到的是什么	她听到的是什么	她真正的想法和感觉是什么	她说了些什么，又做了些什么	她的苦恼是什么	她想获得什么
描述客户在她的环境里看到了什么	描述客户所处环境是如何影响客户的。描述客户在她的环境里听到了什么	设法概述你的客户所想的是什么	想象这位客户可能会说什么或者在公开场合可能的行为		
• 环境看起来像什么？ • 谁在她周围？ • 谁是她的朋友？ • 她每天接触什么类型的产品或服务（相对于所有市场产品或服务）？ • 她遭遇的问题是什么	• 她的朋友说了什么？她的配偶说了什么？ • 谁能真正影响她？如何影响？ • 哪些媒体渠道能影响她	• 对她来说，什么是最重要的（她可能不公开说）？ • 想象一下她的情感，什么能感动她？ • 什么能让她失眠？ • 尝试着描述她的梦想和愿望	• 她的态度是什么？ • 她会给别人讲什么？ • 要特别留意在客户所说和她真正的想法与感受之间的潜在冲突	• 她最大的挫折是什么？ • 在她和她想要的事物或需要达到的目标之间有什么障碍？ • 她会害怕承担哪些风险	• 她真正想要和希望达到的是什么？ • 她如何衡量成功？ • 猜想一些她可能用来实现自身目标的策略

移情图的模型并不是固定的，有很多种，不过大同小异。最常见的表现形式是一个正方形，被分成了几个象限，中间一个大圆圈，代表用户；其他每一个象限都代表了一个维度空间，分别为所思和所感（Think & Feel）、所听（Hear）、所看（See）、所说和所做（Say & Do）、苦恼（Pain）和获得（Gain），如图5.1所示。把"苦恼"和"获得"单独放在底部，是因为这两个维度将直接决定用户是否选择使用我们的产品，我们

的产品是否能帮助他们消除苦恼或从中获得收益。

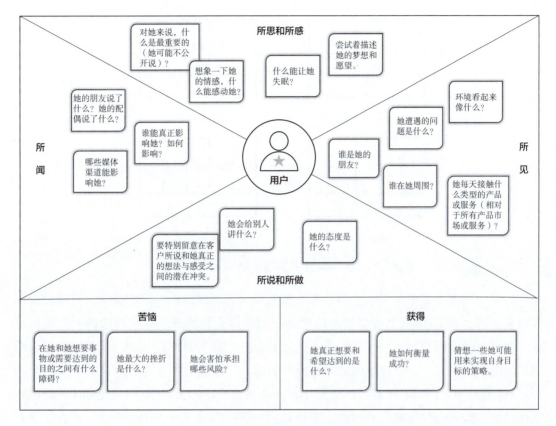

图5.1 移情图的画法

5.1.2 创意构思

1. 什么是创意构思

绘制一个已经存在的商业模式是一回事，设计一个新的商业模式是另一回事。设计新的商业模式需要产生大量商业模式创意，并筛选出最好的创意，这是一个富有创造性的过程。这个收集和筛选的过程称作创意构思。当设计可行的新商业模式时，掌握创意构思的技能就非常关键。

创意构思有两个主要阶段：创意生成，这个阶段重视数量；创意合成，讨论所有的创意，加以组合，并缩减到少量可行的可选方案。这些可选方案不一定要代表颠覆性的商业模式，也许只是把现有的商业模式略作扩展，以增强竞争力。

2. 如何进行创意构思

（1）使用画布分析商业模式创新的核心问题。商业模式创新的创意可以来自任何地方，商业模式的9个构造块都可以是创新的起点。我们可以把这些创新区分为4类不同集中点的商业模式创新（如图5.2所示）：资源驱动、产品/服务驱动、客户驱动和财务驱动。

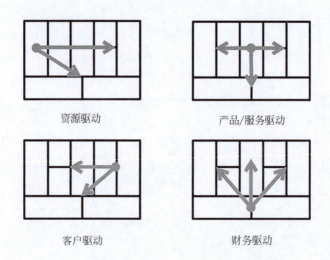

图5.2 4类不同集中点引发的商业模式创新

资源驱动型创新起源于一个组织现有的基础设施，抑或拓展合作关系，抑或转变现有商业模式。产品/服务驱动型创新以建立新的价值主张的方式影响其他商业模式构造块。客户驱动型创新是基于客户需求、降低获取成本或提高便利性的考量的。财务驱动创新是由收入来源、定价机制或成本结构驱动的，同样影响商业模式的其他构造块。

这4类集中点的每一个都可以成为主要商业模式变化的起点，每一个都可以对其他8个构造块产生强大的影响。有时候，商业模式创新可以引发自多个集中点。此外，变化的起点经常源于那些通过SWOT分析后被标识出来的区域：针对一个商业模式的优势、劣势、机会和威胁的调查研究。

（2）使用"假如"的提问方式。我们在构思新的商业模式的时候总会遇到困难，因为我们都会被现状限制自己的思维，而现状遏制了想象力。克服这个问题的方法之一就是利用"假如"问题挑战传统假设。有了商业模式构成正确认知，那些我们认为不可能的事情也许就可行了。

"假如"问题可以帮助我们打破现有模式强加的束缚。这些问题会激励我们挑战自己的思维，进而提出一些让我们好奇而又难以执行的命题。

例如，日报的经营者可以问自己：如果停止发行印刷版，改为通过亚马逊Kindle电子图书阅读器或者完全通过网络数字发行会怎么样？这将极大地降低生产和物流成本，但需要弥补平面广告损失的收入，同时把读者转换到数字渠道上来。

"假如"问题只是个开始，这些问题将帮助我们发现能够使假设问题成立的商业模式。有些"假如"问题可能得不到答案，因为它们太有挑战性了；而有些可能仅仅需要正确的商业模式就可以变成现实。

3. 创意构思的过程

第一步：团队构成

关键问题——我们的团队是否有足够的多样性来创造新的商业模式构想？

召集合适的团队对于有效产生新的商业模式创意来说是必不可少的。团队成员应该具备多种不同的资历、年龄、经验水平以及业务部门归属、客户知识和专业技能。

第二步：全情投入

关键问题——在创造新的商业模式创意之前，我们需要研究哪些要素？

理想情况下，团队应该经历一个沉浸式投入的过程，开展的活动包括普遍研究、了解客户或潜在客户、审议新兴技术，或者评估现有商业模式。全情投入的过程可以持续数周，也可以像几次专题研讨一样短。

第三步：扩展

关键问题——针对商业模式的每个构造块，我们都能想到哪些创新？

在这个环节中，团队扩展可能解决方案的范围，旨在生成尽可能多的创意。商业模式的每个构造块都可以成为创新的起点，所以这个阶段的目的是数量，而不是质量。强制型头脑风暴可以强迫人们持续专注于发掘新创意，而不是过早进入评估各个创意的可行性的阶段。

第四步：条件筛选

关键问题——什么是商业模式创意排序的最重要准则？

通过扩展可能的解决方案之后，团队需要定义条件准则，把创意减少到几个可管理的数目。条件准则应该与你自己的业务相关，可以包括诸如预期实施时间、收入潜力、潜在客户阻力和对竞争优势的影响等。

第五步：原型制作

关键问题——每个入围创意的完整商业模式是什么样子？

有了条件准则的定义，团队应该能把创意缩减为一份包括3~5个潜在商业模式创新选项的短名单。使用商业模式画布，将这些创意所代表的商业模式原型描绘出来，并把每个创意作为一个商业模式原型来讨论。

5.1.3 可视思考

1. 什么是可视思考

对于商业模式的相关工作来说，可视思考是必不可少的。可视思考是指使用图片、草图、图表和便利贴等视觉化工具来构建和讨论事情。商业模式是由各种构造块及其相互关系所组成的复杂概念，不把它描绘出来将很难真正理解一个模式。

商业模式是一个系统，其中的一个元素可以影响其他的元素，只有将这个系统作为一个整体看待的时候才有意义。若不把它可视化，就很难捕捉到商业模式的全貌。事实上,通过可视化地描绘商业模式,人们可以把其中的隐形假设转变为明确的信息,这使得商业模式明确而有形,并且讨论和改变起来也更清晰。视觉化技术赋予了商业模式"生命",并能够促进人们参与共同创造。

将模式描绘出来,这个模式就转换成一个持久的事物,也是一个可以随时返回讨论的概念原点。这很关键,因为它把谈论的内容从抽象变为具体,并且显著改善了讨论的质量。通常,如果想要改善一个现存的商业模式,视觉化地描绘它将有助于发现逻辑上的差距,并促进人们的讨论。类似地,如果要设计一个全新的商业模式,把模式画出来将帮助你更容易地讨论新商业模式的各种选择,你可以很容易地添加、删除或随意移动图片。

2. 如何进行可视思考

(1)便利贴视觉化。在人们构想商业模式的时候,一组便利贴是必不可少的工具,每个人都应该把它放在手边。便利贴就像创意的容器,可以增加、减少或在商业模式构造块之间进行调整移动。这一点非常重要,因为在商业模式讨论中,人们经常不会马上确定某个元素是否应该出现在商业模式画布中,或者应该放在什么地方。在探索性的讨论中,有些元素会被移走或者被多次取代,以便探索新创意。

以下是三条简单的指导准则:①使用粗的马克笔;②每张便利贴上只写一个元素;③每张便利贴上只写几个词以便捕捉要点。使用粗的马克笔还有一个很重要的优点:不会让你在一张便利贴上写太多的信息,也更容易阅读浏览。

同样需要记住的是,用便利贴创建最终商业模式图画的讨论过程与最终结果同样重要。讨论在商业模式画布上该贴上去或移走哪些便利贴,以及讨论一个元素如何影响其他元素,都会让参与者对商业模式及其动态变化有很深的理解。因此,便利贴不只是一片贴纸,它还能代表一个商业模式构造块,成为战略讨论的载体。

(2)绘图视觉化。绘图甚至能比便利贴更加有效,因为相对于文字,人们对图画反应更强烈。图画可以在瞬间传递信息,简单的图画就能表达出需要大量文字才能表达的含义。

这种方法比我们想象的更容易。一个笑脸的简笔画就能表达情绪,一个大钱袋和一个小钱袋就能表达比例。问题是,很多人都认为自己画不出来,都担心自己画出来的草图显得单纯或幼稚而出现尴尬。但事实是,即使再粗糙的画,只要如实呈现,都能让事情变得形象具体和可理解。要看懂简单的画面远比理解用文字表达的抽象概念容易得多。

草图和图画在许多方面都能发挥作用。最明显的作用是,基于简单图画解释和交流商业模式变得更加容易。另一个作用是描绘出一个典型的客户和她所处的环境,用来阐明某一个客户细分群体。相比于用文字概述典型客户特征,这种方法能激发一场更明确、更彻底的讨论。最后，描绘出客户细分群体的需求和为满足需求所需要做的工作，本身就是一种充分利用可视化技术的方式。这些图画可以激发建设性的讨论，而商业模式的新创意也将从这些讨论中出现。

（3）思维导图视觉化。思维导图又称脑图、心智地图、脑力激荡图、灵感触发图、概念地图、树状图、树枝图或思维地图，是一种图像式思维工具以及利用图像式思考的辅助工具。

思维导图视觉化是企业家在设计商业模式时常用的视觉化思考方法。与绘图视觉化不同，思维导图视觉化可以全面展现商业模式设计思路。因此，确保商业模式设计的完整性是思维导图视觉化的最大优势。

5.1.4 原型制作

1. 什么是原型制作

对于开发创新的全新商业模式来说，原型制作是一个强有力的工具。与可视思考一样，原型制作同样可以让概念变得更形象具体，并能促进新创意的探索。原型制作来自设计和工程领域，在这些领域中，原型制作被广泛地用于产品设计、架构和交互设计。它很少用于企业管理，因为组织行为和战略的本质很少可被形象感知。原型制作在商业和设计交叉领域已经发挥了很长一段时间的作用，例如工业产品设计。近些年来，原型制作在流程设计、服务设计甚至组织与战略设计领域也越来越受欢迎。本节仅展示原型设计在商业模式构造中所扮演的重要角色。

尽管术语相同，但产品设计师、建筑师和工程师对什么是"原型"有不同的理解。我们则把原型看成未来潜在的商业模式实例（原型作为用于讨论、调查或者验证概念的工具）。商业模式原型可以采用简单的草图形式，可以用商业模式画布描述经过深思熟虑的概念，也可以表现为模拟了新业务财务运作的电子表格形式。

重要的是，我们要明白，不必把商业模式原型看成某个真正的商业模式的草图。相反，原型是一个思维工具，可以帮助我们探索不同的方向——商业模式应该尝试选择的方向。例如，如果增加另一个客户细分群体，对商业模式意味着什么？消除高成本资源将是怎样的结果？如果免费赠送一些产品或服务，并且用一些更具创新性的产品或服务替代现在的收入来源，又将会意味着什么？

同时，制作和使用商业模式原型迫使我们处理结构、关系和逻辑的问题，而这些即使通过更多的思考和讨论也很难达到。要真正理解不同可能性的优点和缺点，以及进一步的调研，需要在不同层次精炼商业模式来构建多个原型。相比讨论来讲，使用原型来互动更容易产生创意。

商业模式原型可能是发人深省的，甚至有点疯狂，因而有助于推动我们思考。原型可作为路标，在原本很难想象的方向上指引我们前进，而不是仅仅作为将要实现的商业模式的说明。

2. 如何进行原型制作

商业模式原型的制作离不开"探究"。探究（inquiry）意味着一个严格的探索最佳解决方案的过程。只有经过深入的探究，才能有效地选出一个原型，并在设计成熟后实施。

原型制作的"探究"需要设计者摆脱"一切照旧""逐步改进""将数据视为最主要的考虑"等陈旧思维的偏见，建立"随机思考""多个商业模式共存和交叉""商业模式转变行业""关注设计""关注价值和效率"的全新的思考模式。

在探究过程中，在为一种具体的商业模式提供原型前，认真考虑大量的基础商业模式的可行性是非常必要的。这种刨根问底的精神对于专业设计人员来说是关键。"探究"精神（或称设计态度）的特点包括愿意探索粗略的想法理念，快速筛选更替，花大量时间检验各种理念的可行性，然后从中选取少量理念精雕细琢，不断地接受不确定性，直至某一方向的设计理念日趋成熟。这些精神或态度并不是每个商务人士与生俱来的，但它们正是开拓一种新的商业模式所需要的。"探究"精神或设计态度要求人们转变思维方式，从简单地作决策转向于创造可供选择的方式。

建筑师在一个项目中可以构建无数的原型，有草图和粗糙的模型，也有精致的、功能丰富的原型。在制作商业模式原型时，我们可以将同样的方式应用于构建商业模式原型，不过是以一种更为概念化的方式。商业模式的原型既可以是画在餐桌上的草图，也可以是具体到细节的商业模式画布，还可以是一种可以实地测试的成型商业模式。

5.1.5 故事讲述

1. 什么是故事讲述

在商业世界里，讲故事是一门被低估、被轻视的艺术。就像商业模式画布帮助你绘制和分析新模式一样，讲故事能帮助你有效地表达新的商业模式和理念。

讲故事的妙处在于它将事实与虚构之间的界限模糊化了。这样，未来各种可能的商业模式就不再那么抽象了。这可以帮你挑战现行的商业模式，或是为推行新的商业模式提供理论依据。

好的故事能引起听众的兴趣，所以讲故事是一种理想的工具，可以为我们深入讨论商业模式和其内在逻辑预热，打消对未知事物的疑虑。

2. 如何进行故事讲述

视频讲解

讲故事的目的，是要把一种新的商业模式以形象具体的方式呈现出来。故事的内容一定要简单易懂，主人公也只需要一位。结合观众的实际情况，可以从不同的视角塑造出不同的人物形象。这里推荐两种可能的视角：公司员工视角和客户视角。

从员工的视角，以讲故事的方式来解释商业模式。让员工成为故事的主人公，来证明为什么这种新模式是可行的。这样做是因为员工们频繁地关注着客户的烦恼，而新的模式可以解决这些烦恼；抑或是，新的模式相较于先前的旧模式，能更好地利用资源、业务或是合作方式（例如控制成本、提高生产效率、创造出新的收入来源等）。在这样的故事中，员工体现的是公司及其商业模式的内部运作机制，为推行新的模式提供了依据。

客户的视角也能够为整个故事开个好头。在故事中，客户成了讲故事的主人公，她道出了困扰她的烦恼和她必须解决的问题。接着，话题转到了你们公司是如何帮她创造价值的。在故事中，她描述了自己得到了什么样的产品和服务，这些产品和服务是如何解决她的问题的，以及作为一个消费者，她所愿意购买的产品和服务是什么样的。甚至，还可以将生活中的一些小插曲、小情愫穿插其中，来证明你们公司是如何让她的生活变得更为轻松和方便的。如果能把你们公司是如何帮助客户解决问题、借助什么产品和服务、以什么样的方式等加入到故事中，那就更完美了。从客户的视角讲故事面临的最大挑战是如何让故事具有真实感，而不是给人留下一种夸张的、做广告的印象。

5.1.6 情景推测

1. 什么是情景推测

在新商业模式的设计和原有模式的变革上，情景推测能起到很好的作用。所谓情景推测，是将商业模式未来应用环境、服务群体、所解决的痛点等信息进行具体呈现，并将其转化为可执行的内容的活动。同可视思考、原型制作、故事讲述一样，情景推测把抽象的概念变成具体的模型。通过情景化推测，企业家可以提前熟悉商业模式设计和运营流程，以及商业模式即将面临的市场竞争，以加速商业模式落地。

2. 如何进行情景推测

这里主要介绍两种类型的情景推测。

第一种描述的是不同的客户背景：客户是如何使用产品和服务的，什么类型的客户在使用它们，客户的顾虑、愿望和目的分别是什么。这样的情景是建立在对客户洞察的基础上的，但更进一步地把对客户的了解融入一组独特、具体的图像。通过描述特定的场景，关于客户的情景推测就能把客户洞察具体、形象地表现出来。

第二种情景推测描述的是新商业模式可能会参与竞争的未来场景。这里的目的并不是去预测未来，而是要具体形象地草绘出未来的各种可能情况。这种技巧训练能帮助创新者，针对未来不同的环境设计出最恰当的商业模式。这一领域的商业战略文献都称这种技巧为"情景规划"。在商业模式的创新中，运用这种情景规划技巧"迫使"我们去思考商业模式在特定的环境下可能的演变趋势，加深了我们对于模式的认知和可能存在调整的必要性的理解。最为重要的是，它帮助我们更好地迎接未来的商业环境。

5.2 商业模式创新的评价方法

如何评价商业模式创新,是人们比较关心的话题。人们从不同角度提出了商业模式创新的多种评价方法。

5.2.1 维度视角下的商业模式创新评价

商业模式有其不同的维度划分,因此很多人尝试基于商业模式的不同维度划分进行商业模式创新评价。

1. 价值创造、价值主张和价值获取

Clauss于2017年开发了一种评价商业模式创新的量表。量表的开发思路和主要步骤大致如下。

首先,定义了商业模式创新的范围和维度。该研究认为解释企业商业模式的三个主要维度是价值创造、价值主张和价值获取。价值创造定义了企业如何以及通过何种方式利用组织内和组织间的资源和能力沿着价值链创造价值。价值主张包含了为客户提供的解决方案组合以及它们的提供方式。价值获取定义了价值主张如何转化为收入。

然后,在现有量表的基础上开发量表题项,并在必要时开发新题项。再次,在一个定性的预测试过程中验证初始题项,并对制造业的125家公司进行了首次调查。

最后,在对同一行业的232家公司进行第二次抽样调查的基础上,最终确定了评价指标,如表5.2所示。

表5.2 基于价值创造、价值主张和价值获取创新的商业模式创新评价

评价维度	评价子结构	评 价 题 项
价值创造创新	新能力	我们的员工不断接受培训,以发展新的能力
		与直接竞争对手相比,我们的员工拥有最新的知识和能力
		我们不断思考需要建立哪些新的能力,以适应不断变化的市场需求
	新技术/设备	我们不断更新公司的技术资源
		与竞争对手相比,我们的技术设备非常创新
		我们定期利用新的技术机会来扩展产品和服务组合
	新的合作伙伴关系	我们一直在寻找新的合作伙伴
		我们定期利用新合作伙伴融入我们的流程所带来的机会
		我们定期评估外包的潜在效益
		新的合作伙伴定期帮助我们进一步发展商业模式

续表

评价维度	评价子结构	评价题项
	新流程	我们最近能够显著改进内部流程
		我们在产品制造过程中采用创新的程序和工艺
		定期评估现有流程,并在必要时对其进行重大更改
价值主张创新	新产品	我们定期解决未满足的客户新需求
		与竞争对手相比,我们的产品或服务非常创新
		我们的产品或服务定期解决客户的需求,而竞争对手并没有解决这些需求
	新客户/市场	我们经常抓住新市场或不断增长的市场中出现的机会
		我们定期处理新的、未得到服务的细分市场
		我们不断为产品和服务寻找新的客户群体和市场
	新渠道	我们经常利用新的分销渠道来销售产品和服务
		我们渠道的不断变化提高了渠道功能的效率
		我们不断地改变分销渠道组合
	新客户关系	我们试图通过提供新的服务来提高客户忠诚度
		我们强调创新/更新行动,以提高客户忠诚度
		为了加强客户关系,我们最近采取了许多行动
价值获取创新	新的收入模式	我们最近开发了新的收入机会(例如额外销售、交叉销售)
		我们越来越多地提供综合服务(如维护合同),以实现长期财务回报
		我们最近用长期经常性收入模式(如租赁)补充或取代了一次性交易收入
		我们不依赖现有收入来源的持久性
	新的成本结构	我们定期反思价格—数量策略
		我们积极寻求节约制造成本的机会
		我们不断检查生产成本,必要时根据市场价格进行调整
		我们经常利用价格差异带来的机会

2. 价值提供、价值架构、收入模式

商业模式的维度理解具有多样性，通常涉及3～5个维度。大多数商业模式理解所包含的内容相当一致，包括三个核心的维度：价值提供、价值架构和收入模式。

Spieth和Schneider于2016年基于商业模式的以上三个维度开发了商业模式创新的评价量表。Spieth和Schneider将商业模式创新定义为至少一个商业模式维度的变化。量表的开发遵循了严格的开发程序。首先，明确了商业模式和商业模式创新的定义。其次，进行了指标规范和内容有效性评估，确保生成的指标充分反映商业模式创新的各个方面。再次，评估了指标共线性，以确定排除潜在的多重共线性问题。最后，通过使用反思性指标测试形成性测量模型来评估外部有效性。具体的评价指标如表5.3所示。

表5.3 基于价值提供、价值架构和收入模式创新的商业模式创新评价

评价维度	评价要素	评价题项
价值提供创新	目标客户	目标客户发生了变化
	产品和服务	提供的产品和服务发生了变化
	公司的竞争定位	公司在市场上的定位发生了变化
价值架构创新	核心能力和资源	公司的核心能力和资产发生了变化
	内部价值创造	内部价值创造活动发生了变化
	价值创造中的合作伙伴	合作伙伴在价值创造过程中的角色和参与度发生了变化
	分销渠道	分销渠道发生了变化
收入模式创新	收入机制	收入机制发生了变化
	成本机制	成本机制发生了变化

3. 其他类型

Latifi等（2021）认为商业模式创新是一个二阶建构。根据Barjak等（2014）的观点，将商业模式分为三个维度：价值创造、价值交付和价值获取。这三个维度体现了商业模式创新的不同方面，并且具有很高的相互关联性。采用了7个项目来衡量商业模式创新，具体题项如表5.4所示。

表5.4 基于价值创造、价值交付和价值获取创新的商业模式创新评价

评价维度	评价题项
价值创造创新	创造了新的收入来源
	引入新的定价机制
价值交付创新	开始与新的业务合作伙伴协作

续表

评价维度	评价题项
价值交付创新	与业务合作伙伴分担新的责任
	专注于一个全新的细分市场
价值获取创新	将新产品作为新的价值主张推出
	引入新服务作为新的价值主张

5.2.2 画布视角下的商业模式创新评价

描述商业模式构造块的商业模式画布也被用来评价商业模式创新。人们通过衡量商业模式画布九个模块的变化程度来评价商业模式创新。例如，Pedersen等于2018年使用商业模式画布的九个组成部分的变化来衡量商业模式创新。他们认为商业模式创新是一个程度问题，而不是非此即彼；他们的目标不是明确区分创新公司和非创新公司，而是在开发现有能力和探索新的商业机会之间建立一个连续体。该研究请受访者为每个模块进行打分（1~10分），1分代表企业的重点在现有活动，10分代表企业的重点在新活动。具体的评价指标如表5.5所示。

表5.5 基于商业模式画布九模块的商业模式创新评价

1	10
重点是改进现有的产品和（或）服务	重点是开发全新的产品和（或）服务
重点是服务现有市场和客户群体	重点是识别和服务全新的市场和客户群
重点是培养现有资源和能力（技术、人员、IT系统等）	重点是开发和/或获得新的资源和能力（技术、人员、IT系统等）
重点是改进现有核心流程和活动（设计、物流、营销等）	重点是开发新的核心流程和行动（设计、物流、营销等）
重点是深化与现有战略业务合作伙伴（供应商、分销商、最终用户等）的关系	重点是与新的战略业务合作伙伴（供应商、分销商、最终用户等）建立关系
重点是改进建立客户关系的现有工具（个人服务、会员资格、奖金系统等）	重点是开发建立客户关系的新工具（个人服务、会员资格、奖励系统等）
重点是通过现有渠道（自有店铺、合作伙伴店铺、在线等）销售产品和（或）服务	重点是通过新渠道（自有商店、合作伙伴商店、在线等）销售产品和（或）服务
重点是最大限度地减少运营公司时产生的现有成本	重点是对运营公司时发生的成本组合进行重大改变
重点是提高现有收入来源（产品、服务、租赁、赞助等）的销售额	重点是开发新的创收方式（产品、服务、租赁、赞助等）

5.2.3 新颖设计下的商业模式创新评价

部分学者根据商业模式设计主题中的新颖型主题来评价商业模式创新。新颖型设计主题强调交易参与者之间采用新方式进行交易，其主要目的是创造新的交易类型，即采纳新的交易内容、新的交易结构和新的交易治理。新颖型设计主题与商业模式创新内涵契合度较高，常被用来衡量商业模式创新。其中，Guo等（2016）为新颖型商业模式创新开发了较为典型的测量量表，具体题项如表5.6所示。

表5.6 基于新颖型设计主题的商业模式创新评价

序号	项目
1	我们的商业模式提供了产品、服务和信息的新组合
2	我们的商业模式吸引了许多新客户
3	我们的商业模式吸引了许多新的供应商和合作伙伴
4	我们的商业模式以新颖的方式将参与者联系在一起
5	我们的商业模式以新颖的方式将参与者与交易联系在一起
6	我们经常在商业模式中引入新的想法和创新
7	我们经常在商业模式中引入新的运营流程、惯例和规范
8	我们是商业模式创新的先锋
9	总的来说，我们的商业模式是新颖的

此外，Yi等（2022）同样基于新颖型设计主题进行了商业模式创新评价，具体题项如表5.7所示。

表5.7 基于新颖型设计主题的商业模式创新评价

序号	项目
1	商业模式提供了产品、服务和信息的新组合
2	这种商业模式使参与者的种类和数量达到前所未有的水平
3	商业模式采用了新的交易方式
4	商业模式创造了新的盈利方式
5	商业模式创造了新的利润点
6	公司不断在其商业模式中引入创新
7	商业模式不断引入新的操作流程、惯例和规范来开展业务
8	总体而言，该公司的商业模式是新颖的

5.2.4 数字商业模式创新的评价

数字经济时代，数字技术的开发和应用为企业商业模式带来了很多新的特点，进而出现了"数字商业模式创新"的概念。数字商业模式创新的关键在于数字技术对于商业模式创新发挥的作用。数字技术发挥的作用主要体现在它实现了创造和获取价值的新方式、新的交换机制和交易架构以及新的跨越边界的组织形式。Trischler和Li-Ying（2022）将数字商业模式创新定义为"通过将模拟的或物理的对象、流程或内容转变为主要或完全的数字格式，对商业模式的关键要素进行有目的、非同寻常的动态变化"。

学者们在商业模式创新评价方法的基础上加以改进，形成了数字商业模式创新的评价量表。例如，Soluk等（2021）调整了先前研究中使用的商业模式创新测量题项，以适应数字创新背景，如表5.8所示。

表5.8 数字商业模式创新的评价

序号	项目
1	在采用数字技术的背景下，我们的商业模式提供了产品、服务和信息的新组合
2	在采用数字技术的背景下，我们的商业模式吸引了很多新客户
3	在采用数字技术的背景下，我们的商业模式吸引了很多新的供应商和其他商业伙伴
4	在采用数字技术的背景下，我们的商业模式以新颖的方式将内部和外部参与者聚集在一起
5	在采用数字技术的背景下，我们的商业模式正在彻底改变商业交易的方式
6	在采用数字技术的背景下，我们的商业模式经常引入新的理念和创新
7	在采用数字技术的背景下，我们的商业模式经常引入新的流程、惯例和规范
8	在采用数字技术的背景下，我们是商业模式创新的先锋
9	总而言之，在采用数字技术的背景下，我们的商业模式是新颖的

> **问题思考**
>
> 1. 商业模式创新的设计方法有哪些？如何操作？
> 2. 商业模式创新的评价指标有哪些？如何使用？

案例分析

泡泡玛特的商业模式创新之路

2023年8月22日，泡泡玛特发布了2023上半年财报。报告期内，公司实现营收28.14亿元，净利润4.77亿元，超2022年全年净利润。成功乘上盲盒东风的泡泡玛特，在经历增长失速之后，告别曾经的野蛮生长，已经走向了一条规模化、标准化的商业之路。

1. 泡泡玛特的发展历程

第一阶段：探索期（2010—2014年）。

2010年，泡泡玛特在北京开设第一家店铺，最初是对标小型百货商店的商业模式，将自身定义为售卖潮流物品的"杂货店"渠道商。

店内商品非常丰富，从饰品、玩具到家居、服装，拥有近万个SKU（库存单位），种类繁杂且成本较高，盈利主要依赖销售量及通过渠道代理赚取差价。但由于目标客户定位不清晰，商品盈利空间小，店面租金、员工报酬等成本压力较大，且随着行业竞争越来越激烈，潮流杂货的分销商越来越多，产品同质化严重，缺乏核心竞争力，极易被替代。同时，泡泡玛特作为渠道商，受其他代理品牌降低价格等不良竞争的影响，利润空间不断受到进一步挤压，致使公司连续亏损，营收规模增长相对缓慢。因此公司有意考虑对主营业务进行转型。

第二阶段：成长期（2015—2016年）。

2015年底，泡泡玛特公司发现虽然店内商品种类繁多，但大部分营业额来自代理的潮流玩具Sonny Angel。其不仅销量稳定且增速较快，一年能销售近60万个，贡献了店内销售额的近三分之一，同时不断有顾客购买Sonny Angel后在微博上与泡泡玛特创始人进行分享与互动。这一发现使泡泡玛特公司意识到潮流玩具市场的发展潜力和粉丝购买力。通过2016年与粉丝的微博互动后，泡泡玛特决定专营潮流玩具。

当时潮流玩具较为小众，大陆地区原创IP领域几乎空白，国外渠道不便且受"限量售卖"等因素影响，价格较贵，若想通过代理进行售卖，则盈利空间小且供应链不畅。于是，在顾客提议下，泡泡玛特公司获得了第一个IP——Molly的独家授权。当时Molly已有一定客群基础，加之其可爱的造型、强有力的IP号召力、较低的客单价，搭配上泡泡玛特新颖独特又刺激上瘾的盲盒销售方式，推出的Molly盲盒迅速占领了当时还是蓝海的中国潮流玩具市场，泡泡玛

案例分析

泡泡玛特总裁兼董事长王宁表示："现在，已经没有消费品是不值得重新做一遍的了，泡泡玛特是以上海本是线上的年轻人的"泡泡"app为例，泡泡玛特的点自己的商机。

2023年8月22日，泡泡玛特发布了2023上半年财报，报告期内，公司实现营收28.14亿元，净利润4.77亿元，超2022年全年净利润，感染乘此言合众泰的泡泡玛特，在经历增长提速之后，告别营收放缓压力，另绝地分叉了，多相关增值，标志着泡泡玛特开始向潮流玩具专营店转型。

第三阶段：发展期（2017年至今）。

2017年泡泡玛特公司于新三板挂牌上市，但由于2014—2016年亏损严重且自2016年起对公司商业模式和主营业务开始进行调整，成本逐渐增加，资金压力加大。2010年，泡泡玛特在北京开设第一家店铺，最初是锁定小型百货商店的商业模式，将自身定义为售卖潮流物品的"杂货店"渠道商。

店内商品非常丰富，从饰品、玩具到家居、服装，拥有近万个SKU（库存单位），种类繁杂且成本较高，盈利主要依赖销售量及通过渠道代理赚取差价。但由于目标客户定位不清晰，商品盈利空间小，店面租金、员工报酬等成本压力较大，且随着行业竞争越来越激烈，潮流杂货的分销商越来越多，产品同质化严重，缺乏核心竞争力，极易被替代。同时，泡泡玛特作为渠道商，受其他代理品牌降低价格等不良竞争的影响，利润空间受到压缩。线下机器人商店，线上运用天猫旗舰店、微信小程序等实现通畅上线下，选择全渠道运营模式，下游继续扩张，小红书、微信等社交媒体，进行客户裂变、私域流量

2015年底，泡泡玛特公司发现虽然店内商品种类繁多，但大部分营业额来自日系潮流完真Sonny Angel，该系列销量稳定且增速较快，一年能销售近60万个，占据了店铺销售额的近三分之一，同时不断有顾客询问Sonny Angel的新品，并通过微信群聚集进行分享与互动。这一发现使泡泡玛特公司意识到潮流玩具的受众广泛，而是这类IP聚集就熟的公司"。泡泡玛特决定专卖潮流玩具。

当时潮流玩具较为小众，大陆地区原创IP领域几乎空白，国外渠道不便且受"限量售卖"等因素影响，价格较贵，若想通过代理进行售卖，则盈利空间小且售后销售不畅IP主导在顾客提议下，泡泡玛特公司获得了整个IP师的原创想法。由此，消费者可将自己期望的人设、情感赋予商品，更具想象的IP号召力、较低的客单价，搭配上泡泡玛特新颖独特又刺激上瘾的盲盒销售方式，推出的Molly盲盒迅速占领了当时还是蓝海的中国潮流玩具市场，泡泡玛

相较于迪士尼，泡泡玛特由IP运营出的潮流玩具更有专属感，而迪士尼对IP的运营使旗下IP更具生命力。当前，泡泡玛特公司运营的IP虽数量众多，但商业化价值高的却很少，且由于缺乏内容，IP之间无法联动形成自有世界，生命周期较短。

因此，近些年泡泡玛特公司将其市场定位定义为"要做中国的泡泡玛特"。从IP角度看，泡泡玛特公司已成功塑造多个IP，并具备持续打造爆款IP的能力。

截至2020年上半年，泡泡玛特公司已持有运营93个IP，其中包括12个自有IP、25个独家IP及56个非独家IP。在2020年，自有IP中的Molly和Dimoo，独家IP中的PUCKY和THE MONSTERS，因其IP可爱的形象、别致的造型，深受消费者喜爱而成为爆款。2023年上半年，泡泡玛特将原来的自有IP和独家IP分类合并为艺术家IP，包括SKULL PANDA、MOLLY、DIMOO和THE MONSTERS、小野、小甜豆、HACIPUPU等。

据文创潮发布的观察（2023年6月25日统计），在天猫榜单上，泡泡玛特2023年上半年盲盒销量较高的产品有泡泡玛特岁兔旺系列、泡泡玛特迪士尼经典童话系列、泡泡玛特英雄联盟经典人物系列、100% SPACE MOLLY周年盲盒、Molly X华纳周年系列、DIMOO约会日系列、DIMOO经典复刻系列、SKULL PANDA温度系列、SKULL PANDA食梦动物系列、SKULL PANDA平日奇境系列、PUCKY精灵兔咖啡馆系列等近20款。

为了丰富产品线，泡泡玛特在杭州成立了共鸣GONG工作室，定位为IP衍生品品牌，上半年推出7款产品。其中，"间谍过家家—阿尼亚的日常系列盲盒"，截至2023年6月末，上市一个月的销量已突破2.6万套。

2023年上半年，泡泡玛特的"大娃"——MEGA产品线保持增长，收入2.423亿元。2022年上半年，MEGA收入1.93亿元，超过2021全年。泡泡玛特将其MEGA分为Grand、Art、Lifestyle、Joy及Original五大产品系列。

2023年上半年，Grand系列推出了陶瓷材质潮玩MEGA SPACE MOLLY 1000%炉火纯青·燃。Art系列与韩美林、让·米歇尔·巴斯奎特与蜷川实花等艺术家合作推出产品，Joy系列与高达、派大星与空中大灌篮等IP合作推出产品。

在拍卖会上，泡泡玛特的"炉火纯青·燃"亲签手稿样品特别版，拍出了23万元的高价，打破了中国潮流玩具收藏品单品全球拍卖最高成交纪录。

3. 海外业务增势迅猛

全球化一直是泡泡玛特的重要战略之一。

泡泡玛特在海外的超高同比增长得益于直营新店的开设。2023年上半年，该公司在法国、马来西亚开设了首批线下门店，零售店从2022年同期的11家增加到38家，同比增长245%，机器人店铺数量更是较2022年同期翻了三倍。截至2023年6月30日，泡泡玛特港澳台及海外门店达到55家（包括合营），售货机达到143台（包括合营及加盟），跨境电商平台站点数达到28个。

在完善渠道建设之外，泡泡玛特还通过参加海外大型展会、艺术家签售会等方式持续推动品牌的全球化，推广潮流玩具文化。2023年上半年，泡泡玛特参加了英国MCM动漫展、墨尔本OZ动漫展、雅加达动漫展、马来西亚IOICITY商场展会，展出的SKULL PANDA、MOLLY、DIMOO、THE MOSTERS等潮玩IP向海外消费者深入展示了IP魅力，并吸引更多海外艺术家和IP版权方与泡泡玛特合作。

问题讨论

1. 请分析驱动泡泡玛特持续进行商业模式创新的因素是什么？
2. 泡泡玛特每个阶段的商业模式设计或创新的主要聚焦点是什么？
3. 泡泡玛特商业模式创新成功的关键是什么？
4. 泡泡玛特商业模式的核心竞争力是什么，下一步的发展方向在哪里？

第 6 章 商业模式创新战略

6.1 商业模式创新战略的制定

视频讲解

6.1.1 商业模式创新的外部环境分析

商业模式创新是在特定的环境中执行的,通过对商业环境的深度分析,可以帮助企业找到未来的机会与威胁,以更好地制定商业模式创新战略。企业对自身所处的商业环境越是深入理解,越有助于构建更强大、更具竞争力的商业模式。

随着商业环境易变性、不确定性、复杂性、模糊性的日益加剧,持续地进行环境审视变得比以往更加重要。所以,理解商业环境的变化趋势能帮助企业在商业模式创新过程中更有效地适应不断变化的外部环境。

我们可以把商业环境视为一个可以构思和创新商业模式的背景,分析一系列的设计驱动因素(如新客户的需求、新技术的问世)和设计约束因素(如监管法律的变化趋势、强势的竞争对手等)。这些背景环境不仅不会限制我们对商业模式创新的创造性,而且会帮助我们预设新的商业模式,做出更合理的创新决策。在一个突破性创新的商业模式帮助下,你甚至可能成为这个行业环境的塑造者和改革者,进而为所在行业制定新的游戏准则。

商业模式创新的外部环境大体分为四个主要部分:市场影响因素、行业影响因素、重要趋势、宏观经济影响因素。

1. 市场影响因素分析

商业模式创新环境的市场影响因素分析主要包括以下几方面内容:市场问题、市场细分、需要和需求、转换成本、收益吸引力等。

(1)市场问题。从客户和提供给客户的产品或服务的视角发现驱动和改变市场的关键因素。主要探寻如下问题:

①影响客户环境的关键因素是什么?

②现在正在发生什么转变?

③市场在朝什么方向发展？

（2）市场细分。发现主要的细分市场，寻找新的细分市场，描述它们的吸引力。主要探寻如下问题：

①哪块细分市场最为重要？

②最大的增长潜力在哪里？

③哪个细分市场在萎缩？

④哪个边缘细分市场值得关注？

（3）需要和需求。罗列出市场需求，分析市场需求目前的服务水平。主要探寻如下问题：

①客户需要什么？

②在客户需求中，哪些没有得到满足？最大的缝隙在哪里？

③客户最渴望满足的需求是什么？

④哪些需求在增长？

⑤哪些需求在降低？

（4）转换成本。描述与客户转向竞争对手行为相关的因素，主要探寻如下问题：

①联系客户和公司及其产品或服务的纽带是什么？

②阻止客户转向竞争对手的转移成本是什么？

③客户找到和购买相似产品或服务的难度大吗？

④品牌的作用大吗？

（5）收益吸引力。寻找出与收益吸引力和定价能力相关的因素，主要探寻如下问题：

①让客户真正愿意掏腰包的是什么产品或服务？

②什么产品或服务能获得最大的收益率？

③客户能轻而易举地发现和购买更为便宜的产品和服务吗？

2. 行业影响因素分析

（1）竞争对手（目前的）。发现当前竞争对手和竞争对手的相对优势，主要探寻如下问题：

①谁是我们的竞争对手？

②在我们所处的行业里，主导游戏规则的公司是哪一个？

③竞争对手的竞争优势和劣势分别是什么？

④描绘出竞争对手的主要产品和服务。

⑤竞争对手的关注重点在哪一个客户细分群体？

⑥竞争对手的成本结构是什么样的？

⑦竞争对手对我们的客户细分群体、收入来源和利润率产生多大的影响？

（2）行业新进入者（搅局者）。发现新的、崛起的行业对手，判断竞争对手是否利用不同于你的商业模式与你竞争，主要探寻如下问题：

①谁是你所在市场的新进入者？
②竞争对手有什么不同？
③竞争对手分别有什么竞争优势和劣势？
④竞争对手必须克服哪些市场准入壁垒？
⑤竞争对手的价值主张是什么？
⑥竞争对手专注于哪一块客户细分市场？
⑦竞争对手的成本结构是什么样的？
⑧竞争对手对我们的客户细分群体、收入来源和利润率产生多大的影响？

（3）替代性产品和服务。描述你公司的产品和服务的潜在替代品，包括其他市场和行业的产品和服务，主要探寻如下问题：

①哪些产品和服务可以替代我们的产品和服务？
②和我们的产品和服务的成本相比，竞争对手的成本怎么样？
③客户转移到这些替代产品和服务有多容易？
④这些替代产品和服务来源于什么样的商业模式？

（4）供应商和其他价值链参与者。在你公司所在的市场中，描述出目前关键的价值链参与者，并发现新崛起的参与者，主要探寻如下问题：

①在你所在行业的价值链上，谁是关键参与者？
②你所在公司的商业模式在多大程度上依存于其他的参与者？
③行业中的边缘参与者有可能崛起吗？
④哪些参与者的收益最高？

（5）利益相关者。确认哪些利益相关者可能会影响公司和公司的商业模式，主要探寻如下问题：

①哪些利益相关者可能会影响公司的商业模式？
②利益相关者的影响力有多大？
③它们是员工、政府还是其他游说机构？

3. 重要趋势分析

（1）技术趋势。发现能威胁、改变或改良公司的商业模式的技术趋势，主要探寻如下问题：

①在行业市场内外，主要的技术趋势是什么？
②哪种技术代表着重要的市场机会或存在扰乱市场的危险？

③市场的客户正在采用哪种新显现的技术？

（2）监管法规趋势。描述影响你的商业模式的法规及其变化趋势，主要探寻如下问题：

①哪种监管法规趋势影响着公司的商业模式？

②什么规划可能会影响公司的商业模式？

③哪种法规和税收制度会影响客户端的需求？

（3）社会和文化趋势。发现可能会影响公司的商业模式的主要社会趋势，主要探寻如下问题：

①描述关键的社会趋势。

②在文化和社会价值观中，哪种转变影响着公司的商业模式？

③哪种趋势可能会影响消费者行为？

（4）社会经济趋势。概括与公司的商业模式相关的主要社会经济趋势，主要探寻如下问题：

①重要的人口趋势是什么？

②如何描述你所在的市场里的收入和财富分配？

③可支配收入有多高？

④描绘出你所在市场的消费形式（如房产、医疗、娱乐等）。

⑤城市人口和农村人口的数量比例？

4. 宏观经济影响因素分析

（1）全球市场状况。从宏观的经济视角总结全球市场目前的整体状况，主要探寻如下问题：

①经济发展处在蓬勃发展期还是萧条衰败期？

②描绘出市场的整体气氛。GDP的增速是多少？

③失业率有多高？

（2）资本市场。描绘出与公司的资本需求密切相关的资本市场情况，主要探寻如下问题：

①资本市场的情况怎么样？

②你所处的行业融资容易吗？

③原始资本、风险投资、公开募集、市场资本或借贷在你的行业一应俱全吗？

④获取融资的成本高吗？

（3）商品和其他资源。重点关注公司的商业模式中所需资源的目前价格及其未来趋势，主要探寻如下问题：

①描述对你的业务至关重要的商品和其他资源市场的当前情况（例如油价和人力

成本）。

②获取你公司的商业模式运作所需要的相关资源容易吗（如吸引核心人才）？

③它们的成本高吗？

④价格的变化趋势是怎样的？

（4）经济基础。描绘业务运营环境中的经济基础，主要探寻如下问题：

①你所在的市场公共基础设施怎么样？

②如何描述交通、贸易、教育质量、接触供应商和客户的状况？

③个人和公司的所得税有多高？

④针对企业的公共服务怎样？

⑤如何评价生活质量？

> 在变化无常的商业环境中，该如何创新商业模式？

在今天的商业环境中具有竞争力的一种商业模式，如果放到将来的商业环境中，就可能变得过时而没有可行性。我们必须提高对于商业模式环境及其演变趋势的理解。当然，我们无法对未来了然于胸，因为变化无常的商业环境暗含着众多扰乱市场的复杂而不确定的因素。然而，我们可以建立一些关于未来的假设，引导我们创新出着眼于未来的商业模式。通过假设市场力量、行业因素、重要趋势和宏观经济影响因素的发展轨迹，就可以获得创新未来商业模式的"设计空间"。

6.1.2 商业模式创新的内部环境评估

对商业模式的外部环境分析很重要，但对企业商业模式的内部环境分析也是必不可少的。本节通过对Osterwalder和Pigneur（2010）的商业模式画布的九个模块进行详细与具体的分析，进而找到企业商业模式的优势和劣势，为商业模式创新战略的制定提供进一步的决策基础。当然，也可以按其他商业模式要素框架进行商业模式创新的内部环境评估。表6.1列出了部分问题清单及其评价（打分）来帮助分析商业模式画布每个构造块的优势和劣势。

表6.1 商业模式内部环境评估

模块	优势（5，4，3，2，1）	劣势（-1，-2，-3，-4，-5）
价值主张	我们的价值主张与客户需求一致	我们的价值主张与客户需求不一致
	我们的价值主张具有很强的网络效应	我们的价值主张没有网络效应
	在我们的产品和服务之间有很强的协同效应	在我们的产品和服务之间不存在协同效应
	我们的客户非常满意	我们经常遭到客户的投诉

续表

模块	优势（5，4，3，2，1）	劣势（-1，-2，-3，-4，-5）
收入来源	我们受益于强劲的利润率	我们的利润率很低
	我们的收益是可以预测的	我们的收益无法预测
	我们有重复增加的营收和频繁的重复销售	我们都是一锤子买卖，没有回头客
	我们的收入来源是多样化的	我们的收入来源是单一的
	我们的收入来源是可持续的	我们的收入来源可持续性有问题
	我们先收账款再付各种支出费用	我们先支付各项支出再收账款
	我们卖的都是客户愿意付钱购买的产品和服务	我们没能提供客户愿意付钱购买的产品和服务
	客户完全接受我们的定价机制	我们的定价机制不尽合理，利润没有最大化
成本结构	我们的成本是可以预测的	我们的成本无法预测
	我们的成本结构和商业模式是完全匹配的	我们的成本结构和商业模式并不匹配
	我们的运营低成本，高效率	我们的运营高成本，低效率
	我们受益于规模效应	我们的运营没有取得规模效益
关键资源	竞争对手很难复制我们的核心资源	我们的核心资源很容易被复制
	我们的资源需求是可以预测的	我们的资源需求无法预测
	我们在恰当的时间合理地调配核心资源	我们在如何恰当地调配资源上遇到了问题
关键业务	我们高效地执行关键业务	关键业务的开展效率不高
	我们的关键业务很难被复制	我们的关键业务很容易遭到复制
	我们的执行质量很高	我们的执行质量不高
	很好地平衡了内部自主开展的业务和外部承包的业务	我们内部处理的业务太多或太少
重要合作	我们专心致志，必要的时候会与合作伙伴合作	我们专注度不够，没能与合作伙伴充分合作
	我们与重要合作伙伴的工作关系十分融洽	我们与重要合作伙伴的工作关系不融洽
客户细分	客户流失率低	客户流失率高
	客户细分群体的细分很合理	客户细分群体没有合理地细分
	我们在持续不断地赢得新的客户	我们没能赢得新的客户

续表

模块	优势（5，4，3，2，1）	劣势（-1，-2，-3，-4，-5）
渠道通路	我们的渠道通路运作非常高效	我们的渠道通路运作效率不高
	我们的渠道通路设置十分合理	我们的渠道通路设置不甚合理
	渠道通路与客户群是强接触	渠道通路与潜在的客户群是弱接触
	客户很容易就能看到我们的渠道通路	潜在的客户未能注意到我们的渠道通路
	我们的渠道通路整合得很好	我们的渠道通路没有很好地整合
	渠道通路创造出了范围效应	渠道通路没能创造出范围效应
	渠道通路与客户细分群体完全匹配	渠道通路没能与客户细分群体匹配起来
客户关系	客户关系良好	客户关系薄弱
	客户关系品质与客户细分群体相匹配	客户关系品质没能与客户细分群体相匹配
	高昂的转移成本把公司与客户紧紧地拴在了一起	客户的转移成本很低
	我们的品牌很强	我们的品牌实力不强

6.1.3 基于SWOT组合的商业模式创新战略

通过企业外部商业环境分析和内部环境分析，可以找到企业商业模式创新的优势（strengths，S）和劣势（weakness，W）、机会（opportunity，O）和威胁（threats，T），进而组合它们，形成四种不同类型的商业模式创新战略：优势—机会（SO）战略、劣势—机会（WO）战略、优势—威胁（ST）战略和劣势—威胁（WT）战略，如图6.1所示。

优势—机会（SO）战略是一种发展企业内部优势与利用外部机会的战略，是一种理想的商业模式创新战略模式。当企业具有特定方面的优势，而外部环境又为发挥这种优势提供有利机会时，可以采取该战略。

劣势—机会（WO）战略是利用外部机会来弥补内部弱点，使企业改变劣势而获得优势的商业模式创新战略。存在外部机会，与此同时企业也存在一些内部弱点，可采取措施通过利用外部机会克服这些弱点。

优势—威胁（ST）战略是指企业通过利用自身优势，回避或减轻外部威胁所造成的不利影响的商业模式创新战略。与SO、WO战略一样，ST战略也是众多企业经常使用的商业模式创新战略。

劣势—威胁（WT）战略是一种旨在减少内部弱点，同时回避外部环境威胁的防御性的商业模式创新战略。这是一种对企业要求极高，风险也极高的战略，因为它要求企业能够同时处理劣势与威胁两项具有挑战性的任务。

内部分析＼外部分析	优势S 1. 2. 列出优势 3.	劣势W 1. 2. 列出劣势 3.
机会O 1. 2. 列出机会 3.	SO战略 发挥优势 利用机会	WO战略 克服劣势 利用机会
威胁T 1. 2. 列出威胁 3.	ST战略 利用优势 回避威胁	WT战略 减少劣势 回避威胁

图6.1 四种不同组合类型的商业模式创新战略

6.2 商业模式创新战略的执行

不同的商业模式创新战略有着不同的执行目标，但综合来讲，可以将商业模式创新战略的目标归纳为以下四种：①满足被忽视的市场需求；②把新技术、产品和服务推向市场；③通过更好的商业模式来改进、颠覆或变革现有的市场；④创造一个全新的市场。

为了实现商业模式创新战略的执行目标，企业可以借鉴Kim和Mauborgne（2005）在探索蓝海战略过程中采取的四项行动框架，这四项行动框架分别是剔除、减少、增加和创造，如图6.2所示。

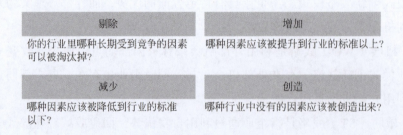

图6.2 四项行动框架

具体来说，针对商业模式画布的客户、价值主张、成本这三方面的内容，可以分别通过"四项行动框架"不断反复地质疑与评估商业模式创新构想，从而帮助人们找到实现商业模式创新战略的最佳行动方案。

6.2.1 客户方面的"四项行动框架"

在商业模式画布的客户侧上,分析如果渠道通路、客户关系和收入来源等模块采取剔除、减少、增加或创造的行动,将会对成本侧产生什么影响,如图6.3所示。

(1)应该专注于哪个新的客户细分群体,应该减少或剔除对哪个客户细分群体的关注?

(2)新的客户细分群体需要你帮他们解决什么样的问题?

(3)这些客户希望我们如何接触他们,和他们建立什么样的关系?

(4)服务这些新的客户细分群体将对成本产生什么影响?

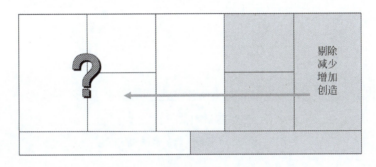

图6.3 客户方面的"四项行动框架"

6.2.2 价值主张方面的"四项行动框架"

要考虑改变价值主张对成本侧带来的影响,并评估企业需要哪些元素来改变客户侧,比如渠道通路、客户关系、收入来源、客户细分群体,如图6.4所示。

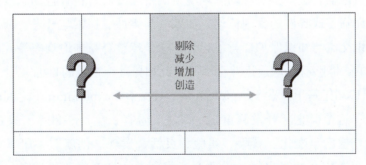

图6.4 价值主张方面的"四项行动框架"

(1)哪些价值相对较低的功能或服务可以剔除或减少?

(2)增强或再造哪些功能或服务可以产生有价值的新体验?

(3)在价值主张上的变化将对成本产生什么样的影响?

(4)价值主张的变化将如何影响商业模式的客户侧?

6.2.3 成本方面的"四项行动框架"

找出成本最高的基础设施元素，评估把它剔除会产生什么影响，如图6.5所示。

（1）哪些业务、资源和合作伙伴关系的成本最高？

（2）如果减少或剔除某些成本因素，将会产生什么影响？

（3）在减少或剔除高成本的资源、活动或合作伙伴后，你会如何用成本更低的元素来弥补它们的缺失导致的价值损失？

（4）新计划的投资将创造出什么价值？

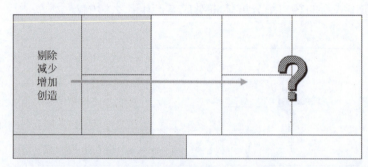

图6.5　成本方面的"四项行动框架"

6.3　商业模式创新战略的常见问题

6.3.1　商业模式创新战略的双元管理

组织双元性是管理领域的一个新兴主题，它强调企业探索冲突活动的功能效用，协调和整合冲突活动，进一步实现动态环境下的持续发展。在日益动态复杂的经营环境中，组织通常面临各式各样的管理悖论，如效率与柔性、探索与开发、渐进式变革与激进式变革、知识交流与知识保护、竞争与合作、全球整合与本地响应等。成功的组织往往都是双元型的，能够有效地追逐并存却又彼此相异甚至矛盾的目标。

Duncan于1976年基于开发（exploitation）与探索（exploration）之间的冲突矛盾，提出了"双元"这个概念。开发侧重于"改进、选择、生产、效率、实施、执行"，而探索侧重于"搜索、变化、冒险、实验、灵活、发现、创新"。所以，开发与探索的目的不同，存在相互冲突之处，导致两者之间的取舍变得不可避免。但是，March（1991）认为，企业应同时利用开发与探索战略，因为这两项活动都可以提高企业绩效。过分强调开发而排斥探索的公司将陷入"次优稳定平衡"，过分探索而排斥开发的公司则会表现出"太多未开发的新思想和太少的独特能力"。

在企业商业模式创新战略的制定和执行过程中，通常也面临着冲突与矛盾问题，例如效率型商业模式创新战略和新颖型商业模式创新战略的协调管理问题。效率型商业模式创新战略强调提高交易效率，同时降低所有商业模式参与者的交易成本，这可以通过减少交易不确定性、信息不对称、交易复杂性、协调成本、参与者之间的交易风险来实现。新颖型商业模式创新战略强调了采纳经济交易的新方式的重要性，即通过连接以前未连接的各经济主体，以新的方式连接交易参与者或设计新的交易机制，进而实现经济交易。

效率型商业模式创新战略属于开发范畴，因为它强调通过集中于提炼和扩展现有知识和能力来改进和优化现有的交易内容、结构和治理，以提高效率。新颖型商业模式创新战略属于探索范畴，因为它强调采用新的交易手段，注重发现和追求新的知识和能力，以支持开发新的交易内容、结构和治理。

因为效率型商业模式创新战略和新颖型商业模式创新战略的逻辑不同，所以会造成紧张的冲突局面。一方面，对效率战略的适应可能导致组织惯性，减少为采用新颖战略分配的组织资源，不利于适应新的商业机会；另一方面，鉴于公司可利用的资源有限，尝试新颖战略可能将导致效率战略改进的速度降低。此外，同时追求效率和新颖战略可能会导致绩效不佳。其背后的原因可能是因为缺乏聚焦而使参与者不知所措，创建了不同且不兼容的价值链活动，从而产生更高的成本。

然而，两者之间也存在协同效应，因此企业又需要同时追求两种战略。换句话说，一家成功的企业应该是对效率型商业模式创新战略和新颖型商业模式创新战略双管齐下。例如，效率战略可以使新颖战略对商业模式参与者更有吸引力，新颖战略则可以提高议价能力，同时进一步允许企业通过效率战略创造价值。此外，新的理论和经验证据表明，同时涉及效率和新颖主题的双元型商业模式创新战略挑战了传统的价值创造和获取应建立在一个商业模式主题上的思维，并产生了许多优势，如最大限度地利用组织资产，减少其他公司进入的威胁，以及收入和利润的多样化。

根据组织双元理论，管理两个相互冲突的商业模式创新战略可以采取两种策略：空间分离和情境双元。空间分离，指将两种冲突的商业模式创新战略设计及其价值活动分成两个不同的组织或单位。情境双元，指创造一个合适的组织环境（文化、价值观、战略目的、结构和程序）来同时操作两种相互冲突的商业模式创新战略。

尽管困难重重，企业仍然有可能建立双元型的商业模式创新战略。换句话说，企业在制定商业模式创新战略时可以同时兼顾效率性和新颖性。比如，企业可以通过建立一个支持性的环境来实现商业模式创新战略的双元性，这种环境兼具"拉伸、纪律、支持和信任"相结合的特点。再如，企业也可以通过高管团队行为实现商业模式创新战略的双元性，例如在高管成员之间发展共同的愿景并对高管团队的行为进行整合（如协作行为、信息交流和联合决策）。此外，企业可以制订一定的资源投入计划，以确保对效率和新颖的同等重视。当资源稀缺时，企业可以通过联盟获得资源，以保持对效率和新颖的平衡关注。

6.3.2 动态能力应对商业模式的模仿

随着商业竞争的日益激烈化，越来越多的企业加入商业模式创新的行列，以求获取潜在利润，脱离竞争的红海。然而，衡量商业模式创新战略成功与否的一个重要标准就是如何应对模仿，因为当一种商业模式表现出较好的绩效时通常会被很多企业模仿。一旦企业的商业模式被竞争对手模仿复制，公司的利润空间将缩减，达不到预期的效果。所以，面对商业模式被模仿的风险，企业需要通过一些途径来应对商业模式模仿。

企业可以大力培育自己的动态能力，对现有的资源、技能和能力进行构建、调整、整合和重构，以应对全球化、技术进步、创新速度加快以及竞争模仿对企业发展带来的挑战。Teece等学者提出并对动态能力进行了系统阐述，并明确提出企业动态能力由整合能力、构建能力和重构能力等构成。"动态"一词强调为了与不断变化的商业环境保持一致而更新能力的重要性：当进入市场的时间和时机至关重要、技术变革的速度加快、未来竞争和市场的性质难以确定时，就需要更新某些能力。"能力"一词则强调了战略管理在适当调整、整合和重新配置内部和外部组织技能、资源和专业能力以适应不断变化的环境方面的能力的关键作用。

Teece等从可复制性和可模仿性方面对动态能力的属性进行了探讨，认为动态能力包含隐性知识，因而其内部结构具有模糊性，多种动态能力之间互相牵动；同时，因为动态能力的形成具有历史特殊性，所以动态能力是难以复制的；此外，其他一些因素如知识产权保护、商业秘密、商标和企业风格等，也会阻止竞争对手的模仿。所以，企业的动态能力可以帮助企业应对来自竞争对手的商业模式模仿。

在多数情况下，由于竞争模仿的存在，一种全新的商业模式并非一直能够保持竞争优势。例如，集装箱运输是20世纪50年代末由美国承运商——海陆联运公司开创的，但如今这一业务已由他人主导。在集装箱运输模式采用的前二十几年里，马士基海运公司一直是海陆联运公司的竞争者之一。虽然马士基海运是该领域最晚实现集装箱化的企业，但其在1999年收购了海陆联运公司后成为世界上最大的集装箱海运公司。马士基的成功策略是：在标准和技术都成熟之后果断采取行动，通过建造大型船舶和配备港口设施使其集装箱化高效而协调地运行。可见，商业模式创新战略的开拓者需要具有动态能力，进而做到最快速度的反应和响应，能够迅速整合资源以扩大规模，从而有效应对商业模式模仿和获取长久的竞争优势。

6.3.3 商业模式的国际化战略

视频讲解

近年来，我国在大力吸引外资的同时，越来越多的企业开始"走出去"到海外投资，拓展国际化市场。其中的主要原因是，一方面，我国社会主义现代化建设单靠自身的力量不足以适应国民经济快速发展的需要，需要利用国外的部分资金、技术、人才和资源等；另一方面，随着国家和企业的国际竞争力的增强，越来越迫切要求充分利用国内和国际两个市场、两种资源，优化资源配置，拓展发展空间，促进我国经济的发展。

企业国际化是一个过程，即企业发挥自身优势，积极参与国际竞争与协作，不断涉足国际经营，走向世界的过程。一般说来，企业可以选择的进入国际市场的主要方式有十多种，因企业所处的环境、本身的战略目标和能力的不同而不同。按照投资风险及国外运营的所有权和控制权由低到高的程度，大致可以分为三类模式：贸易出口模式、非股权模式（含国际经济技术合作、国际工程承包等）和股权模式（国际投资），如图6.6所示。

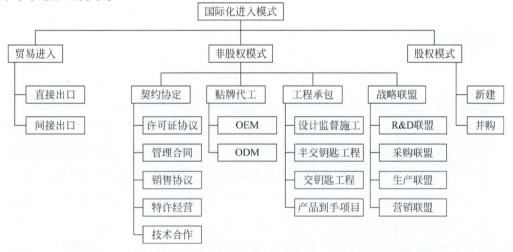

图6.6 国际化进入模式

很多情况下，企业选择以某种进入模式为主导进行国际化推进，主要会考虑这种模式是否最大限度地发挥企业的比较优势，更符合企业的战略要求，增强企业竞争地位。同时，也会考虑到环境不确定性带来的风险因素。由于企业的有限理性与环境的不确定性对企业产生制约，这决定了大多数企业（尤其是制造业企业）的国际化进程是一个渐进的过程：由贸易出口模式到非股权模式，再到股权模式的逐渐提升。

随着国际化进程的不断深化，企业"走出去"的不仅包括产品、服务、技术、资本等传统要素，也包括商业模式。在国际化进程中，商业模式对企业国际化战略目标实现的重要驱动作用日益凸显。国际化与商业模式的结合将使国际化更具有系统性和逻辑性，也使商业模式设计与创新更具有针对性和现实性，并产生协同效应。近年来，我国企业特别是互联网企业日益融入全球市场，开启了商业模式国际化进程并取得了切实成效。互联网巨头企业如阿里巴巴、腾讯、百度，新兴互联网企业如抖音，中小互联网企业如猎豹，纷纷开启国际化进程。与此同时，它们的商业模式也在不断"走出去"，受到国际顾客的青睐。

问题思考

1. 如何制定商业模式创新战略？
2. 如何实施商业模式创新战略？
3. 企业如何推进商业模式双元创新战略？
4. 企业如何应对商业模式模仿威胁？
5. 商业模式创新国际化战略成功的关键因素有哪些？

案例分析

抖音商业模式的国际化战略

抖音国际版TikTok作为迈向国际化最成功的中国App之一，已经成为了众多国家的"眼中钉""肉中刺"。美国、印度等国家纷纷宣布对抖音的"封杀令"，其中的原因之一便是抖音的风靡使得诸如脸书、Instagram等国外老牌社交企业的利益受到了严重损失。脸书与Instagram等曾为抢占市场也相继推出了TikTok的克隆版，但产品的热度却远远不能与TikTok相较，所以各国际巨头已经俨然把TikTok当作死敌，采取各项措施围追堵截。凭借着抖音在各国所引发的"腥风血雨"，抖音商业模式的国际化发展之路也吸引了众人的注意。

1. TikTok的诞生

随着短视频行业的火爆，抖音自上架以来就迅速占领各大应用商店排行榜的前列。在获得了国内市场的认可后，2017年8月，抖音宣布出海。

说起抖音在海外的最初发展，不得不提到Musical.ly。在抖音出现的两年前，一款名为Musical.ly的应用在美国青少年之间流行开来。几个年轻人在上海的写字楼里开发的Musical.ly是一款主打音乐元素的短视频软件，大部分用户会以口型、动作等配合时长15s的音乐，做出音乐影片。2017年，Musical.ly轻松登顶美国App Store下载排行榜，获得了2.4亿的全球用户。同年，抖音母公司今日头条宣布以10亿美元的价格收购Musical.ly。因为抖音与Musical.ly的目标用户群体都是年轻人、青少年，这意味着抖音可以直接借助Musical.ly的优势基础顺势发展。

2018年8月，在收购不到一年之时，公司决定将TikTok与Musical.ly两款软件的功能、内容合二为一。基本上就是Musical.ly直接更新成TikTok，变相把所有Musical.ly的原有用户全都拉到TikTok底下。这一动作，不仅借由Musical.ly本有的名气替TikTok做了一波宣传，也顺带继承了2.4亿的庞大用户基础。这帮助抖音进一步增强了其在海外的产品效应和运营能力，也进一步坚定了其国际化拓展的能力和决心。就此，抖音商业模式的国际化战略开始了第一步。

2. 危机中的成长

TikTok于2018年在美国问世时，面对的并非用户的蜂拥而至，而是一片骂声。原来，在Musical.ly高居不下的热度背后，已经显现出了诸多问题。"我在这款短视频上，看到大量12岁左右的孩子们，对着嘴型唱一些歌词低俗的流行歌曲，试图让自己看起来性感火辣。"丽贝卡是美国新媒体Vox网站的记者，她在一篇关于Musical.ly的报道中这样写道。TikTok与Musical.ly相似度极高，只是换汤不换药。此时TikTok已经意识到，对内容的把控是能否抓住用户的关键。

就在众人以为TikTok将自动撤出北美市场之时，故事再一次反转了。短短一个月后，骂声平息，这款短视频产品以一种前所未有的速度风靡全美。

丽贝卡自2018年秋天开始，就经常打开TikTok，一看就是几个小时。TikTok的画风也出现了较大突变，一些真正有才华、有想法且幽默搞笑的创作者占据了主流，他们发布的内容令她惊艳不已。TikTok中所强调的"找到自己区别于他人的独特之处，并用短视频将其呈现出来"的特点与美国所强调的差异性文化特色有着极大的吻合。每个人都可以通过TikTok这个平台，将完整的自己呈现出来。

与此同时，TikTok在各国都开始了国际化战略的运营，其深谙迎合当地用户需求与特点的重要性，所以TikTok在每个国家都是有不同版本的，并且推送的内容也不相同。依托优秀的本地化运营和推广，以及重金投资，TikTok已经融入了各地区、各国本土化文化，并且与当地用户的行为习惯产生了契合。TikTok的发展速度远远超过了众人的想象。

3. 变革商业化系统

TikTok蕴藏的巨大用户流量，使其成为全球顶级品牌商纷纷示好的对象。但传统的以广告承接变现流量的方式要求品牌商必须经历一套十分烦琐且漫长的流程，这是诸多品牌商对TikTok持观望态度的原因。TikTok官方称，针对这一痛点，将推出"自助式投放下单"系统，以吸引更多的国际品牌到TikTok平台中。

除了传统的广告投放，TikTok也将抖音在国内验证过的变现方式复制在了国际市场。

TikTok已在美国市场进行电商小店测试，允许头部二十多位顶尖内容创作者将商品链接添加到分享的短视频中。对这个功能，国内的抖音用户并不陌生，而国际市场中这个功能还在发展阶段，但不可否认的是电商小店的发展将产生更大的用户黏性，将进一步助力TikTok业务范围的拓展与市场影响力的加强。

4. 市场竞争的加剧

TikTok业务高速增长，已然触动了国际市场中诸多"顶级玩家"的利益，一场全球短视频大战已经悄然打响。脸书通过推出独立短视频产品Lasso以及在Instagram上线新功能Clips，以鼓励Instagram用户用短视频+音乐的形式，记录生活中的故事，再次对标TikTok。另一个国际互联网巨头谷歌，也在对TikTok虎视眈眈。谷歌旗下有着全球广告收入最多的视频平台YouTube。同时，它又在谋划对TikTok竞品Firework的收购。Snapchat母公司Snap也在积极布局短视频产品，等待合适的时机入局。

不仅仅是国际市场风起云涌，中国出海的短视频产品也已经悄然成为TikTok不得不正视的另一对手。字节跳动的国内老对头快手，也在积极谋求国际市场。快手和脸书一样，看到了TikTok在巴西市场的缺位，便将国际版Kwai迅速在当地上线。截至2019年11月，Kwai已斩获700万用户留存，下载量在巴西市场位列第5。在印度，TikTok虽然占据上风，但YY欢聚时代旗下的Likee、UC孵化的Vmate，还有印度本土短视频王者Sharechat，形成了包抄阵容，不断挑战着TikTok的地位。

目前的TikTok仍手握巨大的用户流量。国际应用市场研究公司SensorTower的调查数据显示，截至2020年第一季度，抖音国际版TikTok的APPStore全球下载量高达4580万次，已经超越脸书、Instagram、YouTube等，成为全球下载量最高的iOS应用。但不得不承认，抖音的国际化战略已经出现了重重阻碍。未来要如何利用与改善商业模式以继续赢下国际市场，是抖音必须要攻克的难关。

问题讨论

1. 抖音在商业模式创新上采取了哪些措施从而打开国际市场？
2. 抖音在商业模式国际化战略的实施过程中面临着哪些风险？
3. 抖音未来将如何进行商业模式创新以继续深化国际化进程？

第 7 章
商业模式创新伦理与治理

视频讲解

7.1 商业模式创新中的常见伦理问题

商业模式创新中可能存在着各种各样的伦理问题。市场参与者之间为了争夺市场份额，往往以各种手段或理由破坏市场规则和违背道德伦理，产生诸如隐私侵权、数据造假、虚假广告等问题，应予以抵制与解决。

1. 侵犯用户信息安全

大数据时代，由于数据具有巨大的现实和潜在经济价值，因此，一些企业热衷于对个人数据的搜集和挖掘。首先，一些企业通过网络入口及无处不在的终端传感器实时地记录人们的社会关系和各种活动，以至于人们在网络上的一举一动都在未经允许和不被知晓的情况下被采集、存储、分析和处理。其次，各种移动设备和可穿戴的传感器在不知不觉中记录人的声音、表情、睡眠时间和行动轨迹。甚至一些手机用户在关闭了设备上的定位系统后，这些信息仍会被记录下来，并回传到厂商的服务器。

例如，数字营销者通过各种方式获取用户数据，App是获取有效数据的最佳方式之一。如今移动端可以下载各种App，用户在使用App前都要进行个人注册，涉及性别、年龄、爱好、月薪等关键性信息。于是数据平台依据这些App给用户进行画像，分析其兴趣爱好、行为习惯，对用户做各种分类，然后以精准广告的形式给用户提供符合其偏好的产品或服务。2021年12月12日，国家计算机网络应急技术处理协调中心发布App收集使用个人信息情况的监测分析报告。报告显示，虽然针对App违法收集使用个人信息的治理取得了阶段性成果，但是仍有351款App存在严重违法违规行为。由此可见数字化时代侵犯消费者信息安全的严重程度。

2. 忽视商品质量

随着大数据、云计算、5G等新技术的发展，互联网平台新兴商业模式不断升级，电商直播这一新业态也应运而生，并且逐步深入各行各业中。庞大的互联网用户规模以及互联网技术的支持，为电商直播行业的发展奠定了有力的基础。在新冠疫情的影响下,电商直播行业又迎来了全新的发展阶段。一时间,网络上刮起了"全民带货"的风潮,越来越多的网红、明星、媒体加入直播带货的队伍中。

但是在电商直播快速发展的同时,越来越多的伦理失范现象也逐渐暴露出来。例如,厂商为了获得高回报导致侧重点本末倒置,只选择流量高的主播带货而忽视了对产品质量和服务质量的保障。并且,由于电子商务的虚拟性,部分企业在网上销售假冒伪劣产品更加容易。消费者在交易前无法看到商品的实样并且不能当面交易,可能导致拿到的实物商品与网上宣传的不一致或者干脆就是假货。

3. 老年人数字鸿沟

"数字鸿沟"又被称为"技术鸿沟",是指先进技术的成果不能为人们公平分享,于是造成"富者越富,穷者越穷"的情况,这是一个公正性问题。数字鸿沟的概念涉及在信息技术及与其有关的服务、通信和信息可及等方面的失衡关系,例如在全球或各国贫富之间、男女之间、受教育与未受教育之间信息可及的不平等和不公平。与区别或差异的概念不同,鸿沟是指某些群体在信息可及方面不合伦理地被排除在外且无法维权。

数字时代,层出不穷的新科技、新业态、新模式,各类电子产品、数码终端的飞速更新迭代,还有眼花缭乱的"信息化操作"都让越来越多的老年人"跟不上节奏",成为他们难以逾越的"数字鸿沟"。目前,大部分企业在政府的号召及引导下进行适老化改造,但由于适老化产品并非某些企业自身经营刚需,部分资金有限的中小企业很难将更多资源投入到适老化建设中。另外,部分适老化需求与当前互联网盈利模式存在"冲突"。开屏广告、弹窗广告等是互联网企业常用的营销手段和收入来源,但对于老年人来说,这些遮盖界面的宣传本身就会给他们的操作带来困扰。科技适老化产品追求的极简模式,与企业的商业模式在某种程度上存在"冲突"。目前来看,专门针对老年人等群体的智能产品及应用投入产出较低,盈利模式尚不明朗,导致企业的参与积极性和驱动力不足。

4. 流量数据造假

时下的数字经济,流量成了制胜法宝。例如,各大数字媒体平台需要通过数据来营造优质平台的形象,从而进一步吸引广告投放。流量明星更靠着流量行走天下,流量多等同于粉丝多,有了粉丝的追随,市场效益也显现出来。由此可见流量数据在数字营销中的地位有多重要。

于是,如何在最短的时间内获得最多的数据,就成了营销制胜的法宝。在利益的驱动下,数据造假登上营销历史舞台,各种造假手段层出不穷。其中,伪点击率和自动刷量是最为常见的两大流量数据造假手段。对于一些平台来说,欺骗观众和忽悠市场的虚假流量被错误地视为一个必然选择。流量数据造假公然扰乱市场秩序,"劣币驱逐良币",损害了用户利益,也败坏了社会风气。

5. 虚假违法广告

虚假广告就是在广告活动中进行虚假宣传，欺骗和误导消费者，从而快速攫取市场利润。具体而言，就是通过对广告内容进行不真实或片面的宣传，或者使用虚假的数据，或者语焉不详，或者利用光学、美学效果形成视觉错觉，从而欺骗或误导消费者，既严重侵犯了消费者利益，也干扰了市场秩序。

得益于数字技术的发展与普及，一些人依托数字平台生产内容，成为网红。网红因拥有较大的粉丝群而具有强大的粉丝号召力。为了使流量及时变现，一些网红涉入商业领域，网红推荐式广告应运而生。作为一种特殊广告形态的网红推荐式广告，利用网红身份向粉丝进行保证，使其更多地倾向相信推荐者。受利益驱动，网红推荐式广告利用互动性与隐匿性等特点，游离在法律边缘，甚至触犯《广告法》。

6. 物流配送乱象

物流配送是电子商务的一个重要环节，如果没有相应的物流配送，电子商务便不能最终完成。物流配送效率不高，电子商务快捷的优势就发挥不出来，最终将使消费者无法体验到电子商务这种先进商业模式的优势，对电子商务丧失信心。

在物流配送这一环节，现代物流体系的建立和完善是重要的方面。而从事电子商务活动的企业和个人，特别是从事现代物流服务的企业是否具有良好的商业伦理，也是物流配送中一个非常重要的因素。目前，电子商务活动中存在的物流配送不及时、物流配送过程中商品发生破损、物流配送商品不正确以及在物流配送中商品被调包等乱象，很大程度上是由于相关企业道德意识低、忽视对相关人员职业操守的管理与监督而造成的。

7. 大数据杀熟

面对同样的商品或服务，老客户看到的价格反而比新客户要贵出许多，这在互联网行业被叫作"大数据杀熟"。大数据杀熟，即利用算法技术进行用户数据画像，然后在对用户提供相同的商品或服务时，精准判断其购买意愿和支付水平，通过极其隐蔽的手段实现的一种价格歧视行为，其本质上属于典型的价格欺诈。据调查，62.2%的受访者觉得生活中"大数据杀熟"普遍，在机票、酒店、电影、电商等多个价格有波动的网络平台都存在类似情况，而在线旅游平台更为普遍。同时，还存在同一位用户在不同网站的数据被共享的问题，许多人遇到过在一个网站搜索或浏览的内容立刻被另一网站进行广告推荐的情况。《中华人民共和国消费者权益保护法》（以下简称《消费者权益保护法》）第十条明确强调消费者享有公平交易的权利，但是一些平台依然我行我素，归根结底还是因为利益的驱使。杀熟1.0，大多是向老客卖高价；杀熟2.0，则是个性化推送下的精准杀熟。同时，杀熟2.0中的"熟"，已经不是"熟客"，而是被平台充分掌握个人信息的"熟人"。基于算法的个性化推送会打造信息茧房，以更加精准的方式进行价格欺诈。

8. 违反契约收费

大多数消费者对价格比较敏感。企业在定价时通常表现得较为审慎，尤其是当提高价格时，为了让消费者对价格不那么敏感，一些企业通过商业模式"创新"来变相提高价格，设立名目繁多的额外收费项目，结果招致消费者的反感。例如，会员制是一种常见的商业模式。用户付出少量费用成为会员，可以享受一定的权益，包括打折、免运费、积分兑换礼物、观看视频免广告等权益。然而，如果把原本属于会员的权益拆分出来，收取更高费用，就会引发消费者的争议。这种额外收费的商业模式，一方面是在制造焦虑，诱导用户消费；另一方面则对消费者权益造成了侵害。

7.2 商业模式创新中的企业对内伦理规范

视频讲解

7.2.1 商业模式创新中企业对股东的伦理规范

股东伦理主要解决股东与股东之间、股东与企业之间的伦理关系，其基本原则包括股东利益保护、股东之间的公平性、明确的股东和企业责任、信息透明等。股东权利又分为自益权和共益权。自益权被称为"受益权"，是指股东以从公司获得经济利益为目的而行使的权利；共益权属于派生权利，又被称为"治理权"，是以股东参与公司治理为目标的权利，包括参与公司决策、经营管理、监督控制等权利。

商业模式创新中企业对股东的伦理规范主要是对股东合法权利的保护，具体以提高股东价值和在股东之间实现公平分配为目标导向。

1. 提高股东价值

股东价值的提高属于如何做大"蛋糕"的问题。由于所有权的差异，在分散的公众持有公司和控股性股东持有公司中，股东对公司的管理控制有很大差异。股东所拥有的公司管理控制权越高，提高股东价值的理念越容易占据主导地位，伦理问题集中在股东之间。在高度分散的所有权结构下，公司管理控制权掌握在"内部人"手中，内部人作为"代理"可能会掠夺属于股东的公司利润，因此主要的伦理问题集中在对职业经理剩余控制权的管理和规范方面，股东与管理层的关系是其中的重点。

2. 股东之间的公平分配

股东之间的公平分配主要集中在大股东对小股东的可能出现的剥夺问题上，其核心是如何在股东之间分配"蛋糕"。大股东通过各种方式（如掏空、内幕交易等）对小股东进行剥夺，就其本质而言是一种偷窃，是对小股东财产权和管理权的窃取。解决这个伦理问题的关键是加强对中小投资者的保护。

拥有多数表决权的大股东的剥夺问题比较明显，但一些小股东可以通过交叉持股、多元持股等方式在仅握有少量所有权的情况下，从实质上掌握对公司的控制权。由于小股东控制的隐蔽性，小股东的偷窃行为可能更不易被发现。

以兼并收购为例，企业并购中最为核心的伦理问题是并购活动对不同利益相关者的影响。并购除了涉及公司管理者、雇员、客户、债权人及当地社会等各方面的利益，还主要涉及股东的利益。在并购活动中，对利益关系的全面处理不仅是法律问题，也是伦理问题。很难想象，没有伦理的介入，缺乏必要的道德规范，并购中的利益相关者的利益能否受到应有的关注。

7.2.2 商业模式创新中企业对员工的伦理规范

在过去，企业员工常被看作"经济人"。企业更多是把员工作为提高企业效益，获得更多利润的工具来看待。当代，企业价值观已发生了根本性变化，把企业员工视为"社会人""自我实现人""文化人"，开始重视企业员工的发展和幸福。

商业模式创新中，企业对员工的伦理规范指企业要充分重视人的因素，实行人本管理，以关心人、爱护人的人道主义思想为导向，尊重和维护员工的人身自由权、财产所有权、发展权、人格尊严及人身安全等。同时，企业对员工要信任，才能使企业获得成功。具体来说，企业既要满足员工的合理需要，改善工作环境，保证工作安全，降低劳动强度，增进员工的身心健康，又要塑造优秀的企业文化，营造公平公正、合作友好的良好企业氛围。不仅要消除胁迫、欺诈、歧视，而且要重视员工的培训教育和职业生涯的发展等。企业对员工的伦理规范主要反映在两个基本原则上，即"以人为本"原则和"公平公正"原则。

1."以人为本"原则

"以人为本"原则，就是以人为目的，主张尊重人的自由和权利，将人视为最高价值。企业管理的本质是以人为中心，善待人、关爱人。"以人为本"原则特别强调人在企业中的主体地位，认为人并不是脱离其他管理对象要素而孤立存在的，而是在作为管理对象的整体系统中，主宰财、物、时间、信息等要素；这些要素只有为人所利用时，才有管理的价值，企业管理的核心和动力都来自人的作用。美国学者汤姆·彼得斯和南希·奥斯汀在其所著的《赢得优势：领导艺术的较量》中强调，企业管理的根本问题实际上就是人的问题，企业只有尊重每个员工，尊重每个员工的价值，才能充分发挥每个员工的聪明才智和积极性，使每个员工都会产生主人翁的责任感。"以人为本"原则的具体内容主要有：第一，肯定人在企业中的价值和作用。人力资源是企业持续发展的最关键的核心资源，是维持企业长久生存和发展的重要保证。企业要充分认识到人力资源的这种重要作用。企业的发展始终要把员工的目标和企业的目标相结合，建立共同的发展愿景，使员工有工作的成就感和满足感，实现员工和企业的共同发展。第二，企业尊重和爱护员工。企业要尊重员工的权利和尊严，不仅要尊重和认可员工的工作和工作成果，而且要尊重员工的地位、人格、独立个性。同时，企业要真诚地关心员工利益，关心他们的工作和生活，关心他们的身心健康。此外，企业要理解员工所承受的压力和他们的内心情感体验，让员工在工作中体会到乐趣和幸福，并从精神上产生获得感和价值感。

2. "公平公正"原则

公平公正原则指企业在人力资源管理活动中，坚持平等公正的基本伦理原则，制定和执行一系列平等合理的企业制度和办事程序，促使企业管理者和员工之间的关系处于均衡有序的状态，来促进企业的发展。公平公正是一种企业管理道德规范和行为准则，既具有利益均等的内涵，也具有机会均等的内涵。员工在一个公平公正的环境中，会更容易产生对企业的认同感和信任感，从而实现人际关系的和谐。公平公正是企业应该遵循的人力资源管理伦理原则，公平公正原则主要包括三方面的内容：首先，是起点公正，就是在人员的聘用上要体现公道和平等。对所有的应聘者应该一视同仁，必须做到给予具有相同资格条件的人同等的参与机会，保证任人唯贤，不拘一格。其次，是过程公正，它包括竞争和实施规则的公平公正，而实施过程的公平公正就是公开透明。人力资源的政策要合理，决策上要科学，机制上要健全，要给予企业员工平等的发展机会。再次，是结果公平公正。在各种待遇和利益分配上，企业要做到公平竞争，坚持按绩效考核的实际结果为主要衡量标准，公平公正地对利益和福利待遇进行分配。

以AI招聘为例，关于AI招聘的出现对求职者来说是有利还是不利的讨论从未停止。相比于现实应聘场景，AI通过摄像头和麦克风充当着面试官的角色，去评判所有细微的表情。微笑、皱眉、眼神活动，它会把这些要素变成几十万个数据点，以此来决定一个候选人的综合分数。不同于真人面试，AI可以通过面试者的微表情来算出其简历的真实度并给出综合评分。表面看起来，AI是机器，应该比人更加客观，不会受到诸多因素的干扰，不会因为个人喜好或者状态而做出不一样的评价，但事实并非如此。AI面试官的广泛应用，带来的不仅是人类的HR要失业的问题，更值得注意的是，在算法背后，是一场关乎公平的较量。

慕尼黑一家初创公司的AI面试官被调查者证实，如果用书架图片做视频背景，能提高AI面试官15%的好感度。研究者还发现，戴上帽子、戴上眼镜、更换背景图，或者面试时光线的明暗，都会影响AI面试官给候选人"五大人格测试"打出的各项分数。在面部表情、说话语音、语言乃至手势都没有改变的情况下，仅仅是着装、光线甚至背景，就能改变AI面试官的判断结果。这不禁让人开始怀疑，AI真的是能一碗水端平的吗？

路透社的一篇报道指出，亚马逊公司曾自主研发一款人工智能招聘引擎。这款新招聘引擎通过自主学习，自己学会了歧视女性，得出了男性候选人更可取的结论。这种重男轻女和对女性产生的偏见，在刷新系统或进行了使其保持中立的各种尝试后，依然失败，并不能在完全意义上避免再次出现。最终，这个实验性项目解散。

亚马逊在AI招聘上的折戟沉沙足以反映，机器学习还存在着局限性，我们很难保证算法足够客观，不会有种族歧视、性别歧视或其他偏见。并且，AI模型学习的素材与原料其实也是人类面试官的面试结果，在大量的数据与算法加持之下，不断训练进化。如果人都无法完全规避自己的偏见，那么训练的机器又如何能够客观？从学习人到超越人，AI面试官要走的路还很长，算法歧视问题依旧是悬在AI面试上面的达摩克利斯之剑。

7.3 商业模式创新中的企业对外伦理规范

7.3.1 商业模式创新中企业对消费者的伦理规范

理论上，在自由竞争的市场上，通过竞争机制达到资源的最佳配置从而取得社会效用最大化，消费者完全可以通过这一机制保护其权利而无需额外的保障。但这只是理论上的可能性，实际情况并非如此。消费者的权利获得充分保障的前提条件是：市场是完全自由竞争的，消费者具有选择的可能性；消费者拥有与产品和服务提供者等量的信息和知识，从而具有选择的能力；消费者的行为是理性的。

基于各种原因，消费者无法完全依赖市场交易来保障自身的权益，必须辅之以外部干预，尤其是法律的干预，以保障其权益。法律意义上的消费者权利，是指在法律框架下，消费者有权做出（不做出）或者要求他人做出（不做出）一定行为的权利，这种权利也被称作消费者基本权利。在我国，消费者保护的主要依据是《消费者权益保护法》。

通常，消费者保护所涉及的基本权利包括安全的权利、知情权、自由理性选择权、犹豫权（犹豫期内撤销权）、求偿权和获得尊重的权利。

1. 安全的权利

消费者购买产品和服务时，有权保护自己免受劣质产品、有毒有害产品的伤害。有关安全权利的伦理争论之一是消费者的安全是否可以视为一种"货品"，通过市场机制加以解决。支持者认为消费者的安全问题可以通过消费者的购买偏好引导生产者通过自由竞争得到完善，也就是说，消费者如果需要更安全的产品和服务，就会为安全的产品和服务支付更高的价格，从而刺激生产者提高其产品和服务的安全性。支持者甚至认为，在产品和服务的安全性上依赖政府干预，会有损市场的公平性和效率。只有消费者有权决定其安全偏好，政府则不应要求生产者提供超过消费者需求的安全性能。但在反对者看来，"看不见的手"不能有效保障消费者的安全：信息的不对称、非理性的消费决定、垄断市场等都会降低市场配置资源的能力。而安全的权利是一项基本人权，政府必须加以监督并提供基本保障。

2. 知情权

《消费者权益保护法》第八条规定："消费者享有知悉其购买、使用的商品或者接受的服务的真实情况的权利。"第十三条规定："消费者享有获得有关消费和消费者权益保护方面知识的权利。"知情权使消费者有权从厂商那里获得产品与服务的真实信息。虽然从交易的公平性角度来说，生产者有责任提供所有的与产品和服务相关的真实信息；但实际上，这些信息掌握在生产者手中，而几乎没有哪些生产者愿意提供与产品和服务安全欠缺相关的信息。消费者还可以从第三方机构获得相关信息。在有些国家，第三方机构负责收集信息并通过出售信息获取收益，但这种方式很难成为普遍性的模式。收集信息的成本、消费者的支付意愿以及第三方机构本身的信用程度都会成为障碍因素。进入互联网时代后，消费者能够很方便地利用公共信息平台和即时通信工具获取相关信息，但信息的可靠性需要得到保证。

3. 自由理性选择权

自由理性选择权意味着消费者能够在众多替代产品和服务中自由选择，其实现的前提条件是市场上有足够多的生产者和需求者，并且它们都可以自由进入或者退出某个市场；同时消费者掌握足够的产品和服务信息。在垄断市场上，自由选择权很难实现。即使在竞争性市场上，如果所有的生产者高度趋同，消费者也无从选择。

7.3.2 商业模式创新中企业对环境的伦理规范

视频讲解

企业作为经济人和道德人的统一体，企业生命也表现为经济生命力和道德生命力的统一，两者相辅相成。实践证明，只注重经济效益而不注重伦理道德约束和规范的企业，肯定得不到持续的发展；反之，只讲道德而不注重经济效益的企业也难以持续发展。经济力淘汰的是无能力的企业，而道德力淘汰的是不道德的企业。只有双赢的企业才能持续发展，双赢企业是既有经济力又有伦理道德的企业，能较好地承担社会责任和道德责任。

1. 对生态环境的伦理规范

当代企业伦理发展的一个重要走向，就是企业伦理与生态环境日益紧密地相互交融、渗透，从而形成了企业生态伦理。两者交融互动的原因在于企业的商业模式创新等活动对生态环境构成了非常重要的正面或负面影响。

企业的生态伦理指的是处理企业与生态关系的道德规范。企业的生产经营活动无不和生态环境系统紧密相连，企业的生产经营所必需的物质与能量，都直接或间接来自生态环境系统。生态环境系统不仅为企业生产经营提供必需的原料和能源，而且具有吸收、容纳和降解企业生产经营中所排放废物的功能。生态环境的这种功能决定了企业的生产经营与生态环境之间具有高度的相互依存性，同时使它成为影响企业发展的重要因素，是企业发展不可缺少的主要资源。因此，企业的生产经营活动不可能同生态环境割裂开来，生产经营必须考虑自然资源消耗情况，以及对生态环境的影响。而在企业经营价值理念上，企业既要考虑经济效益，更要考虑社会效益和生态效益。在企业经营决策活动中，必须真正改变只注重眼前利益而不考虑子孙后代和生态环境的短视行为，要全面协调企业、社会、自然界和后代的利益。面对日益严峻的生态环境污染和资源枯竭问题的压力，企业必须承担企业生态伦理责任。它要求企业在生产经营活动中，必须树立保护生态环境、尊重自然的伦理道德意识，正确处理人与自然的关系，以可持续发展为经营活动的指导原则，切不能因为追求经济效益而污染环境、破坏生态。

企业生态伦理包括生态效益和生态友好两个原则，涉及清洁生产、绿色管理、资源节约、环境保护四个规范。

（1）清洁生产。清洁生产是指将综合预防的环境保护策略持续应用于生产过程和产品中，以期降低其危害人类健康和环境安全的风险。清洁生产从本质上来说，就是对生产过程与产品采取整体预防的环境策略，减少或者消除它们对人类及环境的可能危害，同时充分满足人类需要，使社会经济效益最大化的一种生产模式。清洁生产也是一种新的创造性的思想，该思想将整体预防的环境战略持续应用于生产过程、产品和服务中，以增加生态效率和减少人类及环境的风险。对生产过程，要求节约原材料与能源，淘汰有毒原材料，减降所有废弃物的数量与毒性；对产品，要求减少从原材料提炼到产品最终处置的全生命周期的不利影响；对服务，要求将环境因素纳入所设计与提供的服务中。清洁生产的观念主要强调三个重点：

①清洁能源。包括开发节能技术，尽可能开发利用再生能源以及合理利用常规能源。

②清洁生产过程。包括尽可能不用或少用有毒有害原料和中间产品，对原材料和中间产品进行回收，改善管理、提高效率。

③清洁产品。包括以不危害人体健康和生态环境为主导因素考虑产品的制造过程甚至使用之后的回收利用，以减少原材料和能源使用。

（2）绿色管理。绿色管理是指将生态环境保护的观念融于企业的各个领域、各个层次、各个方面、各个过程的管理活动之中，要求企业在管理中处处考虑环保，时时注重生态绿色。绿色管理是人们根据生态经济协调发展的思想所形成的一种绿色企业管理理念，以及所实施的一系列管理活动。新经济时代背景下的新经济理论、生态经济学、可持续发展经济学和循环经济理论对以生态与经济脱离为特征的传统经济学理论进行挑战，为绿色管理理论的形成和发展提供了丰富的理论基础。绿色管理的原则可概括为"5R"原则：

①研究（research）。将环保纳入企业的决策要素中，企业重视研究环境战略。

②消减（reduce）。采用新技术、新工艺，以减少或消除有害废弃物的排放。

③再使用（reuse）。变传统产品为环保产品，积极采用"绿色标志"，尽可能利用可再生资源，减少废物排放。

④循环（recycle）。对废旧产品进行回收处理，以循环利用。

⑤保护（rescue）。积极参与环境保护活动，对员工和公众进行绿色宣传，树立绿色企业形象。

（3）资源节约。资源节约规范也是生态经济原则的另一规范。资源节约规范指在生态经济思想指导下，企业在经营过程中切实保护和合理利用各种自然资源，提高资源利用效率，以尽可能少的资源消耗获得最大的经济效益、社会效益和生态效益。资源节约型企业在经营过程中，既重视企业经营成本的节约又兼顾企业经营所附带的社会成本的节约；既考虑企业自身效益又兼顾社会效益、生态效益；既考虑当前利益又兼顾长远利益。资源节约不仅能使企业自身经济效益与社会效益之和达到最大值，而且能使企业经营成本和社会为此支付的社会成本之和达到最小值。资源节约规范具有以下三个特征：

①效率性，指资源利用的高效性，即"低耗、高效"的资源利用方式。企业以技术创新为支撑，通过优化资源配置，最大限度地降低单位产出的资源消耗量和环境代价，以此不断提高资源的产出效率和环境的支撑能力，确保经济持续增长和企业持续发展的资源基础和环境条件。

②时间性，指资源利用的时间持续性。在人类社会再生产和经济社会发展的漫长过程中，当代人不应该牺牲后代人的利益，而应该主动为后代人留下丰富的自然资源，让后代人对自然资源拥有同等享用权。

③空间性，指资源利用在空间上的持续性。区域的资源开发利用和区域发展不应损害其他区域满足其需求的能力。节约资源是全社会的共同责任，对于企业来说，节约资源是经济行为，也是道德行为。

（4）环境保护。在社会经济与可持续发展中，自然资源与环境容量越来越显出其有限性。环境保护规范强调企业商业模式创新和日常生产经营中用尽可能少的自然资源消耗，创造出更多的人类社会必需产品，实现自然资源的最大效益，在自然资源不断再生与使用中实现良性发展。近年来，世界知名企业在全球化战略经营中，纷纷推出"环境援助计划"，在向自然索取资源的同时，重视了对自然资源的再生和培植。

同时，全球很多政府和企业也开始特别重视资源利用与再生中的科技进步，不断增加对自然资源的再生投入，推广资源综合利用与环境综合治理，以探索资源的可持续供应体系和资源永续利用新路径。例如，比亚迪在2022年3月正式停产燃油车，用实际行动助力实现"双碳"目标。比亚迪一直怀着绿色可持续发展的初心，从源头的锂矿石、汽车三电核心部件，到下游的整车生产，相关关键环节都有布局，目前已经逐步掌握车用动力电池、电机、电控和芯片等全产业链的核心技术，实现了产业链的自主可控。

2. 对市场环境的伦理规范

竞争作为市场经济条件下的一种主观与客观相结合的行为，是一种有意识、有目的的活动。不道德竞争行为具有多方面的危害：损害其他竞争者的正当利益，包括经营权实现的障碍、经济利益的损失和经济效益的下降；侵害消费者的利益，例如一些假冒伪劣商品不仅会使消费者的经济利益受损，甚至还会危害消费者的人身安全；破坏正常的市场秩序，严重阻碍市场经济的健康运转，等等。由于不道德竞争行为具有以上诸多危害，因此国家相继颁布了《中华人民共和国反不正当竞争法》《中华人民共和国价格法》等一系列法律法规以规范市场竞争行为，但是法律监管难度大、成本高而且法律法规一经颁布，短时间内不易修改。相比之下，道德约束作为一种自发约束，具有灵活机动、适用范围广泛等优点，因此我们应该道德约束和法律监管并重，并倡导诸如以下的竞争伦理规范。

（1）公平竞争。公平竞争是竞争伦理的基本原则。首先要求规则的公平，即市场要为参与竞争的不同企业提供公平的政策、条件和环境，使得这些企业能够站在相同的起跑线上。更重要的是要保证结果的公平，这里结果的公平不是指相互竞争的企业获得相同的结果，而是指公平的规则要有内部效度，使得优者胜、劣者汰，体现出不同经营效果的差异。

（2）诚信戒欺。诚信戒欺是竞争伦理的灵魂，要求企业一是要对顾客诚信戒欺，向顾客提供货真价实的产品或服务；二是对社会包括竞争对手诚信戒欺，比如依法披露有关企业的真实信息等。

（3）平等自愿。平等自愿是竞争伦理的根本原则，即企业可以平等地参与市场竞争，根据自身利益作出合理决策。平等自愿要求企业不能以违法或者不道德的方式干涉其他企业的经营自主权，强迫其他企业做出违背自身意志的决策和行为。

（4）互惠互利。互惠互利既是竞争伦理的内在要求，又是竞争伦理的必然结果。企业参与市场竞争要有互惠互利的双赢思维，这样有助于建立更为和谐的市场环境，而和谐的市场环境又会反馈给大家更多的利益。

3. 对网络环境的伦理规范

信息爆炸的时代，不良信息也越来越多，影响上网体验。打开论坛，常会看见标题博人眼球却没有什么价值的帖子；热门话题下，持不同观点的网友在互相谩骂、拉踩引战；自媒体文章里，恶意营销、造谣传谣屡见不鲜……广大互联网用户特别是青少年网民，需要一个积极健康、向上向善、充满正能量和建设性的互联网。从企业角度来看，加强网络文明建设、鼓励优质内容生产传播是时代赋予各互联网内容平台的重大课题。网络平台必须增强国家安全意识，加强行业自律，坚持经济效益和社会效益并重的价值导向，积极履行社会责任。

网络素养在企业中扮演着越来越重要的角色。所谓网络素养，即一种适应网络时代的基本能力。在信息技术和网络不停地高速发展的当下，网络素养是一堂企业必修课，更在于正面引导。广大企业尤其是互联网企业，要将网络素养教育作为重要抓手，加强企业自身网络文明建设，同时加强相关人才的引进和培养，打造清朗的网络空间；要具备红线意识，依法依规运营，促进网络生态健康发展；要担负起监管责任，优化算法，把准内容导向、强化内容管理；要增强社会意识，融入国家发展大局，为奋力谱写全面建设社会主义现代化国家营造良好的网上舆论氛围。

例如，直播带货等新型商业模式，既要"火"，也要传播主流价值。直播不仅仅是带"货"，更应该传播正能量。在"流量为王""利益至上"的网络环境中，企业更应提升网络素养，创作优质内容，坚守道德底线，依法依规运营，健康有序发展，打造良好的网络生态环境。

7.4 商业模式创新伦理的治理

商业模式创新伦理的治理既要依靠企业自身的内部治理，又要依靠地方和国家法律法规的监督和管制。此外，随着越来越多的企业加入平台商业生态系统，平台的治理和监管也是规范企业商业模式创新伦理的一条重要途径。

7.4.1 商业模式创新伦理的企业自治

1. 自觉践行创新合法性

创新合法性指创新活动在满足社会规范等制度约束的情况下，通过提供创新性产品或服务取得竞争优势的企业创新策略，是利益相关者对企业创新行动认可、接受的程度，强调创新相关群体对创新的可接受性、可取性或适当性的判断。创新合法性分为实用合法性和道德合法性。实用合法性源于利益相关者出于自身的考虑而支持企业政策；道德合法性源于外界基于道德规范对企业行为正确性的评判。

（1）自觉践行创新的实用合法性。商业模式创新中，董事会与管理层要自觉履行信托责任，以提高商业模式创新中的实用合法性，通过为企业创造长期价值保证股东正当的长期利益。所谓信托责任是为他人利益而行动的责任，在履行信托责任时，受托人必须使其个人利益服从他人利益。董事会和管理层所承担的信托责任主要是忠诚责任和审慎责任。

①忠诚责任。对于董事会而言，主要是要求董事以善意按照公司及其股东的最佳利益而行动，不能将自己的利益置于公司利益之上，包括不能与担任董事的公司竞争、避免在与公司的交易中存在利益冲突。经理人的忠诚责任还包括不能在没有委托人（股东）同意的情况下做出对其不利的决策和行动，也不能在没有委托人同意的情况下代表其向对委托人不利的人采取行动。违反忠诚责任的例子包括内部交易、欺诈、窃取公司财产等。

②审慎责任。要求董事和经理人在履行其职责时勤勉谨慎。这里所说的谨慎是合理的审慎，包括董事对管理层的监督和管理层的经营管理活动，均应审慎决策和行动。

董事会和管理层的信托责任还包括顺从、善意和公允披露的责任。顺从责任要求……度规定的权利范围内履行其责任；善意责任则要求避免……的发生；公允披露责任则要求向股东和其他利益相关者……及非财务信息。

……德合法性。在商业模式创新中，企业内部也要自觉践行对……业模式创新中的道德合法性，为员工谋取幸福与发展，因……准则是提升"人"的幸福和福利。雇主应承担最基本的契……对待雇员，即尊重雇员的尊严和自由权利。所谓公平和……合法的歧视，包括不因年龄、性别、种族、宗教、政治……受歧视性待遇，也不因个人健康、相貌等原因遭受差别……

……员能够获得与其劳动相称的薪酬及人道待遇，其福利薪酬……能支持其达到并保持与社会其他成员相一致的生活水平。……力的观点也指出，所谓产业竞争力，不仅是要在全球市场……服务，而且包括能够不断改善雇员的福利，包括持续增长……境，以使其保持作为"人"的尊严和幸福感。

……践行对消费者的道德责任，更是企业提高商业模式创新……企业是社会的基本经济单位，在从事生产、流通和服务等……费者需求转化为产品或服务，在满足社会需要的同时实现……造附加价值的组成部分，也是社会对企业的一种认可和报……的重要性是不言而喻的，但对消费者的道德责任同样是企……同时也是企业长期竞争力的保障。关于企业对消费者的道……契约论、尽责论（适当关注论）、社会成本论。

……人为产品或服务提供者和消费者之间只是一种契约关系，消费者购买产品或服务就意味着他们和生产者之间达成了合约。契约论认为企业的道德责任不应超出契约的规定，否则就是对有限资源的浪费并影响市场运作的效率。例如，假定消费者自愿购买安全性较低的产品，政府是否应强迫企业承担超出消费者支付意愿的安全责任呢？按照契约论的观点，消费者愿意用较少的"现金"购买安全性较低的产品，只要生产者不存在故意隐瞒的问题，政府就不应加以干预。如果政府强迫企业承担超出消费者支付意愿的安全责任，消费者将被迫支付更多的"现金"购买他们不需要的功能，使资源不能达到最优配置（降低了资源配置的效率），从而也不能称作完美的"好"（道德上的好、效果和效率三者并存）。

契约论是对产品或服务提供者最低的道德责任要求。按照契约论的观点，厂商发表否认性声明或者明示产品和服务的潜在欠缺或不安全性，就可以避免相应的责任，因此常被视为底线责任观。

②尽责论（适当关注论）。尽责论（适当关注论）建立在如下观点之上：消费者和生产者之间存在信息不对称，因此消费者的权利很容易受到伤害。作为具有知识和信息优势的一方，生产者必须承担适当关注的责任，以保障消费者不受其所提供产品和服务的伤害。在很多伦理理论中都可以找到尽责论的依据，其中以关爱理论的影响最大。关爱理论的核心思想是每个人都生活在"关系"网络中，都应关心那些与我们有关系的人，如父子、夫妇、兄弟、朋友等。产品或服务提供者与消费者之间既不是完全没有关系，也不具有特别亲密的关系。它们向消费者提供产品或服务，双方因为消费者受该产品或服务的影响而形成了某种关系，从而使消费者有权在需要时获得帮助。对此，产品或服务提供者应予以适当关注，使消费者得到相应的帮助。

与"适当关注"对应的是"疏忽"。疏忽是指可以合理预见但却未能预见而造成损失的情况，因疏忽而造成的损失应该得到赔偿。

尽责论的局限性在于，很难确定厂商是否尽到适当关注的责任。同时，尽责论假定生产者应该具有产品或服务的全部知识，能够预见到使用者的风险。这一点，在技术高度发达、产品组件来源多样化、生产制造国际化的今天，实际上是很难做到的。

③社会成本论。社会成本论对产品或服务提供者的道德责任要求，是一种严格责任，其程度远超过契约规定和适当关注责任。社会成本论认为产品或服务提供者应该承担由于其产品或服务所导致的任何伤害的全部社会成本，即使它们已经尽到各种责任并采取了合理的措施；同时，产品或服务提供者还应为其员工所导致的损害负责。

社会成本论认为，将因产品或服务所导致的损害成本内部化，可以迫使产品或服务提供者更加关注安全性以避免发生损害。但社会成本论最大的问题在于其违背了公平性原则，让产品或服务提供者承担所有的道德责任。这既不公平又可能导致消费者因不必对损害结果负责而变得漫不经心，从而造成产品和服务提供者及为其提供保险相关服务的厂商负担过重。

契约论、尽责论（适当关注论）和社会成本论对道德责任的要求不同。一般来说，在那些倾向严格责任的地区，产品或服务提供者对产品或服务的性能和安全性具有更高关注度，消费者也更容易维护其权利，但同时也需支付较高的消费成本。

2. 自觉践行企业社会责任

在当今，企业不仅是市场的一个经济主体，除了保证自身资产的增值外，还需要履行相关的社会责任。社会责任通常是指企业承担的高于企业自己目标的社会义务，它超越了法律与经济对组织所要求的义务。社会责任是企业管理道德的要求，完全是组织出于义务的自愿行为。如果一家企业不仅承担了法律上和经济上的义务，还承担了"追求对社会有利的长期目标"的义务，我们就说该企业是有社会责任的。

企业践行社会责任的目的既是利他，也是利己。企业在力所能及的范围内进行一些社会责任活动相当于投资。虽然短期内这种投资或许牺牲了企业的经营业绩，但从长期看，这种投资由于改善了企业的社会形象和生存环境，吸引了大量优秀人才，减少了政府的管制，可以使企业的收益增加，并且所增加的收益足以抵补企业当初所额外支付的成本。

例如，参与乡村建设是当前企业履行新型社会责任的表现形式，已经成为大多数企业的发展战略之一。企业参与乡村振兴，一方面可以履行社会责任，另一方面可以推广品牌，赢得声誉，获得社会公信力和商机。这种方式不仅能够实现资源的优化配置、开拓多元化市场，还能实现企业持续发展和贫困地区经济增长的双赢。参与乡村振兴是履行中国特色社会主义事业建设者责任的重要内容，它将企业前途与国家命运紧密联系起来，为企业全方位履行社会责任奠定基础，是实现可持续长远发展的根本所在，也是企业加快自身转型与升级的重要机遇。

7.4.2 商业模式创新伦理的平台治理

平台作为市场的参与者，首先是一家自主经营、自负盈亏的企业。但与其他企业不同，平台企业向市场所提供的商品或服务是帮助双边或多边群体进行交互与匹配。因此，平台企业又扮演着市场组织者的角色。作为市场组织者，平台负有一定的责任和义务对平台参与者的商业伦理行为进行合法、合规、合理的约束与监管，以促进平台经济的健康发展。

以抖音平台为例，平台从用户体验、内容生态、商品质量、知识产权和信息安全五个维度持续加强平台治理。首先，通过完善规则、提升收发货速度、加强物流基建、升级客服能力等措施，有效改善消费者的购物体验。"极速退""赠品履约"等服务和消费者权益保护资金的持续投入，切实保障消费者的合法权益。其次，通过明确内容创作的价值导向、质量标准及判断方式，帮扶真实可信、专业有趣的优质内容，打击夸大虚假、粗制滥造的低质内容，消费者好感度和满意度均有较大提升。最后，抖音电商以消费者权益保障为核心，对商品和商家进行严格管控。通过严抓商品品控、加强质检和专项治理、提高商家入驻门槛等措施，平台购物环境得以不断优化。同时，平台持续完善商城、超市等购物场景，进一步丰富消费者购物体验。抖音电商还在规则和技术等方面布局，持续进化其知识产权保护体系。此外，平台通过强化信息加密能力、严打数据恶意爬取等措施，有效保障消费者的信息安全。抖音还基于发货物流、售后服务、客服接待三大模块，细化出64个业务切片，对商家服务质量进行综合衡量。商家如有大量不回复或不解决消费者问题反馈、无故拒绝售后、超时发货等违规行为，导致其服务质量评定较低，平台会对其施以违规积分扣除、流量管控、限制订单等处罚措施。

抖音于2023年9月7日推出新版"健康分"管理制度。总体来说，作为主播分类分级管理举措，平台将根据主播日常直播行为赋以账号"健康分"，并依据分值对主播账号采取阶梯式管理。针对健康分较低的主播账号，平台将采取减少直播推荐，限制使用PK及打赏功能，中止违规直播收益提现，甚至回收直播权限等措施。具体来说，纳入管理范围的主播健康分初始分值为100分，部分经过专家或专业认证的主播初始分值为120分。而扣分力度由违规严重程度和主播等级共同决定。根据违规行为的严重程度，每次将予以1~8分不等的分值扣减。此外，考虑到违规行为对平台和观众的影响，针对粉丝数或直播间平均观看人数高的主播，平台将额外多扣减1~5分健康分。

7.4.3 商业模式创新伦理的政府监管

每一次技术变革都会激发企业的商业模式创新行为，而随之产生的非伦理行为和违背市场有序发展的现象都离不开国家或地方的监管。国家或地方通过对法律法规的修正与完善，以及制定和出台新的法律法规，来有效引导和约束企业的商业模式创新行为。以下列举了一些政府对商业模式创新非伦理行为和市场不良行为的监管实例。

1. 虚假流量整治

近年来，社会化营销方式快速发展，直播、短视频等新媒体形式一片繁荣。伴随以流量为王的"粉丝经济"的崛起，也产生了侵蚀产业链条各方利益的无效和作弊流量。这些虚假行为在严重影响和误导消费者判断的同时，也对整个数字经济的健康发展产生了不良影响。

由中国信息通信研究院、中国广告协会、中国互联网协会联合发布的《数字营销异常流量研究报告（2022年）》也指出，真实的用户和信息是互联网经济健康持续发展的基石。异常流量影响了信息数据的真实性，导致数据指标失真，破坏了网络生态的诚信基础。

实际上，国家监管部门早已对平台流量造假问题进行整顿。2020年11月，国家互联网信息办公室发布通知，要求直播营销人员不得虚构或者篡改关注度、浏览量、点赞量、交易量等数据。2021年12月，中央网信办部署专项行动，聚焦流量造假、黑公关、网络水军问题，重点开展整治工作。2022年以来，监管部门继续出重拳。例如，2022年，国家互联网信息办公室发布了新版《移动互联网应用程序信息服务管理规定》，明确要求应用程序提供者规范经营管理行为，不得通过机器或人工方式刷榜、刷量、控评，营造虚假流量。

2. 算法安全监管

目前，人类社会的信息化进程正在快速从数字化、网络化进入智能化阶段。随着人工智能、大数据等新型信息技术的发展，算法广泛应用于互联网信息服务，为用户提供个性化、精准化、智能化的信息服务。与此同时，算法的不合理应用也影响了正常的传播秩序、市场秩序和社会秩序，给维护意识形态安全、社会公平公正和网民合法权益带来了严峻挑战。

互联网信息服务算法综合治理着眼于标本兼治，关键是构建完善算法安全监管体系。2021年9月，国家互联网信息办公室等九部委印发《关于加强互联网信息服务算法综合治理的指导意见》，明确了算法安全监管体系，规定了算法备案、算法监督检查、算法风险监测、算法安全评估四项举措。

2022年1月，为规范互联网信息服务算法应用，国家互联网信息办公室、工业和信息化部、公安部、国家市场监督管理总局联合发布《互联网信息服务算法推荐管理规定》（以下简称《规定》），自2022年3月1日起施行，为互联网信息服务算法综合治理提供了重要法治保障。《规定》首先从算法分级分类管理的角度出发，有效识别出互联网信息服务中的高风险类算法，重点关注生成合成类、个性化推送类、排序精选类、检索过滤类、调度决策类五大类互联网信息服务中广泛使用的算法。进而，《规定》从信息服务规范和用户权益保护两方面明确了算法推荐服务提供者的主体责任，在鼓励充分发挥算法服务正能量传播作用的同时，重点明确了算法应用应当遵循的准则和不得实施的行为，最大限度地保护网民在使用算法推荐服务时的知情权、选择权以及未成年人、老年人、劳动者、消费者等群体的合法权益。

总之，互联网信息服务算法综合治理的着眼点不仅在于算法自身的技术风险，还在于防范算法不合理应用影响正常的传播秩序、市场秩序和社会秩序。

3. 数据安全治理

在数字时代，数据已经成为许多公司核心竞争力的来源。数据地位的提升，导致数据本身的伦理问题被提上了日程。数据伦理问题通过数据滥用、数据安全、数据霸权、算法霸权和算法歧视等形式呈现出来，而其本质是对隐私权、数据权、人类自由和社会公平等的侵害。

为了加强对数据安全、个人信息的保护力度，近年来，我国逐步完善数据安全建设，先后出台了《网络安全法》《数据安全法》《个人信息保护法》等多项政策法规。据统计，仅2022年上半年，我国就发布了网络安全、数据安全领域的法规政策近150项。我国对数据安全的保护进入了法制化的强监管时代。在强监管的环境下，企业需要平衡数据带来的发展价值，还要肩挑保护数据安全的重担。

4. 人工智能监管

视频讲解

目前，以深度学习为核心的新一代人工智能技术取得了极大的成功。人工智能新技术正在不断刷新着人们的认知极限，颠覆性地重塑着人类生活、工作和交流的方式，与人类社会融合为一。但是，在人工智能产业保持高速发展态势的同时，人工智能技术自身发展也面临诸多困境。人工智能所带来的隐私泄露、偏见歧视、权责归属、技术滥用等伦理问题已引起"政产学研用"各界的广泛关注，人工智能伦理成为无法绕开的重要议题。因此，如何确保人工智能研发及应用符合人类伦理，让人工智能更好地造福社会、被公众信任，是管理主体和研发主体等利益相关方必须积极解决的问题。

世界各国和地区在大力推动人工智能技术突破和产业发展的同时，高度重视人工智能的全面健康发展，并将伦理规范纳入其人工智能战略，相应地推出政策或发布规划、指南与规范等文件用于建立人工智能伦理保障体系，开展人工智能伦理相关技术的管理。在激励人工智能产业发展的同时约束人工智能风险，体现了发展与治理并重的基本原则。表7.1汇总了世界多国人工智能伦理相关政策与法规文件。

表7.1 国外有关人工智能伦理的政策法规文件

发布国家或组织	文件名称	发布时间	关键内容
经济合作与发展组织	《人工智能原则》	2019年5月	人工智能可信赖
联合国教科文组织	《人工智能伦理问题建议书》	2021年11月	人工智能伦理
美国	《算法透明性和可问责性的声明》	2017年1月	可解释性
美国	《2018年恶意伪造禁令法案》	2018年12月	深度伪造技术
美国	《美国人工智能倡议》	2019年2月	对抗样本技术、深度伪造技术
美国	《国家人工智能研究与发展战略计划》	2019年6月	公平性、透明性、可问责
美国	《2019年深度伪造报告法案》	2019年6月	深度伪造技术

续表

发布国家或组织	文 件 名 称	发 布 时 间	关 键 内 容
美国	《人工智能准则：美国国防部人工智能伦理使用推荐性规范》	2019年10月	负责、公平性、可追踪、可靠、可控
	《人工智能：联邦机构和其他实体的问责框架》	2021年6月	可问责
	《算法责任法案》	2022年2月	公平性、透明、可问责
欧洲议会研究中心	《人工智能伦理：问题和倡议》	2020年5月	人工智能伦理
欧盟AI高级专家组	《可信人工智能伦理指南》	2019年4月	人工智能可信赖
	《可信AI评估列表》	2020年7月	人工智能可信赖
欧盟委员会	《通用数据保护条例》	2018年5月	可解释性、公平性
	《算法责任与透明治理框架》	2019年4月	透明、可问责
	《人工智能、机器人和相关技术的伦理框架》	2020年10月	人工智能伦理
	《人工智能法》	2021年4月	风险分级
德国	《自动驾驶伦理准则》	2017年8月	自动驾驶伦理
英国	《人工智能：未来决策制定的机遇与影响》	2016年11月	隐私保护
	《英国人工智能发展的计划、能力与志向》	2018年4月	隐私保护
日本	《日本人工智能学会伦理准则》	2017年5月	人工智能伦理
	《以人类为中心的AI社会原则》	2018年12月	人工智能伦理
新加坡	《人工智能治理框架模式》	2020年1月	人工智能伦理
	《人工智能治理测试框架和工具包》	2020年5月	人工智能伦理

我国将人工智能伦理规范作为促进人工智能发展的重要保证措施，不仅重视人工智能的社会伦理影响，而且通过制定伦理框架和伦理规范确保人工智能安全、可靠、可控。表7.2汇总了我国人工智能伦理相关政策法规文件。

表7.2 国内有关人工智能伦理的政策法规文件

发布机构	文件名称	发布时间	关键内容
国务院	《新一代人工智能发展规划》	2017年7月	人工智能伦理
工业和信息化部	《促进新一代人工智能产业发展三年行动计划（2018—2020年）》	2017年12月	AI框架安全漏洞、AI隐私风险
国家新一代人工智能治理专业委员会	《新一代人工智能治理原则——发展负责任的人工智能》	2019年6月	人工智能伦理
全国人大常委会	《中华人民共和国个人信息保护法》	2021年8月	可解释性
国家新一代人工智能治理专业委员会	《新一代人工智能伦理规范》	2021年9月	人工智能伦理
国家互联网信息办公室	《互联网信息服务算法推荐管理规定》	2021年12月	公平性、透明
中共中央办公厅、国务院办公厅	《关于加强科技伦理治理的意见》	2022年3月	科技伦理
国家互联网信息办公室	《互联网信息服务深度合成管理规定》	2022年11月	深度合成技术、透明
外交部	《中国关于加强人工智能伦理治理的立场文件》	2022年11月	人工智能伦理

2017年7月，国务院印发的《新一代人工智能发展规划》提出"分三步走"的战略目标，掀起了人工智能新热潮，并明确提出要"加强人工智能相关法律、伦理和社会问题研究，建立保障人工智能健康发展的法律法规和伦理道德框架"。

2019年6月，国家新一代人工智能治理专业委员会发布《新一代人工智能治理原则——发展负责任的人工智能》，提出了人工智能治理的框架和行动指南。治理原则突出了发展负责任的人工智能这一主题，强调了和谐友好、公平公正、包容共享、尊重隐私、安全可控、共担责任、开放协作、敏捷治理等八条原则。

2021年9月25日，国家新一代人工智能治理专业委员会发布《新一代人工智能伦理规范》，该规范提出了增进人类福祉、促进公平公正、保护隐私安全、确保可控可信、强化责任担当、提升伦理素养6项基本伦理规范。同时，提出人工智能管理、研发、供应、使用等特定活动的18项具体伦理要求。

2022年3月20日，国务院办公厅印发《关于加强科技伦理治理的意见》，进一步完善科技伦理体系，提升科技伦理治理能力，有效防控科技伦理风险。该意见提出应加强科技伦理的治理要求，明确科技伦理原则，健全科技伦理治理体制，加强科技伦理治理制度保障，强化科技伦理审查和监管以及深入开展科技伦理教育和宣传。

> **问题思考**
>
> 1. 在数字经济时代，商业模式创新的常见伦理问题主要有哪些？
> 2. 商业模式创新的伦理规范主要有哪些？
> 3. 商业模式创新伦理的治理举措主要有哪些？

网络视频平台"割韭菜"的伦理边界在哪里？

2019年，电视剧《庆余年》火爆全网，热衷于追剧的小王为了提前观看最新剧集，充值了某视频网站A的VIP会员以享受"VIP会员抢先看6集"的权益。但在12月小王再次打开A想要观看最新剧集时，发现A在原来的基础上多更新了6集，需要小王再次以"超前点播"的形式付费解锁最新6集。这让小王感到了困惑，自己购买会员本就是为了享受观看最新剧集的权益，省去等待更新、被剧透等麻烦；而现在自己虽然也能享受原会员权益多观看6集，却不能看到最新的剧集，这让小王的观剧体验受到影响，与他在充值VIP时认为的能够看到最新剧集的情况并不相符。

作为律师的吴先生也注意到了这个现象。他为了获得A所承诺的"免广告、自动跳过片头广告"的会员特权，成为了A的黄金VIP会员（365天年卡会员）。2019年12月，吴先生使用黄金VIP会员观看A热播剧《庆余年》时，发现剧前仍然需要观看"会员专属广告"，且须点击"跳过"方可继续观影。同时，A在VIP会员享有的"热剧抢先看"权利基础上，又以单集支付3元的方式，为愿意缴费的VIP会员提供提前观看该影视剧剧集的机会。吴先生还发现，VIP会员服务协议内容已被A单方面更改。他认为，"付费超前点播"服务模式违约，变相侵害了其"热剧抢先看"黄金VIP会员权益，"VIP会员协议"存在多处违反《合同法》的格式条款，应属无效。

吴先生向北京市互联网法院起诉，要求判A"付费超前点播"条款无效，恢复"免广告、自动跳过片头广告"的黄金VIP会员权益。

北京互联网法院一审认为，依靠互联网技术，视频平台基于消费意愿推出的"会员制"服务模式，已为社会公众所接受。在此基础上，深挖需求，贴合用户，催生差异化、适配型的个性化服务，并由此探索新的视频排播方式，本无不妥。但法院认为，A的"VIP会员协议"中部分内容违反《合同法》第四十条关于格式条款效力的强制性等规定，该部分条款因此无效。A依据单方变更合同的条款，在涉案电视剧的播放过程中，推出"付费超前点播"服务，是对其"热剧抢先看"会员权益完整性的切割，损害了黄金VIP会员的提前观剧权益。

2020年6月2日，A"付费超前点播"被诉一案宣判：A的VIP会员服务协议部分无效；在原告吴先生购买会员服务后更新的"付费超前点播"条款对其不发生效力；A向原告吴先生连续15日提供A"黄金VIP会员"权益，使其享有平台已经更新的卫视热播电视剧、A优质自制剧的观看权利，赔偿吴先生公证费损失1500元。

本案的关键不在于A额外收费，而在于A在看到《庆余年》爆火后，用"超前点播"的形式临时增收费用，这一举动实质上变相将黄金VIP会员再次进行分级，会员所享有的"不用再忍受蜗牛般的更新速度，提前看完大结局"的权益变为了"通过额外付费可以获得更快观看剧集的权益"。

二审法院指出，互联网服务提供者作为格式合同的提供方可以制定符合法律规定的单方变更条款，但是单方变更权的行使应以提升用户体验、适应技术革新等为目的，实现互联网服务提供者与用户之间的共赢，而非限制或者减损用户的实质权益。

而实际上，各网站对消费者权益的侵害隐藏在平台设计的各个细节中。2019年2月，浙江省消保委组织消费维权义工及第三方调查机构，通过暗访的方式，对九大视频网站，从会员费用、会员服务等方面进行体验。调查结果显示，九大视频网站的情况都不容乐观。九大视频网站会员都有跳过广告的功能，但视频网站仍会以弹窗广告、会员广告等形式变相向消费者投放广告；平台默认自动续费，且取消自动续费的入口深，操作烦琐，难以取消；月会员时长不足30天，不同视频网站上，月会员服务时长最多和最少竟相差4天，而一般用户并不容易关注到月费的细节，权益在无形中被损害。如此种种问题在各大视频网站中都有体现，且这些问题都比较隐蔽细小，难以为消费者所察觉，或消费者即使察觉了也难以维权。

诸如此类事件仍在不断发生。2023年1月，A的App限制投屏，黄金会员可以在计算机、平板和手机端登录账号，同时可使用480P清晰度进行投屏；若需要以更高清晰度投屏或在电视端上观看播放，就需要开通白金会员。而显然，480P清晰度太低，几乎无法观看，这一行为引发了广大网友的不满，A一时间被推上了舆论的风口浪尖。2023年2月，"3台设备同时登A账号被封"又冲上微博热搜。一名用户称，他用3台设备同时登录A年费会员账号，导致账号被封，若想解封则需要充值更贵的会员。2023年7月，又有网友发现A利用HCDN技术偷跑用户流量，且A采用默认开启HCDN开关的方式，并没有告知用户开启后会有怎样的影响。

此类事件频繁出现，让官方媒体也忍不住点名批评。2023年1月10日，人民网发布评论文章表示，电视内置的会员+视频网站电影会员+电视剧会员+儿童会员等"一充再充"的"套娃式充会员"正在把智能电视变成摆设；用"套娃式充会员"和多终端不兼容的霸王条款变相地向用户收费，不仅吃相难看，更会将前期积累的良好用户体验和用户对商家的信任消耗殆尽，动摇内容付费模式的根基，甚至会毁掉付费观看这个蛋糕。2023年1月12日，上海消保委微信号发文表示，投屏是移动端用户正常的使用场景，消费者付了钱，在手机上看还是投屏看都是消费者的权利。平台在App内限制消费者投屏的做法不合理，想用这种方法加收费用更不厚道。视频平台更无权不当获取手机权限，干涉消费者采用第三方App或者以连线等方式投屏。广大消费者也开始敢于发声维护自己的权益，据现代快报报道，广东一名用户因限制投屏事件将A告上法庭。

连续发生的会员权益受损事件令消费者闹心，也令平台品牌口碑受损。视频网站通过限制普通用户权益等方式逼迫用户充值会员，通过套娃式会员、叠加式收费等小手段不断试探消费者的底线，薅顾客"羊毛"，严重损害消费者的权益，引发消费者的不满，最终也会使自己失去人心。

问题讨论

1. 一些视频网站为何频繁侵害消费者权益？
2. 视频网站应该坚守哪些商业伦理？
3. 如何治理视频网站的非伦理行为？

第二篇

进阶知识

第 8 章 高管团队与商业模式创新

视频讲解

8.1 高管团队的界定

Cyert和March（1963）界定高管团队是组织战略决策的主要制定者。Hambrick和Mason（1984）认为高管团队包括公司总经理、副总经理以及直接向他们汇报工作的高级经理。表8.1将高管团队的界定进行了汇总。在实践中，人们对于高管团队的界定方法不尽相同，大致可以分为三类：①对CEO进行采访，由CEO判断企业中哪些管理者直接参与公司的战略制定和日常决策；②将某个职位或者具有某个头衔的管理者纳入高管团队范围中；③根据薪酬进行划分，排名靠前的管理者作为高管团队成员。

表8.1 高管团队的定义

来 源	观 点
Hambrick和Mason，1984	高管团队是由公司总经理、副总经理和直接向他们汇报工作的高级经理组成的相关小群体
Amason，1996	CEO确定的参与战略决策的高层管理人员
Hambrick等，1996	副总裁以上的所有高管
Boeker，1997	高管团队包含CEO及其直接下属经理
Ferrier，2001	董事长、副董事长、首席执行官、总裁、首席财务官和首席运营官
Carpenter和Fredrickson，2003	除了董事长或CEO级别人员外，还包括副总经理、财务总监甚至部分独立董事等
Kor，2003	所有内部高层管理人员，包括首席执行官、首席运营官、业务部门负责人和副总裁

大家更倾向采用第一种方法对高管团队进行界定，主要出于以下考虑：首先，判断过程简单，通过对CEO的访谈就能直接界定高管团队范围；其次，各家公司的实际情况

不尽相同，CEO对于高管团队范围的界定更有意义，能够排除处于边缘的、对公司战略决策没有影响的高级经理，这样的结果更具有可靠性。

8.2 高管团队认知与商业模式创新

8.2.1 高阶梯队理论与高管团队认知

高阶梯队（upper echelons）理论最早由Hamrick和Mason于1984年提出。高阶梯队理论认为，由于战略决策的复杂性和高管团队成员的有限理性，高管基于其认知和价值观进行战略选择，因此，组织成为个人认知的反映，特别是组织结果（策略和有效性）被视为组织中高层管理者价值观和认知基础的反映。因而，如果我们想了解组织为什么要做这件事，以及为什么采用这种方式，须考虑高管人员的认知和特征。

图8.1显示了高阶梯队理论模型，核心是高管团队的认知基础和价值观，以及它们对战略选择和最终绩效产生的影响。由于高管团队的认知和价值观难以衡量，因此高阶梯队理论主张将可测量的人口统计学特征作为表征认知基础与价值观潜在差异的可观察的代理。图8.1左侧显示的客观环境分为内部环境（如企业物质基础、企业文化、组织结构等）和外部环境（如政治环境、社会环境、经济环境等）。高管团队的特征包括年龄、职能轨迹（不同职能部门的工作经验）、其他行业经历（是否曾在其他公司任职）、受教育程度、社会经济背景（出身阶层）、财务情况（薪酬）、团队异质性（包括任期等），这些特征被视为他们心理构造的可观测代理。这些心理构造塑造了团队对内部和外部情况的解释，并有助于制定适当的战略，从而影响组织绩效。

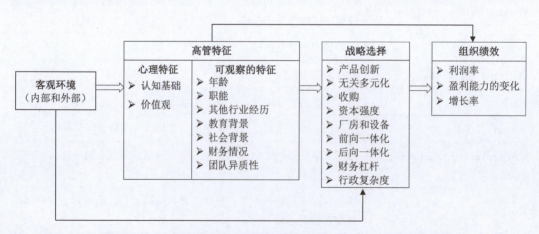

图8.1 高阶梯队理论模型

Hamrick和Mason认为高阶梯队理论不仅强调关注高管个人，而且更加关注高管团队。因为领导复杂组织是一项集体的活动，整个高管团队的集体认知、能力和互动都将成为战略行为，所以，关注团队比关注个人能够更好地解释高管对于组织绩效的影响。

8.2.2 高管团队认知多样性与商业模式创新

1. 高管团队认知多样性的定义和性质

高管团队认知多样性是高管团队认知中的重要内容，主要从人口统计特征多样性的角度反映，例如职能、年龄、任期等多样性。因此，高管团队认知多样性定义为高管团队成员在背景特征（例如职能、年龄或任期）方面的多样性或差异程度。高管团队认知多样性对于企业行为与绩效有着重要的作用。例如，从年龄多样性的角度来看，高管团队既能利用年长管理者的经验与谨慎等优势，又能利用年轻管理者的创新与冒险等优势；从任职期限多样性的角度来看，高管团队更易突破思维定式并汇集多元化的观点；从教育背景多样性的角度来看，高管团队更易汇集多元的信息、知识与能力。因此，高管团队认知多样性能够反映团队成员之间的内部构成与运作状态，能够从整体上剖析高管团队，并有助于识别高管团队对于组织行为与绩效的影响。相应地，在商业模式创新的过程中不能忽略高管团队认知多样性作用的发挥。

2. 高管团队认知多样性与商业模式创新

高管团队认知多样性可以通过两种相关但又不同的机制来影响商业模式创新。一种是通过高管团队内部的信息处理（Buyl et al., 2011）施加影响，另一种是通过影响资源的潜在可用性和重新分配的有效性（Boone and Hendriks, 2009）施加影响。

（1）通过高管团队内部信息处理影响商业模式创新。高管团队认知多样性可以通过扩宽高管团队获取信息的渠道来减少信息不对称所带来的负面效应。在进行商业模式创新的过程中，具有认知多样性的高管团队的认知和思维是多元的，也将会从多样化的来源搜寻和获取信息和知识，同时能够促进高管团队内部的沟通和交流以及思维的碰撞，进而可能会产生新的想法和对事物新的理解，并有效地避免个人的"思维惯性"带来的局限。这样有利于企业及时、准确地把握外部顾客偏好、供应商议价能力、技术与竞争等环境变化，并根据环境变化对现有商业模式在价值主张、目标顾客、价值创造和价值获取等方面做出适应性调整和改变。

（2）通过资源的潜在可用性影响商业模式创新。高管团队认知多样性更加容易获得有关新技术、新市场趋势以及新合作伙伴的信息，从而将之应用于商业模式创新。价值创造是商业模式创新的核心，通常取决于外部资源的潜在可用性和重新分配的有效性。高层管理人员总是充当资源流的守门人和监管者（Boone and Hendriks, 2009）。在这种情况下，高管团队认知多样性为公司提供了丰富多样的选择，以帮助他们更轻松地重组和重新配置这些异构的外部资源，从而为公司带来新颖独特的创造价值的方式。

因而，多元化的高管团队认知可能会提供机会，以获取多样化的外部资源和社会资本，从而可以极大地帮助提高商业模式创新的绩效。

8.2.3 高管团队认知图式与商业模式创新

高管团队认知多样性为人们展现了认知的静态性对于商业模式创新的作用。还应看到，高管团队认知总是不断变化的。认知图式帮助人们理解高管团队认知动态性对于商业模式创新的作用。Martins等（2015）提出了一种理论，即高管团队通过类比推理和概念组合两种行为方式可以实现认知更改，从而获得新信息、新知识并为商业模式创新打下坚实的基础。

1. 认知图式及其更改

一般来讲，图式是由属性与关系组成的基本结构。其中，属性，又被称为"槽"（slot），可以具有不同的内容（被称为"填充物"，本身也可以是子图式）；关系，说明"槽"与"槽"之间的关系。例如，对于大象图式而言，颜色和栖息地构成了图式中的"槽"，灰色和动物园就是图式中的填充物；两者之间的关系可以形容为"动物园里灰色的大象"。这就构成了我们认知当中大象的图式。类似地，竞争战略方案的"槽"包括范围和优势，填充物可以是全局的和低成本的。

认知图式更改发生于类比推理和概念组合两个认知过程中（Ward，2004）。这两个过程都是在个人需要了解新事物的情况下自然发生的，并且已经被证明在大部分情况下都是适用的。

类比推理是指利用"源概念"中的知识来解释"目标概念"中的信息（Gentner，1983）。它是将"源概念"的属性映射到"目标概念"中，并根据"目标概念"的情境，对属性进行适当的修改的过程。

概念组合是将"目标概念"与"源概念"相结合以产生新图式的认知过程。它保留了"目标概念"的核心之处，但它本质上是通过整合从"源概念"派生的属性来生成一个新的概念（Wisniewski，1997）的过程。

概念组合与类比推理的不同之处在于"源概念"的使用方式。类比推理依赖于识别相似之处，这些相似之处可以被有效利用并加深对于"目标图式"的理解。概念组合指的是寻找两个概念之间的差异，这两个图式可以整合到"目标概念"中以改变其属性，从而创建一个新的概念（Wisniewski，1996，1997）。

2. 商业模式图式

商业模式可以定义为由概念和概念之间的关系组成的认知结构。这些概念和概念之间的关系形成了对活动和交换设计的管理理解，而这些活动和交换反映了其公司交换网络中关键的相互依赖和价值创造关系。这一概念与强调"商业模式是设计好的活动系统，可以反映管理人员的选择及其对业务的影响"的观点一致。将商业模式视为管图式的反映，重塑了商业模式从客观的环境结构中构建起来的具备相互依赖关系的一种认知结构，因此，商业模式图式可以理解为环境实施的工具。商业模式作为管理图式的反映，有两个明显的特征：首先，商业模式图式是由一个特定的价值创造逻辑组成的，这个逻辑指导着企业的活动和交易的结构；其次，商业模式图式很可能是特别惯性的，不能像其他图式一样通过零碎的修改和扩展就可以轻易地修改。

3. 通过认知图式更改实现商业模式创新

无论是借助类比推理法还是概念组合法，通过认知图式更改实现商业模式创新大致分为四个步骤：

一是识别"源概念"，并与目标商业模式图式进行比较；

二是比较"源概念"的结构与目标商业模式图式，以确定"源概念"的哪些元素（属性，关系或子模式）可以在目标商业模式图式的情景中创造价值；

三是将来自"源概念"的元素集成到目标商业模式图式中；

四是修改来自"源概念"的元素以适合目标商业模式的情境。

（1）通过类比推理实现商业模式创新。首先，管理者必须选择"源概念"，它的关系结构应能够应用于目标商业模式图式中，以解决特定的问题。例如，特斯拉汽车公司（Tesla Motors）在苹果公司发现了一种有用的"源概念"，它在汽车行业内主要采用内燃机技术的情况下，确立了其独特的电动马达技术在竞争中的有利地位，与苹果在手机行业中的技术地位相一致。同样，Aravind Eye Care的创始人为了向印度贫困人群提供廉价、便捷的白内障手术，在麦当劳找到了"源概念"，即产品标准化、知名度和流水线生产。该创始人在20世纪80年代末的一次采访中宣称，"就像西方许多中下阶层家庭负担得起快餐一样，在发展中国家，我们可以提供普通家庭负担得起的白内障手术"。

其次，管理者必须将"源概念"的关系结构与"目标概念"的关系结构进行比较，以确定"源概念"的哪些元素可以在"目标概念"的情境下创造价值。例如，在借鉴苹果公司如何使用非主导设计技术在行业竞争中取得优势时，特斯拉汽车创始人认识到必须在高端设计方面提高竞争力，结果是特斯拉汽车的每一个设计细节都能得到消费者非凡的关注，这在汽车行业是很少见的，也是特斯拉汽车与众不同的重要原因。同样，在Aravind Eye Care的案例中，它的创始人发现的产品标准化、流程标准化的活动系统，是他在自己的商业模式中所需要的，这些要素能够使白内障手术变得廉价和便捷。正如他所说，"我的目标是将Aravind模式推广到印度、亚洲和非洲的每一个角落。难道我们不能效仿麦当劳和汉堡王的做法吗？"

再次，基于"源概念"和"目标概念"关系结构的比较，管理者必须确定要将哪些元素合并到"目标概念"中。例如，基于关注高端设计的决定，特斯拉整合了苹果公司活动系统的几个方面：和苹果公司一样，它在公司总部举行的盛大的"展示会"上发布新款车型，而不是在大型车展上发布；在零售业务方面，特斯拉尝试苹果公司的模式，在高端商场和购物中心开设自己的门店，而不是依赖经销商特许经营；销售人员帮助买家在巨型触摸屏上配置自己的汽车。同样借鉴苹果公司，特斯拉的定价策略是"进入高端市场，客户在那里准备支付溢价，然后尽快压低市场，使每一款系列车型的单位销量更高、价格更低"。Aravind Eye Care也借鉴了麦当劳的商业模式，设计了标准化的流程、效率指标和庞大的线下店网络，"它的运营就像麦当劳一样，具有流水线效率、严格的质量标准、品牌知名度、标准化、一致性、严格的成本控制"。

最后，管理者要明确如何修改"源概念"中的元素，以适应"目标概念"的情境。例如，虽然特斯拉汽车的销售过程与苹果公司非常相似，但与后者不同的是，汽车产品的交付时间要晚得多。因为在高端商场和购物中心囤积汽车在成本上是不切实际的，所以特斯拉对这一元素进行了修改。又如，鉴于Aravind Eye Care眼部护理提高效率的重点是最大限度地利用眼科医生的时间，而不是像麦当劳那样最大化地利用设备和低技能员工，公司针对这一特点对流程进行了更改——手术前后简单的准备工作由护士进行，眼科医生只负责手术中的技术工作。这大大减少了眼科医生做一台手术的时间，提高了眼科医生时间的利用率。

（2）通过概念组合实现商业模式创新。首先，管理者必须选择"源概念"，并选取可以添加到"目标概念"中的元素。例如，星巴克（Starbucks）将其门店定义为"咖啡吧"，在开发创新型咖啡馆的过程中，选择了酒吧作为"源概念"，与咖啡馆成熟的商业模式进行比较。类似地，太阳马戏团（Cirque Du Soleil）创始人在创造"当代马戏团"这一新类型的过程中，利用戏剧制作概念中的元素修改了马戏团商业模式图式的各个方面。正如他后来谈到，"我们没有重塑马戏团，我们只是改变了它"。星巴克和太阳马戏团通过有目的地选择"源概念"，进行了商业模式创新。值得注意的是，"源概念"的发现可以是有意的，也可以是偶然的，管理者可以选择多个"源概念"来处理其商业模式的不同方面。

其次，管理者必须将"源概念"与目标商业模式图式进行比较，以识别差异，这些差异可作为目标商业模式图式创新的基础。"槽"是商业模式图式的维度。"源概念"和"目标概念"之间的差异可以通过比较两个概念中相似的槽内部的填充物来识别。例如，在将酒吧与咖啡馆进行比较时，星巴克确定了服务人员（酒吧为调酒师，咖啡馆为收银员）、产品（酒吧为可定制混合饮料，咖啡馆为咖啡）的不同之处。星巴克将这些差异作为咖啡馆现有商业模式创新的基础。在太阳马戏团的案例中，经理们确定了剧院和马戏团在内容（戏剧是一场连贯的表演，而马戏团是一系列不相关的表演）和观看环境（剧院的优雅观看环境与马戏团相对比较放松的环境）方面的差异，以此作为马戏团商业模式创新的基础。

再次，一旦识别了可以应用于目标商业模式图式的"源概念"中的元素，管理者必须将"源概念"中的"填充物"整合到目标商业模式图式"槽"中的相应的位置——这一过程被称为"槽填充"（Wisniewski，1997）。例如，从酒吧的概念出发，星巴克将咖啡豆供应商、咖啡师等元素纳入它们现有的商业模式，与顾客建立个人关系（特别是与普通顾客），并提供可定制的混合饮品菜单。同样，从剧院的概念开始，太阳马戏团也融入了剧院现有的商业模式，如制作主题、高质量音乐和戏剧性。

最后，管理者必须调整目标商业模式图式"槽"中新的填充物，以适应目标商业模式及情境的特征。他们还必须关注并利用从组合中出现的新属性，这些属性不属于被组合的任何一个概念。例如，虽然星巴克将酒吧纳入了咖啡馆的概念中，但没有配备吧台凳子，因此顾客在喝咖啡时不会与咖啡师聊天。取而代之的是，酒吧的社会性被转移到整个空间，将咖啡馆转变为社交聚会场所（星巴克将其定义为介于家庭和工作之间的"第三个地方"）。太阳马戏团还修改了从剧院获得的"填充物"，以创造可复制的表演，以适应马戏团演出的特点——由多组成员在多个地点表演。因此，马戏团没有像戏剧制作那样让"著名艺术家"成为卖点，而是以团体表演为卖点。虽然面具和服装隐藏了个人表演者的身份，但它们使角色变得更加生动，创造了一种无论是传统马戏团还是剧院都不具备的新的视觉体验。

8.3 高管团队行为与商业模式创新

高管团队不仅是企业战略的制定者，也是企业战略的执行者。如果说高管团队的认知能影响企业战略的制定，那么高管团队的行为将会影响企业战略的执行，二者对于企业战略缺一不可。高管团队搜索行为能够为企业带来新的资源和增长点，同时能够接触到新的顾客需求和新技术，对于企业来说至关重要。高管团队跨界行为被视为企业摆脱内部资源和创意有限性约束，打破组织边界、产业边界以获取具有竞争性的异质资源和创意机会的重要渠道，对于企业来说非常关键。行为整合的高管团队能够彼此交流信息、共享资源、共同决策，具有高度的团队性，是企业行为与绩效的重要影响因素。因此，本节选取了搜索行为、跨界行为和行为整合等高管行为，探讨它们对商业模式创新的影响。

8.3.1 高管团队搜索行为与商业模式创新

1. 高管团队搜索行为

高管团队搜索行为可以从搜索行为发生的渠道分类上进行理解，包括供应侧搜索、需求侧搜索和跨地理空间搜索三种类型（Sidhu et al.，2017）。供应侧搜索指的是高管团队对一切有关技术新知识和组织投入产出转换新知识的搜索；需求侧搜索指的是高管团队在目标或周边市场中搜索有关市场结构、市场细分、替代品、互补品、顾客偏好和需求等方面的新知识；跨地理空间搜索指的是高管团队在不同地理区域搜索新的市场机会、当地化专有知识以及运营经验等。

2. 高管团队搜索行为对商业模式创新的影响

高管团队供应侧搜索对商业模式创新的影响主要体现在以下方面。首先，搜索与自身技术不同的知识能够避免企业进入"熟悉陷阱"，这有利于企业创新价值主张和价值创造系统，从而为商业模式创新打下基础。其次，通过对外部技术、产品或其他供应侧范围进行搜索，企业可以增加技术多样性，进而通过改善价值创造解决方案来促进商业模式创新。而且由于通过供应侧搜索增加了技术或组织知识的储备，企业能够提高发现具有商业价值的新知识组合的能力。

高管团队需求侧搜索会提高企业对顾客偏好、自身产品的替代品和互补品的认知与了解，促进企业优化和创新自身产品和服务，从而为顾客提供更有效的价值主张，以此来促进商业模式创新。需求侧搜索不仅关注对现有顾客方面的知识搜索，也强调关注尚未服务的新顾客方面的知识搜索，这有助于企业突破因为仅仅关注现有顾客而导致的锁定和局限，并促使企业识别和抓住新的商业机会并建立新的商业模式。

高管团队跨地理空间搜索为企业带来非本地化的专有技术及异质性的运营知识，不仅增强了企业对行业内外技术的了解，而且也为企业提供了问题解决的新方案，为商业模式创新奠定了基础。此外，相较专注于本地搜索的企业而言，进行跨地理空间搜索的企业具有更多的机会。这是因为企业在不同地理区域搜索，能够接触到不同地区的知识网络，获得本地所不能提供的有关产品、生产、销售等方面的有用信息，进而引发企业对自身商业模式的思考并激发商业模式创新。而且，跨地理空间搜索能够使企业发现有潜力的新兴市场，这些新兴市场为企业商业模式创新提供了机会。

8.3.2 高管团队跨界行为与商业模式创新

1. 高管团队跨界行为

团队跨界行为（boundary-spanning behavior）是从团队边界的相关研究发展而来的。作为一个开放系统，团队难以提供所有必要资源和信息，企业需要从外部环境中获取维持生存与发展的各类资源。团队跨界行为是团队与重要客户、供应商、上级领导和高阶团队等外部利益相关者关系建立和管理的过程，其目的是通过行为互动与资源交换满足自身需求和实现相关目标。Ancona和Caldwell（1992）使用使节行为、任务协调行为和侦测行为描述新产品开发团队跨界行为的概念。与他们一致，本书也使用使节行为、任务协调行为和侦测行为描述高管团队跨界行为。

高管团队的使节行为主要表现为高管团队向具有更大权力的部门或机构（如董事

会、政府机关)进行工作信息汇报,与具有权威影响力的组织或个人进行活动连接,从而获得一定的认同和支持。高管团队的任务协调行为主要表现为与外部组织或团队一起解决企业发展、运营或设计问题,进行一定的交易活动协调,并邀请外界就公司发展、运营或产品设计给予一定的信息反馈。高管团队的侦测行为主要表现为关注竞争者在类似项目上的举动或进展,探寻企业外部环境中的市场机会或专家信息,收集来自企业外部的技术创意或技术信息等。

2. 高管团队跨界行为对商业模式创新的影响

企业高管团队既是企业决策系统的核心,也是连接组织与外界的中枢力量,其依靠社会资本构建一定的资源网络,对企业创新发展具有重要影响。因此,高管团队必然成为企业开展"跨界"活动的主力军。同时,高管团队是组织中对商业模式创新影响最大的群体,其能力和决策对商业模式创新成功与否有着深远影响,商业模式创新需要高管团队特定的引导。首先,高管团队处于企业组织结构高阶,是企业商业模式创新的最终决策者和执行者,故其使节行为有助于得到董事会、政府部门、投资人或股东、权威人士等对企业商业模式创新计划的认同,并进一步得到开展商业模式创新活动所需要的资源支持。高管团队的使节行为既能为企业带来资金和权利等支持,也能使企业了解最新政策和技术信息,从而促进企业创新,增强企业风险应对的信心和能力,形成先动优势。其次,高管团队的重要职能就是围绕企业目标进行全方位的任务协调与节奏把控,而企业商业模式创新的成功往往需要供应商、采购商及其他利益相关者的配合、协同与信息反馈。因此,高管团队的任务协调行为能够通过紧密且有效的横向沟通使商业模式创新过程中各个环节得以良好运行。最后,高管团队成员往往具有更高的发展眼光、更强的创新意识、更敏锐的市场感知,因此,其侦测行为能够相对精准地捕捉到可能的市场机会和有价值的环境信息,从而提高商业模式创新成功概率。

高管团队跨界行为是影响商业模式创新的关键前因,对商业模式创新存在显著正向影响,在商业模式创新过程中对于异质性资源的获取具有巨大的价值和意义。高管团队跨界行为在一定程度上直接通过资源获取创造商业模式创新的机会。高管团队跨界行为所形成的资源网络越是广泛和强大,就越能增强战略决策的创新性、风险性和先动性,从而提高商业模式创新的成功基础与竞争壁垒。

8.3.3 高管团队行为整合与商业模式创新

1. 高管团队行为整合

为了更好地理解高管团队行为,Hambrick(1994)将特定的社会属性(合作行为)和任务属性(信息交换与联合决策)集成到高管团队行为的元结构中,提出了高管团队行为整合的概念,即高管团队成员间的集体互动和相互合作。行为整合能够使高管团队成员通过公开且自由地交流信息、分享资源来解决冲突、达成共识,并将决策付诸实施，以此促进企业更好发展。高管团队行为整合包括三个维度——合作行为、信息交换和联合决策。合作行为是指高管团队成员各司其职、合作互助，顺利完成工作任务；信息交换是指高管团队成员之间交换信息，交流意见和观点，共享决策所需信息；联合决策是指高管团队成员清楚需要解决的问题，能够讨论彼此的期望和要求，以及能够考虑自身行动与其他成员的关联性。在这三个维度中，合作行为是高管团队产生凝聚力和信任的社会属性，信息交换和联合决策是高管团队达成目标的任务属性。

2. 高管团队行为整合对商业模式创新的影响

高管团队合作行为对商业模式创新具有以下方面的影响：首先，高管团队成员间高水平的合作有利于高管团队成员尊重彼此的价值观和意见，分享彼此资源和知识，进而有利于有效整合和充分利用高管团队不同成员的知识、资源和创意以实现商业模式创新；其次，高管团队成员间的相互合作也有利于团队形成合力，利用内部优势、抓住外部机会以及破除内部障碍、规避外部威胁，进而有利于商业模式创新成功。

高管团队信息交换对商业模式创新具有以下方面的影响：首先，高管团队成员间的信息交换增加了高管团队成员个体的信息储量，扩展了其视野，有利于高管团队产生更多有关商业模式创新的想法；其次，高管团队成员间的信息交换提高了高管团队处理和解释信息的能力，在商业模式创新过程中可以帮助高管团队追踪并解释外部环境的变化、发现并解决内部出现的问题，从而顺利推进商业模式创新。

高管团队联合决策对商业模式创新具有以下方面的影响：首先，高管团队成员的联合决策有利于集聚和应用团队不同成员的信息和知识，进而有利于正确识别和解决商业模式创新中的关键问题，这是成功进行商业模式创新所不可或缺的；其次，高管团队成员的联合决策提高了高管团队成员对商业模式创新决策的认知度和接受度，并增加了高管团队成员对商业模式创新决策执行的承诺和投入，这也是成功进行商业模式创新不可或缺的。

合作行为和信息交换也能对联合决策产生影响并进而影响商业模式创新。它们对联合决策的影响包括以下方面：首先，高管团队成员间的相互合作和信息交换，不仅有助于解决个人时间和精力有限的问题，而且有助于汇聚不同信息、知识和技能，进而有助于高管团队发现需要决策的问题，并进行有效的科学决策和联合决策；其次，高管团队成员之间的相互合作和信息交换，能够提高高管团队成员彼此之间的信任度、默契度和协作力，从而协调高管团队成员之间进行良好分工和无缝合作，进而促进高管团队成员的联合决策。

8.4 高管团队动态管理能力与商业模式创新

动态管理能力（dynamic managerial capabilities）理论由Adner和Helfat于2003年提

出。动态管理能力是为了帮助解释"管理决策的差异导致企业绩效的差异"而提出的。动态管理能力是管理者用来构建、整合和重新配置组织资源和能力的。动态管理能力的概念是对更一般的组织"动态能力"的直接类比。动态管理能力理论认为来自组织顶层的指导可能会对公司如何应对不断变化的环境产生关键影响。

动态管理能力根植于管理人力资本（managerial human capital）、管理社会资本（managerial social capital）和管理认知（managerial cognition）三个基本因素。管理人力资本指需要在教育、培训或更广泛的学习中进行投资而得到的知识与技能。管理社会资本产生于社会关系，可以赋予管理者影响力、控制力和权力。管理社会资本的概念反映了社会关系以及这些关系可能赋予的善意会转移到工作等其他环境中。管理认知指作为决策基础的管理信念和心智模式。

动态管理能力初期的研究对象主要为企业的创始人或者CEO。后来，Martin于2011年将研究对象从个体层面扩展到群体层面，发现高管团队的特征影响了高管团队动态管理能力，进而影响了组织的产出。Martin推荐使用动态管理能力方法来理解高层管理团队，可能会比基于人口统计的方法具有更强的规范性和相关性。

动态管理能力的观点被用来分析与商业模式创新有关的决策过程。企业内在的动态管理能力的强度是商业模式创新的核心驱动力。管理者拥有动态协调公司的资产组合（即资源和能力）的能力，而资产组合的独特构成又决定了商业模式创新变革的途径，并最终塑造了公司的商业模式创新绩效。

8.4.1 高管团队管理人力资本与商业模式创新

管理人力资本指的是管理者通过其先前的经验、培训和教育而发展的、学到的技能和知识。高管团队的管理人力资本是新企业形成的决定性因素，也对企业后续资源的获取具有积极的影响。对于高管团队来说，管理人力资本被区分为通用技能与知识和特定技能与知识。拥有关于行业和市场的通用技能与知识可以帮助高管团队更好地配置组织的资源和能力，从而为商业模式创新提供所需的资源和能力。而特定管理人力资本可以使高管团队更加了解所在的公司，使高管团队清晰地知道公司的资源与能力优势及劣势，从而扬长避短，帮助高管团队制定有关商业模式创新的战略与资源决策，并对通用或一般管理人力资本起到辅助和补充的作用。

8.4.2 高管团队管理社会资本与商业模式创新

管理社会资本被定义为"管理者所拥有的关系网络嵌入性以及通过这种嵌入性可获得的和可衍生的实际与潜在资源的总和"。社会资本的核心点是，他人对我们的善意是一种宝贵的资源。它对商业模式创新的效果来自它提供给高管团队的信息、影响力和团结效应。

首先，管理社会资本的利用使高管团队能够获取各种信息。信息的广泛获取使管理者能够了解更多的机会,信息和机会的识别促进了商业模式创新的发生。管理社会资本还通过非等级和非正式网络促进信息交换,为商业模式创新过程创造有利条件。

其次,高水平的管理社会资本可以为商业模式创新带来非正式支持,这些支持主要来自管理者社会关系网络中某些社会地位所赋予的权力和影响力。这些非正式支持,一方面体现在能够促进社会网络中资源的搜索和流动,以抓住新的市场机会;另一方面,还体现在能够增加管理者在社会网络中的互动,以满足企业跨越边界进行商业模式创新的需要。

最后,高水平的管理社会资本可以为商业模式创新带来凝聚力。组织内部的团结可以促使员工产生组织公民行为,有助于员工自发地为商业模式创新出谋划策以及更容易接受商业模式创新带来的变化。组织外部的团结能使得更多的利益相关者参与到商业模式创新中来,能够指出现有商业模式的不足,促进商业模式创新的发生,比如顾客或者社区参与的价值共创。

8.4.3 高管团队管理认知与商业模式创新

从管理认知的角度来看,管理者被认定为"信息工作者",也就是说,他们花时间吸收、处理和传播与问题、机会和困难有关的信息。Walsh(1995)认为管理认知是"一种知识结构"。管理者通过使用知识结构来表示他们的信息世界,从而协助信息处理和管理决策。Helfat和Peteraf(2015)提出了管理认知能力的概念,指出认知能力有助于解释为什么一些高级管理人员在预测、解释和应对不断变化的环境方面比其他人更有效率。Helfat和Peteraf(2015)认为管理认知能力会对管理者感知机会、抓住机会和重新配置资源的活动产生影响,并认为具有动态管理能力的管理者也会因为管理认知的差异产生不同的管理效用。

认知观将商业模式定义为进行决策的一种隐含的心理上的方案。从管理的角度来看,这种商业模式的心理图景是针对公司如何提出、创造和获取价值的主观看法。与商业模式有关的决策最终取决于管理者对其运作原则的主观认识,而不是其客观设计。首先,管理者往往是第一个感知到可能需要进行商业模式创新并进行解释的人,并且实施商业模式创新的权力也掌握在管理者手中。因此,他们对必须做什么样的商业模式创新的解释尤其具有决定性。其次,商业模式创新面临着与高管团队的认知惰性相关的问题,这使得识别和实施商业模式创新方案变得更加困难。企业的高管团队对商业模式要有清晰的认知,克服认知惰性,才能实现商业模式创新。对技术变革的任何创新反应都是通过组织内最高管理者做出的决定来实现的。高管在指导各种类型的战略更新,包括组织调整方面,都发挥着重要作用。高层管理者的认知是驱动这些效应的机制。总体而言,高层管理者认知关注的问题决定了他们的商业模式创新决策和商业模式创新行动。

8.5 高管团队决策逻辑与商业模式创新

制定决策所遵从的逻辑即决策逻辑,包括两种类型,即因果逻辑与效果逻辑。因果逻辑以目标为导向,借助市场调查拟定计划,以可能实现的最大化收益为判断依据选择最优计划。效果逻辑则以手段为导向,基于可承受的损失进行试错,重视先前承诺及企业柔性,借助突发事件掌握未来。

因果逻辑的理论基础来源于新古典微观经济学的理性决策观点。因果逻辑认为企业家在进行决策时是完全理性的,能够了解全部的信息和所有的解决方案,并在全部的解决方案中寻求最优解。因果逻辑与有计划的战略方法是一致的,都强调以战略规划为核心,进行资源搜索、机会识别等一系列活动。

图8.2显示了因果逻辑决策模型。该模型的起点是识别新的商业机会(包括新产品、新市场、新企业等),后续将以此起点作为目标,开展竞争分析和市场调研,充分收集细分市场、竞争对手等各方信息,系统地寻找行业中能够实现这些目标的机会。进一步地,在此基础上制定商业计划书,尽量规避风险和不确定性带来的消极影响,选择预期收益最高的方案,搜寻预期规划所需的资源、能力和利益相关者,并根据外部环境的变化及时调整战略和计划,以确保能够顺利实现预期目标。

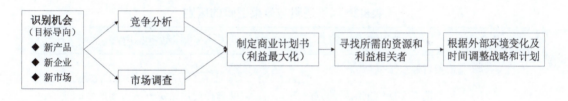

图8.2 因果逻辑决策模型

效果逻辑的理论基础来源于西蒙提出的有限理性的观点。当面对不断变化的外部环境时,企业很难获取到全部的有效信息,也较难提出全部的解决方案。在这种情况下,重视市场分析的因果逻辑所发挥的作用有限,企业需要借助效果逻辑,不断根据自身情况和环境要素的变化对于目标进行适应性的更改,以解决外部环境较为复杂时的决策问题。

图8.3显示了效果逻辑的决策模型。该模型的起点是明确三个问题,"我是谁?""我知道什么?""我认识谁?",即寻找当前知识、技能和价值网络带来的潜在市场机会。通过对现有资源和能力的重新整合,开展一系列活动,并且与利益相关者互动,形成战略联盟,不断获取新的资源和能力,在企业内部重新进行整合。企业观察每个阶段实现的结果,并利用新信息来改变下一阶段的方向,目标不断收敛,资源不断扩大。

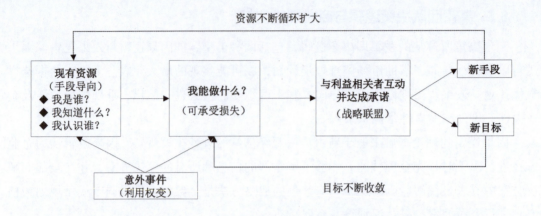

图8.3 效果逻辑决策模型

从内容来看,这两种决策逻辑在以下方面具有显著区别:①因果逻辑从给定的目标出发,效果逻辑从既有手段出发;②因果逻辑通过采用最佳策略以实现利益最大化,效果逻辑则在事先确定的可接受最大损失范围内进行企业活动;③因果逻辑注重竞争分析,效果逻辑注重合作与联盟;④因果逻辑重视预测并避免意外发生,效果逻辑则积极利用意外创造优势。表8.2显示了Sarasvathy(2001)对这两种逻辑区别的分析。

表8.2 因果逻辑与效果逻辑的区别

区别指标	因果逻辑	效果逻辑
依赖关系	依赖目标或结果	依赖手段或工具
决策的选择标准	帮助选择实现给定结果的方法;基于预期回报的选择标准;结果依赖:手段的选择取决于决策者想要创造的效果的特征以及他或她对可能手段的了解	帮助选择使用给定方法可能产生的效果;基于可承受损失或可接受风险的选择标准;决策者依赖:给定特定的手段,效果的选择取决于决策者的特点以及他或她发现和使用偶然事件的能力
使用能力	善于开拓知识	善于利用偶发事件
相关内容	在自然界更普遍;在静态、线性和独立环境中更有用	在人类行为中更普遍;动态、非线性和生态环境的明确假设
未知属性	关注不确定未来的可预测方面	关注不可预知的未来的可控方面
基本逻辑	只要能预测未来,我们就能控制未来	在能够控制未来的程度上,我们不需要预测它
结果	通过竞争战略在现有市场中享有市场份额	通过联盟和其他合作策略创造的新市场

8.5.1 高管团队因果逻辑与商业模式创新

因果逻辑学派认为，商业模式创新是一个计划和目标导向的组织活动，即商业模式创新是受到因果逻辑影响的行为。因果逻辑的影响体现在：

（1）增强商业模式创新的机会识别能力。商业模式创新需要在预测与分析客户潜在需求的基础上，准确识别潜在商业机会，明确目标市场细分和价值主张创新方向，进而制定符合消费者需求的产品开发战略，指导组织的价值创造和价值主张创新行动。

（2）有利于识别和系统整合内外部资源，进而设计出更合理的商业模式。商业模式创新是一项关于资源配置方式和生产关系的创新活动，全面的预测、有效的计划和合理的评估将能够引导企业全面分析组织内外部的资源基础和网络关系，有目的性地重构商业逻辑、资源结构和组织流程，激发组织商业模式中各单元活力并提升价值创造质量。

（3）在企业内部形成凝聚力及目标明确的商业模式创新方向。在极具破坏性创新的决策中，因果逻辑引导企业形成基于综合分析的组织目标，以及更强大的决策团队凝聚力，并对决策团队的信息多样性和想法一致性产生积极的调节作用。这对企业的新业务新流程引入、新产品开发等价值创造创新具有积极影响。

（4）有助于提高企业创新决策的效率和执行力。因果逻辑强调集权控制和领导决策，相对于民主式决策和外部参与式决策，能够简化决策流程。这意味着企业可以更快地做出决策，实现对外部变化的快速响应，并为创新实施提供指引，强化资源整合能力和业务协调能力，推动商业模式创新计划高效落实。

8.5.2 高管团队效果逻辑与商业模式创新

效果逻辑视角下的商业模式创新观认为企业很难在最初设计出效率最高的商业模式，需要将商业模式创新视为一个初始试验，进入基于试验-错误学习的持续微调过程。效果逻辑对商业模式创新的影响体现在：

（1）从不确定性理论视角来看，商业模式创新是一种风险伴随的创新行为，而效果逻辑能够帮助企业探索风险并通过试验从众多选择中寻找到有效的应对路径，因而最小化决策执行的成本或损失，即提高创新绩效。

（2）从组织适应理论视角来看，新商业模式也需要适应客户的需求变化或者惰性，才能帮助企业捕获价值。此外，当竞争对手成功地创新了商业模式时，这种成功经验会存在正外部性，企业也会通过学习对手溢出的经验来优化自身商业模式。效果逻辑则能够引导企业及时反省原有路径和惯例，及时更正创新思路和方法，因而能提高成功创新的可能性。

（3）从动态能力视角来看，在不确定性条件下，企业往往无法估计给定行动方案及其预期回报，而效果逻辑激励企业保持灵活性，通过试验探索多种可能性，通过从重要的利益相关者（例如潜在的供应商、竞争对手和客户）处获得预先承诺来施加控制，极大降低包括新定价模式、新业务及新组织模式等商业模式创新行为的风险。

8.5.3 高管团队决策逻辑组合与商业模式创新

效果理论的开创者Sarasvathy认为因果逻辑与效果逻辑都是不确定环境中人类推理的组成部分，并主张二者可以组合与交织。例如，因果过程擅长利用已有知识，效果过程擅长利用突发事件。而企业需要同时利用已有知识与利用突发事件来适应不确定性。鉴于不确定性不仅包括外部环境不确定，而且包括内部环境不确定，本节举出数字技术不确定（外部环境不确定）与员工认知准备不确定（内部环境不确定）两个案例，来说明不确定环境下决策逻辑组合对商业模式创新的影响。

数字技术不确定指数字技术发展趋势的不可预测性，是企业外部环境不确定性的重要来源。因果逻辑与效果逻辑尽管是两种不同的决策逻辑，但在数字技术不确定环境中可以同时发生与交织，引导与促进企业进行商业模式创新。首先，因果逻辑与效果逻辑的组合有助于在数字技术不确定环境中识别商业模式创新所依赖的资源，进而突破资源约束。因果逻辑强调战略规划导向，这有助于企业明确创新方向并识别相关资源。效果逻辑可在此基础上不断挖掘现有手段或资源的创新潜力，推进商业模式创新。其次，因果逻辑与效果逻辑的组合有助于企业抓住数字技术变化带来的机遇，推进商业模式创新有效开展。效果逻辑强调企业根据数字技术的动态变化，不断调整商业模式创新行为。在调整的过程中，因果逻辑强调战略规划的引导作用，避免出现商业模式创新行为与战略目标不一致的情况。最后，因果逻辑与效果逻辑的组合有助于在数字技术不确定环境中实现商业模式创新的收益目标。效果逻辑强调评估与控制可负担的损失，这有助于规避或减少数字技术不确定带来的可能损失。与此同时，因果逻辑指导企业选择与实现效益最大化的方案，这有助于提升商业模式创新的预期收益。

员工认知准备指员工具有的进行商业模式创新所需的知识、技能与适应性，是商业模式创新的基础。然而，员工知识、技能与适应性是否符合与满足商业模式创新所需，有时难以判断或预测。因果逻辑与效果逻辑的组合有助于企业应对这种不确定性。首先，因果逻辑与效果逻辑的组合有助于企业获取外部支持以弥补内部支持的不足。效果逻辑强调建立伙伴关系，这有助于企业获取外部支持，例如来自伙伴的知识与技能。在此基础上，因果逻辑强调战略规划导向，这有助于企业将获取的外部支持用于实现商业模式创新目标，进而弥补了因员工认知准备不确定而产生的内部支持不足。其次，因果逻辑与效果逻辑的组合有助于减少商业模式创新过程中的意外。在高员工认知准备不确定环境中，面对员工知识与技能的不足，企业不得不通过效果逻辑对现有手段与资源进行试错与试验。与此同时，因果逻辑强调通过战略规划引导这些试错与试验，这将有力支持商业模式创新过程并减少意外。

> **问题思考**
>
> 1. 高管团队对商业模式创新的影响或作用有哪些？
> 2. 高管团队的认知与行为对商业模式创新的作用有哪些差异？
> 3. 高管团队的动态管理能力如何影响商业模式创新？
> 4. 高管团队的决策逻辑如何影响商业模式创新？

案例分析

百度高管团队建设与商业模式创新

一个公司有没有未来，最关键的因素还是人，尤其是能够在关键赛道赢得胜利、带领公司走出低谷的领头人。《战争论》作者克劳塞维茨曾说，在战场上，将领的作用是什么？就是用自己发出的微光，带领队伍不断前行。

为了更好地"夯实移动基础，决战AI时代"，百度重置棋盘，频频调兵遣将，组建了一支精兵强将。百度在一封内部信中表示，"2019年公司将加速干部年轻化的进程，选拔更多的80、90后年轻同事进入管理层。"

2018年12月，百度开启了新一轮组织架构调整，集团战略部陆原晋升为百度副总裁。紧随而来的2019年，侯震宇、景鲲等被陆续提拔为百度副总裁。同时，何俊杰加盟百度任副总裁一职，负责战略投资；沈抖接替向海龙担任百度高级副总裁。此外，百度高级副总裁、AI技术平台体系（AIG）总负责人王海峰晋升为CTO，填补了这一职位十年来的空缺。

他们都在一线打拼多年，例如侯震宇加盟百度超过10年，王海峰加入百度9年，沈抖加入百度也已经7年。值得一提的是，加上其他几位高管，新晋12人中都是75后及85后。这家刚刚走过"成人礼"的公司，迎来了近5年来最年轻的高管团队。

除了年轻这一点，关键赛道能打胜仗、更具战略视野、技术基因浓厚，也是百度的新高管团队带给外界的直观感受。

在李彦宏看来，过去打的很多仗没有打赢，很多时候是因为领军人物选错了，以后要想办法避免。李彦宏还在内部会上强调，"领军人物是选出来的，更是打出来的。一线干部真正在外界跟别人拼过，这样成长起来才有竞争力。"沈抖、景鲲、侯震宇正是这样的干部。

2012年，沈抖加入百度，负责百度实时流量交易系统。之后5年，凭借优秀的技术实力，他辗转于百度多个部门担任技术总监。2017年，随着移动搜索形态的变革，重压之下的百度提出"将信息流作为未来增长点"的重要战略。同年5月，沈抖被提拔为百度副总裁，继续全面负责百度App和信息流业务体系。

多年与信息流生态打交道的一线经验给了沈抖对用户体验的敏锐观察能力。在他看来，互联网上的各个App相互割裂，百度需要为用户提供"一个强入口，进去就可以完成自己所有的需求"，将百度App打造成一个能够汇聚巨大流量的超级App。

在2018年11月的百度世界大会上，百度App 11.0正式上线。新版App从"搜索+信息流"模式升级为"综合性内容消费和服务平台"，并实现了对百度智能小程序的全面支持。

2019年春晚营销是百度系App流量规模大幅提升的重要节点。担当基础技术保障重任的则是有着16年资历的"老百度人"侯震宇。

2019年春晚红包项目，百度面临的服务器压力比腾讯、阿里更大。除了红包互动人数的提升，百度此次"抢红包"的多种玩法，例如首次在互动环节中融入语音搜索、方言互动等形式，也对服务器稳定性提出了更高的要求，给百度云的服务器、宽带等基础设施带来了巨大挑战。

春晚直播期间，百度App日活从1.6亿冲上了3亿大关，全球观众参与百度春晚红包互动达208亿次。为了保障整场春晚不宕机，侯震宇需要前期带领团队进行百度全系统、全链路的优化设计，同时高效地控制成本。从1月6日到2月5日（大年初一），侯震宇和团队用一个月的时间完成了对百度技术积累最高级别的综合考验，在春晚"战场"中打了漂亮的一仗。借助春晚，百度不仅成功实现了用户下沉，还通过"抢红包"玩法上的尝鲜实现了好看视频、全民小视频、百度贴吧、百度网盘、宝宝知道等百度App产品矩阵的引流。

景鲲带领的SLG事业部、小度及小度助手构建的AI生态，也是百度一条重要的赛道。目前小度助手已经成为我国最大、最活跃的对话式人工智能平台。

"2018年初，挑战很大。百度没有系统化地做过硬件，销售渠道也不齐备，后来我们用排除法找取得增长的原因。"在小度智能音箱出货量快速增长的态势下，景鲲总结认为，这主要得益于团队在"用户体验""品牌""补贴""渠道"四大方面的同步推动。"体验才是决定性因素，体验决定用户愿不愿意使用，愿不愿意推荐给别人"，景鲲表示。经过一年的努力，百度用自己的实际行动打破了"百度到底能不能做出一款让用户满意的产品"的质疑。

目前，小度用户黏性不断提升，有屏和无屏设备用户每天使用时长均超过一小时。此外，小度还致力于搭建开放、健康的合作伙伴生态，小度对话式AI

能力已经应用于全品类硬件产品，在智能家居、智慧车载、移动及更多细分品类上实现语音交互的智能化，实现IoT（物联网）生活场景全覆盖。

百度除了在内部增强战略视野外，也在外部加强投资并购。根据网络公开数据和私募通不完全统计，2018年，百度（包括百度投资并购部、百度风投、百度资本等）共计投资68笔。其中早期投资占比过半，而中后期投资占比近四成，覆盖交通出行、文化娱乐、医疗健康、企业服务等多个领域。

2019年6月加盟的副总裁何俊杰，正是集团投资并购部、战略投资管理部的负责人。何俊杰2007年本科毕业于北京大学光华管理学院，具有丰富的投资并购管理经验，曾历任中国国际金融股份有限公司投资银行部经理、美国华平投资集团投资董事、朗润投资管理合伙人等职务。

2017年2月，何俊杰以顾问身份加入百度时，协助开展集团投资并购部的各项工作，先后率团队高效地完成了百度外卖与饿了么的合并、FSG分拆及独立融资、联通混改、爱奇艺IPO融资、国际化工具业务分拆等战略级项目。

新高管团队为管理层注入了强心剂，百度打赢了人才这一场关键"前哨战"。面向未来，从战略到组织，再到高层人事重组，百度战略目标趋于聚焦，进入全方位应战期。

问题讨论

1. 从商业模式创新的角度来看，百度进行该轮人事与组织架构调整的动机是什么？
2. 该轮人事与组织架构调整后，百度高管团队的构成与特征是什么？
3. 百度的高管团队调整与建设对于百度把握未来的商业模式创新机会有哪些影响？

第 9 章
需求侧战略与商业模式创新

9.1 需求侧战略及其对商业模式创新的价值

9.1.1 需求侧战略及其特征

需求侧战略指把顾客动态的、异构的、内生的甚至潜在的需求融入企业战略规划中，突出了需求侧与战略的相关性。以往的企业战略设计多聚焦于如何利用企业内部资源调整与变革战略，而忽略了对需求侧的关注。这就可能导致企业花费很大力气制定战略却依然没能迎合最终顾客的需求，进而导致企业遭遇运营困境。

需求侧战略强调企业将目光焦点移至下游顾客群体，以提出、解释、预测可以为顾客创造更多价值的管理决策。因此，需求侧战略首先关注的并不是企业或企业所处行业所能获取的价值，而是企业为顾客创造的价值。

表9.1对比了需求侧战略与传统的基于企业内部资源的战略。对比显示了需求侧战略的主要目的是为顾客提供更好的价值创造的方式，以更好迎合顾客动态的需求变化，这与基于企业内部资源的战略有着很大不同。

表9.1 需求侧战略与基于资源的战略对比

对比内容	需求侧战略	基于资源的战略
关注焦点	下游：面向产品市场	上游：面向要素市场
分析环节	价值创造	价值获取
主要观点	通过需求侧创新满足异质性顾客需求	通过异质性资源等要素提升企业绩效

总的来说，需求侧战略具有以下三个特征：

（1）需求侧战略强调要将对顾客需求的考虑融入企业战略制定的过程中，突出了基于顾客视角做出战略决策的重要性。需求侧战略提出了从需求侧角度调整战略可以为企业提供持续竞争优势的观点。因此，与基于企业内部资源视角的战略研究强调内部资源重要性的观点不同，需求侧战略研究认为企业即使在没有足够内部核心优势资源的前提下，也可以通过满足需求侧而获得竞争优势。

（2）需求侧战略是以价值创造为核心的，这与其他类型的战略显著不同。需求侧战略强调价值创造与价值获取的独立性，其目的是强调价值创造的发生时间点要先于价值获取，突出价值创造的战略意义。企业要获得成功，首先要能成功创造价值，然后才能将价值创造转化为利润点进行获取。价值创造首先会影响顾客在特定环境下使用产品或体验服务的方式，再进一步影响顾客感知价值的产生。感知价值作为顾客衡量购物满意度的重要指标，又会影响到企业利润的实现。所以需求侧战略提出了为顾客创造价值是获取价值、实现利润基础的观点，探讨了价值实现的驱动因素。

（3）需求侧战略探索了以需求为基础的创新战略。传统战略大多侧重于挖掘基于内部资源的企业绩效驱动因素，长期以来一直忽略了为顾客创造价值的战略意义，低估了从需求侧视角展开战略所能提供的优势。需求侧将顾客引入，弥补了以往企业战略的"空白"。比如，需求侧战略可以基于需求侧特征提出有效价值主张的具体内容，帮助企业从满足顾客需求入手建立持续性竞争优势。

9.1.2 需求侧战略的启示价值

需求侧战略与商业模式创新之间存在着千丝万缕的联系。商业模式创新以"市场为中心"的观点与需求侧战略不谋而合，两者都将顾客的需求放在核心位置。但传统的商业模式创新理论与实践在落实"市场为中心""市场相关性"等主张时依然秉持着传统的由内到外的、以内部资源为核心的视角。显而易见，传统商业模式创新探索顾客需求的方式未能体现由外到内的视角，也即不能真正从顾客角度出发，向顾客提供的产品或服务也不能真正满足顾客的需求。需求侧战略为商业模式创新提供了一个很好的视角——基于顾客的视角。

基于顾客的视角可以帮助企业在商业模式创新时以需求侧的相关特征为出发点，探索基于需求侧特征的、为顾客带来更多价值的管理决策，帮助企业更好地为顾客创造价值并持续性获取价值。基于顾客视角的商业模式创新与传统的基于资源的商业模式创新的区别如表9.2所示。需求侧战略基于顾客视角的思路可以帮助企业在商业模式创新过程中真正了解顾客，从顾客的角度来考虑商业模式创新为其带来的价值，更好地做出创新方案。具体来说，需求侧战略基于顾客视角的观点可以为商业模式创新带来以下启示。

表9.2 基于顾客的商业模式创新与传统商业模式创新对比

对 比 内 容	基于顾客的商业模式创新	传统商业模式创新
关注焦点	顾客感知	企业资源

续表

对比内容	基于顾客的商业模式创新	传统商业模式创新
分析环节	价值创造、价值获取	价值创造
主要观点	从顾客需求出发，探索商业模式创新如何满足顾客需求	从企业盈利出发，探索商业模式创新如何提升企业绩效

1. 基于顾客视角的价值主张创新

企业在进行价值主张创新时大多从企业自身角度考虑顾客对产品与服务的需求，却忽略了顾客才是是否接受产品与服务的决定者。所以对价值主张的创新而言，不仅要结合企业内部资源考虑产品与服务的要求，还要利用顾客视角直接了解供应链终端对产品与服务的要求。

对企业来讲，只有提供的产品与服务蕴含的价值内容在顾客体验过程中得到了顾客的认同，被顾客选择并且使用才能实现顾客价值，所以顾客体验是价值主张创新中的重要一环，其可以反馈出顾客对产品与服务的新需求与改进意见等。结合这些顾客对产品与服务的反馈，企业可以解释、预测那些最有可能迎合顾客未来或潜在需求的新价值主张，帮助企业进一步创造价值并获取价值，建立相对于竞争对手的差异化优势。

2. 基于顾客视角的价值创造创新

企业在进行价值创造创新时，多遵循通过为顾客创造价值来增强顾客的支付意愿以进一步增加企业"价值馅饼大小"的创新逻辑，从企业的角度来考虑迎合顾客需求的价值创造方式。但在现实中可以明显感觉到，从企业角度考虑的价值创造方式与顾客实际需要还是存在一定差距的。所以企业在进行价值创造时不仅要考虑企业内部资源等方面，也要融入强调顾客感知的顾客视角。

企业要意识到顾客已经改变了以往只被动接受价值的角色，成为价值创造的主体之一，甚至在价值创造过程中扮演着比企业更为重要的角色。他们会与企业共同创造价值，主动与企业保持紧密联系，形成顾客价值共创行为。顾客的价值共创可以帮助企业在与顾客互动的过程当中深入了解顾客，兼顾需求侧特征，为高效进行价值创造创新打下基础，所以顾客价值共创已经成为了企业价值创造创新必须重视的行为因素。

3. 关注商业模式创新的顾客侧结果

企业在进行商业模式创新时大多基于自身财务绩效等因素衡量创新的结果，并依据绩效状况调整商业模式以期待获得更高收益。但企业忽略了一点，即财务绩效得以维持的基础是创新会带来积极的需求侧效果。一旦创新没有对顾客产生积极影响，顾客就选择拒绝企业创新后的商业模式，从而导致创新失败。所以企业不仅要从财务绩效等因素来衡量商业模式创新的结果，也要立足顾客视角探索商业模式创新如何引发积极的需求侧效果，使顾客认为企业的创新行为是可以为其带来持久性价值的，从而促进企业的长远发展。

基于需求侧战略对商业模式创新的以上三点启示，下面将从改善顾客体验的角度出发，探索价值主张的创新；从促进顾客价值共创的角度出发，探索更有效的价值创造方式；探索商业模式创新该如何引发积极的顾客侧结果，为企业的商业模式创新提供基于需求侧的思考视角。

9.2 基于顾客体验的商业模式创新

9.2.1 顾客体验及其性质

视频讲解

顾客体验是一种纯主观的，在顾客使用产品过程中建立起来的感受。良好的用户体验一方面有助于公司不断完善产品或服务，另一方面可以帮助提升顾客感知价值，形成顾客积极的情绪反应，构成顾客对一家公司独特的体验认知。因为每个人对体验过程的感知不尽一致，所以体验常常是个性化的，难以被他人所替代。因此，对企业而言，形成相较于竞争对手差异化的顾客体验是企业吸引顾客、提高竞争优势的重要方式。一般来说，顾客体验具有以下三个基本性质：

（1）交互性。顾客通过与企业员工的交流或者通过企业所提供的活动、技术与企业产生联系，从而在顾客与企业互动的过程中形成顾客体验的交互性。

（2）独特性。因为顾客之间存在个体差异，所以不同的顾客面临相同情景时所产生的顾客体验也是不同的，这体现了顾客体验性质中的独特性。

（3）多维性。顾客体验可以被划分为多个维度进行细致地衡量。

顾客体验的多维性质使得企业可以更准确全面地把握顾客体验过程中涉及的影响顾客体验的因素。顾客体验包含了如下5个维度，且每个维度都旨在解决一类与顾客体验有关的问题：①认知维度，顾客在体验过程中会产生什么样的想法？②场景维度，顾客在与企业互动的过程中有哪些场景环境因素会致使顾客行为改变？③感官维度，顾客体验过程中，哪些因素会对其感官产生刺激并形成不一样的体验感？④心理维度，顾客在体验过程中会有什么心理感受？⑤社交维度，影响顾客体验形成的社交群体有哪些？

划分了顾客体验的维度之后，企业的经营管理者可以通过分析得出企业目前在哪些顾客体验维度还有可发展空间，从而针对可发展的顾客体验维度形成相较于竞争对手的差异化优势。

9.2.2 顾客体验对商业模式创新的影响

目前，商业模式创新已经成为企业提升顾客体验最常利用的手段之一。商业模式创新可以通过高效协调的方式对各种关键因素进行同时调整，以一种整体化改变的创新方式提升最后呈现给顾客的产品或服务的价值，从而增加企业的收入，增强企业在竞争激烈的外部环境中的竞争力。在判断产品或服务价值内容时，顾客体验发挥了巨大的作用，所以企业要达成盈利目标，实现商业模式创新的成功，就必须重视顾客体验。因而，改善顾客体验是商业模式创新必须实现的目标，企业在进行商业模式创新时必须考虑到目前的顾客体验现状以及创新后会对顾客体验造成的影响。

现实中有很多在商业模式创新中重视并改善顾客体验进而成功创新的例子。比如，飞机发动机制造商罗尔斯-罗伊斯（罗-罗）公司便通过商业模式创新的方式极大地改善了与其顾客——航空公司之间的关系，大幅提升了顾客体验感。很久以前，罗-罗公司便从销售飞机发动机的商业模式转变为"按发动机使用时长收费"的服务销售型商业模式。在这种商业模式下，身为顾客的航空公司不再需要担心购买发动机后所要付出的维护与维修的成本，以及若发动机性能不佳所面临的售后问题等，从而改善了体验，提升了满意度。此外，由于罗-罗公司的收入与利润的来源取决于其飞机发动机的正常运行时间，因此该公司会自觉对发动机定期维护，并开展研发以改善运行性能，同时开发了监测系统以确保实时发现发动机的运行问题等。罗-罗公司商业模式的创新使企业与顾客都获得了比原来更多的价值，并构建了涉及产品研发、服务提供、性能检测等的价值良性循环模式，极大地改善了航空公司的顾客体验，提升了消费者对于其产品和服务质量的积极评价，创造了不俗的市场表现。

9.2.3 顾客体验驱动的商业模式创新

企业在进行商业模式创新时，必须考虑到目前的顾客体验现状以及创新会对顾客体验造成的影响。企业需要利用分析框架将顾客体验与商业模式创新结合，以更好地实现两者匹配。构建顾客体验驱动的商业模式创新框架的目的是利用商业模式创新将顾客的体验现状、未来需求与企业战略类型相匹配，因为商业模式创新可以同时兼顾需求侧与供给侧，并以一种协调的发展方式共同满足双方的要求。顾客体验驱动的商业模式创新的实现主要包括以下三个步骤，如图9.1所示。

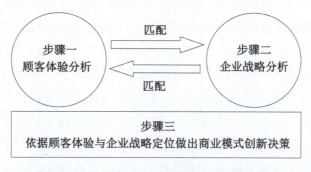

图9.1 顾客体验驱动的商业模式创新框架

步骤一，通过分析目前企业在不同顾客体验维度上的绩效表现，使管理人员明确，改善哪些顾客体验维度可使企业获得发展机会。该分析从顾客的角度对顾客体验维度的现状进行判断。

步骤二，使管理人员清楚目前企业的战略定位，明白战略特点以及在此战略定位下企业可利用的优势资源，从而设定出企业在此战略下的行为边界。

步骤三，要求管理人员结合企业的战略定位，在步骤一选择出可发展的顾客体验维度的基础上，进一步确定可以匹配企业战略类型并可改善顾客体验维度的策略，依此做出商业模式创新的决策，满足供需双方的要求。

通过这三步，企业系统、全面地收集与分析信息，提高了针对顾客体验与战略定位做出商业模式创新决策的效率，达到既满足顾客体验需求又与企业目前战略特点相吻合的目的，推动以顾客体验为导向的商业模式创新的开展。

1）步骤一：顾客体验分析

对顾客体验进行分析的目的，是判断企业顾客体验维度对提升顾客体验和企业发展的影响，明确企业可改善的顾客体验维度。

企业可通过向顾客调查的方式确定每个顾客体验维度的当前贡献和上升潜力。调查中，企业要根据自身的发展现状对顾客体验的5个维度做出合理的解释。以每个维度对顾客购买意愿的影响程度作为衡量其当前贡献的标准，以每个维度的改进对促使顾客购买意愿形成的影响程度作为衡量其上升潜力的标准。针对这两类标准，企业要结合自身的企业特点设计问题，让顾客针对这两类问题对每个维度的表现进行打分，做到影响程度的具体化。企业后续要根据调查得到每个维度当前贡献与发展潜力的分数统计做出维度间的相对排名。

可以使用图示法展示对顾客体验的5个维度的分析结果。图9.2展示了这方面的一个例子——从事产品制造且只进行线上销售的企业A。图中结合不同顾客体验维度当前贡献与上升潜力的相对排名，确定企业在每个顾客体验维度上的表现，并以此得出企业应针对每个顾客体验维度采取的措施与方案。方案根据指标大致可分为三种类型：应着重发展的顾客体验维度、应放弃的顾客体验维度和应保持现有策略的顾客体验维度，分别用绿色、红色和黄色标出。

（1）绿色维度。此顾客体验维度对改善顾客体验的上升潜力相对较大，所以企业应对此顾客体验维度采取"发展"策略，针对此顾客体验维度的改善制定调整方案。必要时，企业需构建新的业务流程来满足此顾客体验维度的需求，可帮助企业大幅度改善顾客体验，提高企业绩效水平。

（2）黄色维度。此顾客体验维度对改善顾客体验的当前贡献相对较大，但上升潜力相对较小，所以企业应对此顾客体验维度采取"维持"策略，即不做过多的调整。

当前贡献：顾客体验维度对形成最终顾客体验的贡献
上升潜力：若提升此维度可改善最终顾客体验的潜力

图9.2　顾客体验分析结果图示法展示示例

（3）红色维度。此顾客体验维度对改善顾客体验的当前贡献与上升潜力都相对较小，所以企业应对此顾客体验维度采取"放弃"策略，即企业应将资源集中投放在其他顾客体验维度，以期许其他维度有所改善和发展。

2）步骤二：企业战略定位分析

企业的战略定位确定了企业的总体运营方向、目前新兴的市场机会，并提供了清晰的、可以长期追求的、可以实现企业竞争优势的战略方向。一般而言，企业通常采用以下三种战略：成本领先、差异化和聚焦战略。三种通用战略代表了超越竞争对手的三种方法，每种战略都包含一些独特的途径来获得竞争优势。随着研究的深入，战略类型也逐渐丰富起来。但新的战略类型并没有脱离三种通用战略的组合。以下简单介绍当前企业常用的一些战略类型。

（1）成本领先战略。成本领先战略体现的是企业在业务运营中对经济和效率的高度追求，其目的是以尽可能低的价格向买方提供产品或服务。尽管实施战略过程中仍有着对产品或服务质量和细节的关注，但这些都不是成本领先战略的主要考虑因素。

优势：成本领先战略可以帮助企业获得较大的利润调整空间，使得企业在很多情况下面临竞争对手的价格调整时基本都仍有利可图。应用此战略的企业可以有效防止替代性产品、服务或新的行业进入者的出现。

劣势：该战略的应用需要企业抢先一步获得最初竞争优势，投入较高的初始成本，才能确保取得成功。例如在行业刚发展时，企业就要通过新技术投资、供应链的打造、抢占廉价原材料的来源渠道或广泛的分销网络渠道等来占据较高的市场份额。

（2）差异化战略。差异化战略强调在开发产品或提供服务的过程中就将企业与其他竞争对手的产品或服务相区别。企业会选择将一个或多个因素（例如品牌形象和标识、产品中体现的技术和功能、为顾客服务的能力、企业的经销商网络等）提高到行业的最高水准。

优势：差异化战略通过提升顾客的品牌忠诚度和顾客感知的附加值降低顾客对价格

的敏感性，提高利润率，改变收入主要受成本影响的现状。

劣势：差异化战略可能使得企业所提供的产品或服务只适合于部分顾客群体，从而缩小了产品所面向的市场主体的范围，限制了市场份额的提升。如果买方对差异化产品的需求下降，企业将面临竞争对手模仿和销量下降的风险。

（3）聚焦成本领先战略。聚焦成本领先战略指企业在选定的目标细分市场中寻求成本优势。实施该战略的企业的目标是为特定细分市场人群提供低成本产品或服务，以便将低价产品或服务交付给对价格敏感的顾客，达到盈利目的。

优势：聚焦成本领先战略让企业可以在价值敏感的细分市场获取较大市场份额。

劣势：企业所聚焦的细分市场可能不会遵循整个行业市场的发展趋势，所以企业要进行市场分析会更加困难。一旦企业的市场分析失误，企业就要花费大量成本调整生产结构，便很难继续维持成本优势。

（4）聚焦差异化战略。聚焦差异化战略强调企业要开发具有针对性的产品以满足高度差异化的细分市场需求。实施该战略的企业旨在为精确的市场群体提供有针对性的产品或服务。理想化的情况下，如果企业所提供的产品或服务满足其目标细分市场的需求，那么企业将同时获得产品差异化和低成本的优势。

优势：聚焦特定细分市场可以使企业尽可能地避免竞争、替代、新行业进入者的出现，更易培养顾客的品牌忠诚度并提高顾客的转换成本。随着企业的发展，企业可以逐渐垄断其选定细分市场中的分销渠道，企业在目标市场中的份额也会大幅增加。

劣势：实施聚焦差异化战略的企业对环境的适应能力较弱，一旦细分市场的需求发生大幅变化，企业便会因无法快速调整相应策略匹配环境变化而陷入困境。

（5）高性价比战略。高性价比战略要求企业控制成本，并且要求企业的成本至少要控制在竞争对手以下。当企业将自己定位为高性价比的产品供应商时，企业对内对外都需要拥有强大的掌控力，这意味着企业不仅要在运营过程中建立有效的成本控制系统，在控制供应商的供货价格时也需要有强大的价格控制机制。

优势：当企业实施高性价比战略时，企业所提供的产品或服务与竞争对手相差无几，但价格可以达到较低水准，以此吸引顾客。而且，当顾客支付了低于其支付意愿的价格但却获得较高的感知价值时，顾客会认为企业所提供的产品或服务是物有所值的。

劣势：当顾客对产品或服务的质量感知下降到顾客可接受的最低限度时，企业与竞争对手之间的价格差异便不足以吸引顾客购买了。一旦企业以低于行业平均水平的价格进行产品销售，企业就很有可能面临这样的困境：即使成本压缩至最低也无法保证能拥有高于行业平均水平的获利能力。

（6）混合战略。混合战略会使顾客认为企业提供了比竞争对手更好且价格更低的产品或服务，其是否能成功取决于企业能否以较低的价格为顾客带来更多的效益，同时也取决于企业能否获得足够的利润进行再投资以维持和发展产品或服务的差异化。

优势：混合战略会使顾客认为企业提供了比竞争对手更好且价格更低的产品或服务，使企业易获得较高的市场份额。目前，混合战略被一些学者视为企业唯一可用的可持续战略。

劣势：混合战略中，不同战略在实际应用过程中会存在价值主张或价值活动互斥等问题，需要企业对其进行权衡。混合战略的应用非常广泛，且当一个行业中使用混合战略的企业非常多时，激烈的竞争是可能会降低企业绩效的。

3）步骤三：依据顾客体验与企业战略定位做出商业模式创新决策

企业通过步骤一确定的可改善顾客体验维度的策略并不一定与步骤二中明确的战略定位相匹配，所以还需要通过步骤三进一步了解需求侧的特征并结合企业的战略定位，在步骤一所确定的顾客体验维度的基础上再明确企业可调整的维度，这是因为商业模式创新同时受到需求侧与供给侧的要求与约束。

企业首先要对顾客体验的五个基本维度进行细致划分，以进一步了解需求侧特征。而每个企业由于自身发展状况的不同，其细分的维度也会有所差别。企业的管理人员要基于步骤一确定的可改善顾客体验的维度，明确此维度下的细分维度有哪些。比如，在从事产品制造且只进行线上销售的企业A中（见图9.2），感官维度是企业A可以选择改善的。通过管理人员的调查与细分，A企业的感官维度包括产品包装、产品外观、产品气味等。

企业管理人员要判断，针对这些细分维度做出的调整策略是否能与企业的战略定位有效匹配。若某一维度下的细分维度大多与企业目前的战略重点有所冲突，那么企业可以选择"放弃"该维度，有选择性地改善其他顾客体验维度，并依此做出商业模式创新决策。假设A企业采取的是成本领先战略，那么其战略目的就是为顾客提供相较于市场价格更低价的产品，故产品包装与产品气味等都不是企业的主要考虑因素。所以，尽管企业在感官维度上有提升空间，但因与企业战略定位存在冲突，选择"放弃"该维度有利于企业的长远发展。

总之，借助顾客体验驱动的商业模式创新框架，企业可以同时关注到需求侧与供给侧的特征；再结合顾客体验与战略定位，就可以得出既改善顾客体验又匹配企业战略定位的商业模式创新方案。

9.3 商业模式创新促发顾客价值共创

价值共创理论认为，在服务主导逻辑日益盛行的趋势下，顾客已经摆脱了价值消耗者的角色，成为价值创造的一员，甚至在价值创造过程中扮演着比企业更为重要的角色。顾客会与企业在产品或服务设计、开发、生产、消费等环节进行互动与合作，共同创造价值，产生顾客价值共创行为。

现有研究证实，商业模式创新作为提升顾客感知的一种企业质量信号，会通过提升顾客对企业的认知影响到其价值共创行为的产生。以下将商业模式创新划分为价值主张创新、价值创造创新、价值获取创新三方面，探究其与顾客价值共创行为之间的关系。

1. 价值主张创新与顾客价值共创行为

商业模式的价值主张创新会对顾客价值共创行为产生积极影响。具体而言，顾客对于企业价值主张创新最直观的感知便是企业产品与服务的创新。顾客对企业产品与服务创新的主观感知会影响顾客参与企业活动的程度。顾客都有好奇心理，新的产品或服务会吸引顾客产生较高的参与热情。这意味着顾客会在参与过程中提供给企业更多的资源，以期与企业共创更多价值，从而推动顾客价值共创行为。

2. 价值创造创新与顾客价值共创行为

商业模式的价值创造创新会对顾客价值共创行为产生积极影响。大部分企业在进行价值创造创新时，会考虑将价值交付给顾客时的接触点的创新，以优化顾客的体验感，进一步加强企业与顾客之间的联系。一旦顾客成为了企业价值创造环节的积极参与者，顾客就可以在从产品设计到产品交付的每个价值链环节与企业保持意见交流，帮助企业了解并提供与其个人特点相匹配的个性化产品或服务，从而推动顾客价值共创行为。

3. 价值获取创新与顾客价值共创行为

商业模式的价值获取创新会对顾客价值共创行为产生积极影响。对顾客而言，企业的价值获取创新与新技术、新服务的推广有着密切的联系。所以顾客会将价值获取创新看作一种质量信号，依此形成企业在积极创新、稳步发展的看法，并认为企业在未来商业模式的创新中会积极融入新的技术。鉴于顾客对价值获取创新的这种认知，顾客会认为参与价值共创将是富有成效的，自己的参与将会引导企业提供更好的服务体验，从而推动顾客价值共创行为。

9.4 商业模式创新获取顾客侧结果

9.4.1 商业模式创新与品牌信任

视频讲解

顾客的品牌信任是品牌阻碍竞争对手进入市场的有效保障，也是品牌溢价的基础。而商业模式创新作为顾客可感知的质量信号，必定会对品牌相关的顾客的心理要素产生影响。鉴于品牌信任的重要性，如何通过商业模式创新赢得品牌信任成为企业所关心的事情。

1. 价值主张创新与品牌信任

价值主张创新为顾客带来了具有新功能的产品或新的服务形式。顾客可以在接触产品或服务的同时，感知到品牌是否进行了价值主张的创新。现实中，品牌会通过价值主张创新来提升顾客的产品收益水平。企业价值主张创新带来的新的产品或服务呈现出来的特点，可以使得品牌与其竞争对手在顾客认知中有所区别，使顾客认为相较于竞争对手，此品牌所体现出的差异化可以为其带来超额价值，进而产生更高的品牌信任度。

2. 价值创造创新与品牌信任

企业对价值创造的创新，会使企业以顾客为中心的资源和组织结构与不断变化的顾客需求更匹配。比如，企业会通过价值创造调整企业的分销机制以降低顾客的购置成本，从而给顾客带来更好的消费体验，自身也获得更高的财务回报。企业还会通过价值创造创新建立与顾客之间的实时互动渠道，例如使用公众号或微博等社交媒体渠道获取每个顾客对产品的个性化需求，并根据个性化需求为每个顾客提供专属产品或服务。因此，价值创造创新确保了产品或服务能以更满足顾客需求的形式呈现给顾客，并将顾客对产品或服务的看法与企业创造价值的方式结合起来，推动了顾客品牌信任度的产生与提高。

3. 价值获取创新与品牌信任

企业在进行价值获取创新时多注重新技术在价值获取中的应用。比如，随着移动通信技术的发展，顾客可以通过手机扣费等方式支付网站的费用。目前许多在线观看视频软件、信息服务网站都采取这种收费形式，不仅方便顾客，而且迎合了顾客目前的生活习惯。因此，企业在进行价值获取创新时会通过方便顾客来创建高质量顾客体验，从而提升品牌信任度。

9.4.2 商业模式创新与品牌忠诚

顾客的品牌忠诚行为能为企业带来理想的营销效应，降低企业营销成本，使顾客降低对竞争者的产品和服务的关注，并产生更多的重复购买、愿意支付溢价和开展口碑宣传等行为，使企业获得更多利润。目前，以培养顾客品牌忠诚行为为目标的商业模式创新引起了企业的关注。因为商业模式已经被证实可以被顾客感知并形成企业的营销信号，所以顾客在接触到创新后的商业模式时会产生心理或行为上的变化。

1. 价值主张创新与品牌忠诚

若顾客以前有与该品牌相关的良好的消费体验经历，那么在面对价值主张创新所带来的新产品或新服务所产生的不确定的体验感时，顾客与品牌之间的信任感会增强，从而降低顾客的感知风险，减少他们因购买新产品或新服务而产生的体验感的不确定性，形成品牌忠诚行为。但是，企业需要明确，并不是所有的价值主张创新都将帮助企业赢得顾客对品牌的忠诚。程度过高或过低的价值主张创新反而会减弱品牌忠诚行为。

当企业进行大幅度价值主张创新时，现有顾客会不知所措，难以接受新的产品或服务，从而导致现有顾客群体的满意度和产品依恋度降低，进一步影响顾客的品牌忠诚行为。此外，若企业所推出的新产品或新服务相较于企业原有的产品或服务的技术差异与功能差异不大，当企业进行价值主张创新时，顾客会认为品牌缺乏提供令人耳目一新的产品或服务所需的能力，从而进一步影响顾客的品牌忠诚行为。

2. 价值创造创新与品牌忠诚

一般而言，品牌在进行价值创造创新时会重视品牌与顾客之间产生的接触点，例如，对员工进行标准化培训，推出更迎合顾客心理的服务提供模式等。这些接触点设计得越符合顾客需求，品牌获得顾客积极反应的可能性就越大。因此，企业开展价值创造创新时会通过带给顾客别样的品牌体验感来提升顾客对品牌价值的独特认知。品牌认知与体验的改善会增强顾客与品牌之间的信任感，增进顾客与品牌之间的情感联系，进一步强化顾客的品牌忠诚行为。

3. 价值获取创新与品牌忠诚

企业的价值获取涉及企业内部的价值获取流程与机制，因此顾客是很难感知的。但是顾客可以通过一种方式感知到企业是否进行了价值获取的创新，即企业是否改变了品牌产品或服务的收款方式。一般而言，从顾客认知的角度出发，当企业改变收款方式时，往往会给自身带来更多好处，例如支付宝收款以及微信收款方式的普及在很大程度上改善了顾客的购物体验。这种良好的购物体验会增强顾客与品牌之间的信任感，认为品牌有着为顾客提供更优质服务的理念，进一步助力顾客的品牌忠诚行为。

9.4.3 商业模式创新与顾客满意

商业模式创新向顾客展示了企业在各个领域的变化，并向顾客表明企业愿意投资以促进企业的不断改进。这些都会形成顾客认可的质量信号，且会让顾客认为企业进行商业模式创新后会带来更多未来收益，因此提升了顾客对产品或服务的满意程度。

1. 价值主张创新与顾客满意

企业在进行价值主张创新时会注意提高产品或服务被顾客感知质量的能力，提高产品的性能和服务的标准，这些都有助于顾客满意度提升。例如餐厅推出的透明式厨房，其目的就是为顾客提供更安心的食品保障服务与更多的趣味性。这种价值主张创新的方式带给了顾客前所未有的服务方式，将顾客在餐饮中最担心的食品安全问题透明化，提升了顾客的满意度。

2. 价值创造创新与顾客满意

在企业进行价值创造创新的情况下，顾客还会更大程度地参与价值共创。共创价值会提供更高的潜在收益，例如企业会通过顾客在价值共创中提供的新意见或创新型想法来设计与改进价值创造的方式，以更贴近顾客真实感受的方式调整与创新商业模式。企业的这些做法会让顾客感觉到自己所提出的反馈意见被企业重视，并在此过程中找到归属感，从而提升顾客对企业的满意程度。

3. 价值获取创新与顾客满意

企业的价值获取创新为顾客提供了更便利的财务支出方式，也为企业提供了更多可供选择的收入实现方式。从顾客角度而言，其可以明显感受到企业收入模式中是否使用了新方式。而企业为了给顾客提供更好的服务，一般会尽快跟随技术革新的浪潮，为顾客提供最快捷、方便的收款方式。顾客可以从收款方式的改变中，感知到企业的科技进步与提供更好服务的信念，从而提升了对企业的满意程度。

> **问题思考**
> 1. 需求侧战略对商业模式创新的启示有哪些？
> 2. 企业如何通过商业模式创新提升顾客体验？
> 3. 商业模式创新如何引发积极的顾客侧结果（如品牌忠诚、顾客满意）？

传音践行贴合非洲市场的商业模式创新

传音手机成立于2006年，在国内手机市场激烈竞争的背景下，传音手机选择定位于当时手机普及率较低的非洲，并主打功能机市场。截至2019年末，传音手机已在非洲拥有接近50%的市场份额，在非洲的市场份额排名第一，超过苹果、三星等国际知名品牌。

传音为什么能够成为非洲的手机之王呢？不同于提供标准化产品的诸多国际手机品牌，传音手机专注于非洲市场，开发了适合当地市场的多种低价功能机，有效满足了非洲市场的需求。并且，与国内其他大量早期进入非洲市场的手机品牌相比，传音进行长期的战略布局，不仅做产品，更是在服务及其他各环节都与非洲市场进行接轨，在非洲市场完成了品牌塑造。传音选择把企业在非洲的商业模式创新作为一项"长跑"事业对待，根据非洲市场的用户特点不断调整自己的价值主张，以抓住非洲消费者的痛点及诉求为重心，使产品、服务趋于本土化、差异化。

2008年，传音决定将大部分精力投入非洲市场。而它进入非洲市场的第一款手机，就是一款双卡双待手机。尽管这个功能在中国很普通，但是传音的第一部手机在推出的第一个月就被非洲人民抢购一空。因为非洲的信号很差，所以手机用户大都配有两张SIM卡以便使用两个不同的网络；而当地不同运营商之间的通话费用很高，所以很多人都倾向于在不同运营商处办两张以上的SIM卡。非洲大多数顾客的消费能力有限，难以承担两台手机的价格，而两张以上的SIM卡又使得顾客不得不来回地换卡，用户体验非常不好。传音瞄准此痛点，获得了初次尝试的成功，这也使得此功能在后面的手机系列里被不断发展改善，比如传音后续研发的四卡四待的"奇葩"手机。

传音对于手机本身功能的本土化设计，远远不止多SIM卡这一点。例如，夜间自拍功能让无数非洲人觉得如获至宝。充电一次可以用一个月的手机电池，也让需要去离家很远的地方充电的非洲人，感到了贴心和实用。同时，手机中强大的音乐播放功能，也迎合了非洲人的音乐文化。这些需求可能从我们的角度而言很难理解，但正是传音对这些当地市场需求的精准化狙击，助力了它在非洲本土化的成功。

同时，针对非洲消费水平不高的现实背景，传音将自己产品的主要目标人群定位为价格敏感的用户。员工在接受采访时说，这个商业模式在短期内不会改变。它们的功能机平均售价为65.95元，智能机平均售价则为454.38元。

在低价和高性价比成为品牌卖点的同时，传音也没有放松在技术研发上的投入，毕竟本土化并不完全代表着与世界潮流脱轨。传音一直很清楚，就算赶不上知名品牌所拥有的高端的技术，至少也要努力跟在尾部，并将全球技术与本土化相结合，才是企业的核心竞争力所在。

传音的供货商涵盖了Spreadtrum、MediaTek、Qualcomm、Sharp、TCL、Samsung、Kingston、Toshiba等诸多知名公司，但在销售端，传音为了达到更好的本土化效果，选择与非洲当地的很多小众经销商合作。这些经销商在非洲遭到了大品牌的冷落，但传音却意识到了小众经销商所能产生的价值，小众经销商将是传音打开非洲市场的关键。小众经销商相较于大品牌经销商会给予传音在卖货和推广上额外的支持，以保证自己稳定的货源；同时小众经销商作为与顾客联系的接口，更是传递给传音很多的本土化营销策略和方法论。

传音也已尝试在生产端继续扩大自己在当地的影响力，比如在埃塞俄比亚等国设有制造工厂，利用当地国家的激励政策发展工厂，并提供给当地人们工作机会，以进一步扩大传音的社会影响力。

一般而言，一台手机的使用寿命可以达到两年。但在非洲，因为非洲用户大多与售后站点相距甚远，所以售后服务的缺失使得他们往往只能放弃损坏的手机，手机的使用寿命便也缩减到了几个月。传音意识到，仅仅生产符合当地特色的产品并不能支撑企业的商业模式长远发展，要在产品的基础上增强企业影响力的辐射范围，还需要服务网络的支撑。为解决这个难题，传音打造了专业售后服务品牌Carlcare，并建立了86个世界级售后服务中心和超过1000个售后维修点，拥有超过1100名专业的高级技术服务人员，形成了非洲覆盖范围最广的用户服务网络，进一步帮助传音在非洲市场站稳脚跟。

除了非洲，传音已经开始选择坚持基于本土化策略的商业模式创新继续开拓印度市场，也取得了较好的市场反响。要获得市场，就必须坚持在商业模式创新中以市场为导向的原则，创建专属的创新体系。创新源于用户需求，进行创新的最终目的是为消费者提供需要的技术和产品，唯有深入市场并把握用户和市场的潜在需求，在竞争对手之前找到市场潜在盈利点，才是建立持久性商业模式的重点。

问题讨论

1. 传音商业模式在非洲市场获得较高市场认可的原因有哪些？
2. 传音商业模式在非洲市场成功的最关键的策略是什么？
3. 传音商业模式在非洲市场可能遇到的挑战有哪些？如何应对？

第10章
商业生态系统与商业模式创新

10.1 商业生态系统内涵

视频讲解

10.1.1 商业生态系统的定义

自1993年以来，人们经常使用生态隐喻来研究相互关联的商业网络。Moore（1993）在管理学领域提出了商业生态系统概念。为了拓展战略的系统观，Moore（1993）认为公司不要将自己看作单一行业的成员，而应将自身视为商业生态系统的一部分，"商业生态系统由跨行业的公司和实体组成，它们围绕一项创新共同进化能力——它们以合作和竞争的方式支持新产品，满足客户需求，并最终开展下一轮创新。"

Iansiti和Levien（2004）认为，"商业生态系统是松散连接的实体网络，这些实体包括供应商、分销商、外包公司、相关产品或服务的制造商、技术提供商和许多其他组织，它们在创造和传递公司产品或服务的过程中相互影响。"

Teece（2007）将商业生态系统界定为"影响企业、企业客户及供应商的组织、机构和个体的共同体（或社区或群落），包括互补者、供应商、监管机构、标准制定机构、司法机构以及教育和研究机构"。

10.1.2 商业生态系统的特征

Peltoniemi（2006）基于复杂性理论和演化经济理论，提出了商业生态系统的三个主要特征：共演（co-evolution）、自组织（self-organization）、涌现性（emergence）。

进化或演化通常被认为是进步或改进。然而，进化论并没有给出这种积极和有意义的含义，而将进化仅仅定义为"累积和可传递的变化"（Murmann，2003）。因此，共同进化或共演也就是指既没有积极含义也没有消极含义的变化。Pagie（1999）讨论了三种共同进化，即竞争性的、互惠性的和剥削性的。竞争性共演发生在受相同资源限制的物种之间，在这种情况下，生物体被迫产生的改变是，要么更有效地利用资源，要么更有效地获取资源。这种进化被概念化为红皇后效应（Red Queen Effect）。另外，互惠性共演包含所有参与者都从互动中受益的互惠关系，并朝着更好的兼容性方向变化。剥削性共演包括所有参与者都无法从互动中获益的关系。

商业生态系统的共演，指的是相互关联并相互影响的组织之间会发生的协同进化。一个组织所做的决定可以迫使其他组织做出其他决定；一个组织对一项新技术的开发可以在其他组织内触发多种技术开发项目，这些项目可以是竞争性的或互补性的。在商业生态系统中，竞争性共演是指竞争对手为了获得彼此之间的竞争优势而采取的行动。价格战是竞争性共演的一个例子，竞争技术的发展也是如此。当组织为了与第三方竞争而发展合作和互补的能力时，可以观察到互惠的共同进化（互惠性共演）。例如，硬件和软件的开发是相互补充的，相关的组织以互惠共演的方式开发这些技术。在一个组织比其他组织强大得多的情况下，可能发生剥削性的共同进化（剥削性共演）。这可能发生在一家大公司及其供应商的背景下。供应商的目标是发展能力，以减少对大公司的依赖。不过，这家大公司的目标是保持议价能力，确保低价和及时交货。

Anderson（1999）认为，自组织是一个"在没有中央控制者干预的情况下，模式和规律涌现"的过程。在商业生态系统环境中，自组织意味着缺少中央或外部控制器。商业生态系统可以根据组织的需要和能力进行自由组织。基本上，一个自组织的商业生态系统是通过分散的决策来发展的，这是由市场经济体制促成的。然而，在任何现实的商业生态系统中，都有公共部门的干预措施，如商业补贴、进口税和公共资助的发展项目。这些措施的目的可以被视为抑制自组织或为自组织创建有利结构。

根据Smith和Stacey（1997）的观点，涌现性意味着"个体行为与长期的系统结果之间的联系是不可预测的"，即，在宏观层面观察到的行为在微观层面上并不明显。Phan（2004）认为，涌现性是"一个复杂适应系统的整体特性，不包含其各个组成部分（part）的特性"。所以，涌现性是指那些高层次具有而还原到低层次就不复存在的属性、特征、行为和功能。也就是说，系统中的个体遵循简单的规则，通过局部的相互作用构成一个整体的时候，一些新的属性或者规律就会突然在系统的层面诞生。涌现并不破坏单个个体的规则，但是用个体的规则却无法解释。以蚂蚁为例，蚂蚁的神经系统非常简单，只能进行简单的思考，然而大量的蚂蚁相互作用的时候就会形成等级森严的蚂蚁王国。研究证实，蚁后并没有直接给所有的蚂蚁下达命令，每只蚂蚁也没有整个蚂蚁王国的地图，但每只蚂蚁只遵循简单的规则交互，大量的蚂蚁就能够聪明地觅食、建巢、分工等。蚂蚁王国就是在整个蚁群之上的一种"涌现"现象。

10.1.3 商业生态系统的演化

Moore（1993）从企业视角提出，每一个商业生态系统都会经历四个阶段的发展演化：产生（birth）、扩展（expansion）、领导（leadership）、死亡或自我更新（death or self-renewal）。表10.1总结了商业生态系统在四个阶段分别面临的合作和竞争方面的不同挑战。

表10.1 商业生态系统演化中的挑战

演化阶段	合作挑战	竞争挑战
产生	与客户和供应商一起为种子创新定义新的价值主张	保护创意或创新不被模仿，对客户、关键供应商和重要渠道进行紧密绑定
拓展	通过与供应商和合作伙伴的合作向更广阔的市场提供新的产品或服务，从而扩大供给规模，实现最大化的市场覆盖率	挫败类似创意或创新的替代性实现。通过控制细分市场，确保你的产品或服务是此领域的市场标准
领导	为未来提供强有力的愿景，鼓励供应商和客户一起努力，完善产品和服务	对生态系统中的其他参与者，包括关键客户和重要供应商，保持强大的议价能力
死亡或自我更新	与创新者合作，为现有的商业生态系统带来新的创意	保持高进入门槛，以阻止创新者建立替代性的生态系统。维持高的顾客转移成本，以争取时间将新创意融入自己的产品和服务中去

在商业生态系统的产生阶段，企业更注重定义客户的需求，也就是产品或服务的价值，以及提供产品或服务的最佳方式。在该阶段，短期内的成功往往归属于那些给予最佳定位并实施这一价值主张的企业。此外，在该阶段，合作通常是值得的。特别是从领导者的角度看，商业伙伴可以帮助为客户实现所有价值。

在商业生态系统的扩展阶段，商业生态系统扩展到更广阔的新领地。就像杂草迅速覆盖森林火灾后留下的光秃秃的焦土一样，一些商业扩张几乎没有遇到阻力。但也存在其他情况，相互竞争的生态系统可能势均力敌，选择攻击同一领地，争夺市场份额的直接战争就爆发了。因为每个生态系统都试图向供应商和客户施压，迫使它们加入，所以争斗可能变得更加激烈。最终，一个商业生态系统可能获胜，或者与竞争对手的生态系统达到半稳定的和解状态。例如草原与阔叶林接壤的地区，边界上的冲突地带可能年复一年地变化，但一种生态系统永远不会完全摧毁另一种生态系统。一般来说，第二阶段的扩张需要两个条件：

（1）一个被大量客户看中的商业概念；

（2）扩大这一概念以获得广阔市场的可能性。在这一阶段，已在位的企业可以在市场营销、大规模生产以及分销的管理方面行使巨大权力，并在这个过程中摧毁小的生态。

狮子和羚羊都是一个健康的热带草原生态系统的一部分，但两者仍然相互争斗，以确定每个物种扩展到什么程度。类似地，在商业生态系统中，有两种情况可以证明作为第三阶段标志的领导斗争的开始。首先，商业生态系统必须有足够强劲的增长和盈利能力，才能值得为之奋斗。其次，作为商业生态系统核心的增值组件和流程的结构必须相当稳定。这种稳定性使供应商能够瞄准特定的价值要素，并在提供这些价值要素方面展开竞争。它鼓励商业生态系统的成员考虑通过接管价值链中最接近它们的活动来进行扩展。最重要的是，它减少了整个生态系统对最初领导者的依赖。在第三个阶段，企业变得专注于标准（术语"模块化组织"）和顾客-供应商关系。该阶段的讨价还价来自商业生态系统的需要并且是唯一的实际来源。有时候这种唯一来源的状态或地位可以通过契约或者专利保护建立。从根本上讲，它依赖于持续的创新——创造对整个生态系统持续的价格或性能改进至关重要的价值。

无论如何，对于占主导地位的公司而言，一个生态系统的扩展和领导阶段可以成就它们，也可以毁掉它们。在第三阶段，领导者企业必须扩大控制，继续塑造未来的方向，吸引关键客户和供应商的投资。为了获取健康的利润，生态系统中的任何公司（领导者或追随者）都必须对其他成员有一定的议价能力。

当成熟的商业生态系统受到新兴的生态系统和创新的威胁时，商业生态系统就进入了第四个阶段。从本质上讲，一个商业生态系统可能会经历相当于地震的情况：突然出现的新的环境条件（包括政府法规的变化）、顾客购买模式、宏观经济条件的变化。此外，新兴的生态系统和创新环境变化这两个因素是相互强化的，环境的改变往往对新的或以前处于边缘的商业生态系统更有利。

事实上，一家处于主导地位的企业如何应对过时或被淘汰的威胁是最终的挑战。对于一个商业生态系统的长期成功及自我更新能力而言，引领持续的创新显然是至关重要的。有的公司针对自我更新的三种通用方法提供了一些有趣的见解。这三种方法可以单独使用，也可以组合使用：

（1）占主导地位的公司可以尝试减缓新兴商业生态系统的增长；
（2）可以尝试将新的创新成果融入自己的生态系统之中；
（3）从根本上重塑自己，尝试应对新的现实。

10.1.4 商业生态系统的治理

健康的商业生态系统离不开系统良好的治理机制。治理机制能够制约和协调系统内成员企业之间的利益关系，避免机会主义行为，是保证商业生态系统有序运行的前提与基础。围绕"商业生态系统治理机制"的直接研究相对较少，多数学者针对网络组织治理展开研究，从而可以为商业生态系统的治理提供重要借鉴。deReuver和Bouwman（2012）提到了网络组织的三种治理机制：契约治理、信任治理、权力治理。

契约治理机制指系统内成员企业签订正式协议，明确规定合作事项、流程、权利和义务、对违反协议的惩罚，通过具有法律约束力的协议管理伙伴关系。契约治理机制的强弱程度，关系到商业生态系统能否保障系统内成员交易关系的公平有序以及能否形成对企业机会主义的有效约束。通过正式治理机制，企业能够有效降低交易成本。

信任治理机制主要包括可靠性和仁爱等方面，反映合作伙伴的共同价值观以及相互理解和关系认同的程度。它强调的是一种相互信任的氛围，具体体现在系统内成员企业在履行承诺时诚信可靠，在日常相处时公平行事，以及在出现不可预见的意外情况时表现出善意。在商业生态系统中，系统内的成员企业之间的关系具有多重复杂性，它们既包括合作关系，也存在竞争关系，并且来自不同的领域，可能拥有不同的企业文化、生产方式以及经营理念；而信任治理机制使得企业能够打破企业的边界，将商业生态系统中的异质性资源与企业自身拥有的资源整合到一起，并且借助系统中其他企业的核心能力进行跨组织的流程整合以形成系统整体的竞争优势。

价值网络通常有一个中心点，即一个参与者通常对其他参与者具有影响力。在网络背景下，权力通常被定义为组织对彼此执行决策的影响程度。所以，商业生态系统的权力治理机制，主要指通过对系统内其他参与者的影响力执行决策的相互约束。

10.2 商业生态系统战略

视频讲解

10.2.1 基石、支配者、利基与大宗商品战略

Iansti和Levien（2004）根据动荡和创新的总体水平、与生态系统中其他成员关系的复杂性这两个维度，将企业在商业生态系统中的战略角色分为四类（如图10.1所示）：基石战略（keystone）、支配者或主宰者战略（dominator）、利基战略（niche）、大宗商品战略（commodity）。

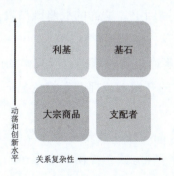

图10.1 基石、支配者、利基与大宗商品战略

（1）基石战略。如果企业处于复杂的资产共享关系网络的中心，并且在一个特定

的环境中运营,那么,基石战略可能是最有效的。通过谨慎地管理企业所依赖的广泛分布的资产,以及通过与商业伙伴分享这些资产所产生的财富,基石企业可以利用整个生态系统的能力去开展创新,以应对环境带来的突变。

(2)支配者战略。如果企业依赖复杂的外部资产网络,但是又处于成熟行业领域中,那么,可以选择支配者战略。因为环境是相对稳定的,所以多元化创新并不是最优先考虑的,企业可以选择通过收购合作伙伴或接管他们的职能,直接控制公司所需的资产。支配者最终将成立自己的生态系统,吸收不同组织之间存在的相互依赖的复杂网络,并且能够在短期内从其控制的资产中获取最大价值。当它达到这个终点时,生态系统战略就不再相关了。然而,如果企业选择从其无法控制的资产网络中获取最大价值,就可能会饿死,并最终破坏其所在的生态系统。

(3)利基战略。如果企业面临快速和持续的变化,通过利用其他公司的资产可以专注于一个狭窄、明确定义的业务细分领域,那么,利基战略可能是最合适的。企业可以发展自己的专业技能,使自己从竞争对手中脱颖而出。通过简单的聚焦、培养独特的能力和专业技能,企业可以适应动荡的环境。利基企业构成了生态系统的大部分,可以通过利用基石企业提供的平台而茁壮成长。

(4)大宗商品战略。如果在成熟和稳定的环境中拥有大宗日用商品业务,并且相对独立于其他组织运营,那么生态系统战略是无关紧要的,尽管生态系统环境的变化可能比你想象的要快。

10.2.2 塑造者、跟随者与保留权利战略

Den Hartigh和van Asseldonk(2004)提出企业可以在商业生态系统方面采取三种不同的战略:塑造者(shaper)、跟随者(follower)与保留权利(reserving the right to play)。

(1)塑造者战略。开发或维护自己的商业生态系统,以自身和专利技术为核心,追逐市场的主导地位,将产生高回报。这样的战略既昂贵又有风险,这意味着市场上只有少数公司有能力制定和实施这样的战略。

(2)跟随者战略。该战略通过获取基于主导技术的产品开发许可证而参与主导技术开发。在公司不是主导技术的开发者或拥有者的情况下,它仍然可以从主导技术所创造的潜在规模和学习效应中获利。

跟随者既不选择与主导产品或技术竞争,也不聚焦于替代,而是选择以下两种方式之一参与商业生态系统。第一种方式是提供与主导产品或技术互补(即与主导产品或技术一起使用)的产品或技术。通过这种方式,这些公司可以利用间接网络效应。第二种方式是提供与主导产品或技术兼容的产品或技术,使公司能够与主导技术网络建立连接。通过这种方式,这些公司可以利用直接的网络效应,以此开发主导技术创造的规模

和学习效应的潜力。

（3）保留权利战略。企业可以选择等待以投入市场上的每一个技术网络。这种所谓的"保留权利"意味着尽一切必要的努力创造或保持开放的机会，以便在后期获得强势地位。

10.2.3 闭环、押宝、社群与联盟战略

于晓宇等（2018）按照企业生态位的宽窄和生态势的高低，将生态战略分为"闭环战略""押宝战略""社群战略""联盟战略"四类，如图10.2所示。其中，生态位的宽窄反映了生态系统中企业所占有资源的多样性程度（包括资金、设备等有形资源和大数据、算法等无形资源），直接影响了企业是否可以洞察和应对瞬息万变的外部环境。生态势的高低则反映了企业应对生态系统变化的能动性。生态势越高，企业对于外部环境变化的适应性就越强，有时甚至可以主导环境变化的趋势和方向。

图10.2 闭环、押宝、社群与联盟战略

（1）闭环战略。图10.2象限的右上角是"闭环战略"，处于该象限的企业的生态位较宽，生态势较高，占据着生态圈中的统治地位。企业凭借着资源优势、技术壁垒，可以持续地协同创造新的价值，包括创造新模式、新业态、新技术、新组织形式等。企业随着优势积累，会不断地创造新的价值，使得强者愈强，产生马太效应。

（2）押宝战略。处于图10.2象限左上角的企业的生态势较高，但是生态位较窄，使得它们无法像巨头一样有能力去构建一个全生态。企业唯有通过"押宝"的方式，选择其中一个赛道来创造弯道超车的机会。押宝战略具有一定的赌博性质，强调在战略不明确的情况下孤注一掷地投入其所拥有的资源，如此，才会进得比别人早，做得比别人好，让别人难以赶超。押宝战略的核心理念为"聚焦资源，大赌大赢"。

（3）社群战略。图10.2象限右下角是"社群战略"。采取社群战略的企业强调关注、服务于某一类群体，搭建平台让一类群体来满足另一类群体，表现出企业较低的生态势。

（4）联盟战略。位于图10.2象限左下角的是"联盟战略"。处于该象限的企业的

生态势较低，生态位较窄，管理者习惯于在自己的"深井"中进行决策，导致企业存在严重的组织惯性，难以单独地、长久地与不确定性相抗衡。企业通过模糊组织边界，积极地与生态系统中的其他企业形成联盟、协作关系，共同提供产品或服务来减少组织惯性及转型升级的成本。这样不仅能够抵抗巨头的降维打击，甚至还能在应对不确定性的过程中受益。

生态战略象限要表达的一个重要含义是：每家企业可根据生态位的宽窄和生态势的高低来评估自己在象限中所处的位置，并采取对应的生态战略。四类基本的生态战略并没有优劣之分，在多数情况下，不同生态类型的企业所拥有的资源、能力及所处环境不同，它们所采取的战略并不具有可比性。无论是"闭环战略"、"押宝战略"、"社群战略"还是"联盟战略"，只要与企业生态位（资源属性）、生态势（环境适应性）相匹配，都可以给企业带来更多的生存和发展空间。

10.3 商业生态系统与商业模式创新的关系

10.3.1 商业生态系统对商业模式创新的影响

1. 利用商业生态系统互补性启动商业模式创新

Hou等（2020）以一家公司所在的商业生态系统为背景，探讨了商业模式所有者如何利用其所在的商业生态系统推出新的商业模式。他们对2004—2017年中国最大的在线零售商京东的商业模式投资组合扩展历程进行了纵向案例研究。作为一项过程研究，它的目的不是解释一种特定的商业模式或商业模式投资组合的成功，而是确定活动、参与者及其系统之间的新的交互模式。

研究指出，企业所在商业生态系统的多个方面有助于商业模式投资组合的扩展过程。除了基于类似活动或合作伙伴的协同效应，研究发现生态系统中嵌套的互补性也可以使商业模式受益，因为互补性可以使现有的参与者执行新的活动或吸引新商业模式需要的新参与者。另外，研究表明，这些好处不应被视为理所当然。相反，要使生态系统参与者保持一致并获得某种形式的互补性，可能需要一种匹配的杠杆战略。

2. 商业生态系统结构影响商业模式创新的能力

Rong等（2018）利用来自中国、英国和美国的定性证据，探讨了3D打印行业商业模式与生态系统演变之间的关系。他们在研究3D打印领域商业模式的动态性时，确定了一个三阶段的过程，即"启动""执行""扩展"，并提出了实现商业模式开发的三个能力（分别与三个阶段相对应），即"可伸缩性"（scalability）、"灵活性"（flexibility）和"可扩展性"（extensibility）。同时，他们提出：在3D打印产业中，有三种典型的生态系统结构，即基于产品的、基于平台的和两者结合的新兴系统。更进一步,商业生态系统的结构(基于产品的和基于平台的)会通过影响这些能力(可伸缩性、灵活性和可扩展性)进而对不同阶段的商业模式创新产生潜在影响。

10.3.2 商业模式创新对商业生态系统的影响

1. 商业模式创新提升商业生态系统弹性和反脆弱性

脆弱,指系统容易受到破坏攻击,并可能因此遭到不利的损坏或毁灭(Hespanhol,2017)。弹性,指系统能够吸收冲击,尽管暂时有变化,但会从冲击中恢复(Bhamra et al.,2011)。反脆弱,指系统吸收冲击后变得更好(Taleb,2012)。

Javaneh Ramezani等(2020)在研究中指出,并非所有的不确定性都可以预防,对于不可避免的干扰,重点是减少干扰的影响,并将其转化为商业机会。所以,为了帮助提高商业生态系统的弹性和反脆弱性,Javaneh Ramezani等(2020)在研究中罗列了很多应对策略,其中部分策略与企业的商业模式创新活动有关,如表10.2所示。

表10.2 提升商业生态系统弹性和反脆弱性的策略

策　　略	描　　述
合作或协作	能够与其他实体有效合作,更好地实现共同或兼容的目标,这有助于有效地管理破坏干扰;协作有助于减少不确定性,提高系统在危急时刻的响应能力
成本最小化	专注于通过持续消除浪费(有效利用资源)或不增加价值的活动(在某些情况下,这些活动可能是破坏的原因)来降低成本
客户服务	在可信、透明、快速响应的业务环境中与客户进行协作对话
建立干扰管理文化	建立一种文化,该文化涉及组织成员对有关破坏和干扰管理的决策以及相关主题(如补偿、应对策略、责任)的各种态度
风险管理	风险管理系统,可以被视为不确定环境下,企业所拥有的一种核心资源和能力。组织处理破坏性事件的过程(发生之前、期间和之后)有一些技巧: ①业务连续性管理,一个识别可能的风险及其对公司的影响并为建立商业模式运营弹性提供路线图的过程; ②应急计划,旨在确保组织做好准备,在意外事件发生后应对干扰并恢复运营; ③灾难救援网络,能够面对不可预知的事件,在攻击后迅速恢复并开始有效运作
需求管理	通过不同的价格促销策略和激励措施,提高产品替代能力,以更好地应对不可预测的需求变化: ①风险汇聚,通过集中库存管理需求的不确定性; ②需求转换,为客户提供激励,使其在所需产品不可购买时购买其他产品; ③结盟激励和收益共享,如利润共享(与供应商)、收益管理(动态定价和促销)、定价机制(影响客户选择广泛可用的产品)和经济供应激励; ④无声的产品滚动,使新产品慢慢地流入市场; ⑤动态分类计划,通过重新访问产品组合决策来影响消费品选择和客户需求

续表

策　略	描　述
基础设施投资	建设基础设施，包括信息技术升级和系统集成，提高自动化程度
库存管理	订购和库存决策，包括库存优化（如多层次、新的供应商）和库存投资
知识管理	旨在创造有关商业生态系统风险和结构（物理和信息）的知识，通过提高商业生态系统的灵活性、可见性、速度和协作能力，从过去的破坏中吸取教训，增强恢复能力
网络结构规划	确定相互依赖的业务活动结构、数量、位置和能力，以及生态系统的过程，通过不同的策略限制其在失败面前的脆弱性。例如： ①分散化，即采用不同的供应商、不同的零部件制造商和不同的生产地点进行生产； ②模块化，通过将复杂系统分解成具有不同相互依赖程度的子系统来降低复杂性； ③集成化，将子系统、资源、过程等单个功能同步，以促进敏捷性和灵活性
期权创造	期权的可用性使买方/投资者可以自由尝试不确定性，并从机会中获益。例如：租赁而不是购买运输工具，使公司能够利用取消合同的机会
流程再造	了解商业生态系统结构，通过业务流程重组计划降低复杂性
供应商选择	使用不同的供应商选择标准，例如灵活性和响应性，以提高供应商在面临干扰或破坏时的弹性水平
寻源采购	规划、设计和建立一个可靠且有竞争力的供应商库，以应对短缺。它可以包括供应商多样化和紧急备用采购
小规模试验（试错）	以"多个小规模的商业单位生产不同的产品，而不是一个单一的单位生产一种产品"的行为来测试市场。例如： ①创造自下而上的修补，在压力条件下寻找意想不到的解决方案，特别是在"黑天鹅"事件的挑战下； ②资源拼凑，使用各种可用资源作为创新过程的输入，允许组织通过对资源的深入了解、观察和倾听、信任自己的想法、自我修正结构、考虑反馈等方式，从下到上进行发展

2. 商业模式创新驱动商业生态系统可持续性

近年来，人们观察到企业战略重心开始从单个企业的绩效转向基于商业生态系统可持续的发展方向。商业生态系统成员的范围各不相同，有些学者从商业生态系统的参与企业合作的视角探讨商业生态系统的可持续发展（Magnus et al., 2015），也有些学者从顾客参与的视角探讨商业生态系统的可持续发展（Jaehun et al., 2018）。

（1）企业合作驱动商业生态系统可持续。

Magnus等（2015）以可再生能源的商业生态系统为背景，提出要想在可再生能源和可持续发展方面取得成功，往往需要新型的商业模式。以往的商业模式研究通常是从焦点公司的角度考虑的，而可再生能源和可持续性往往需要更广泛的系统视角，因此，需要企业共同开发其商业模式，以促进行业逻辑的变化。研究使用分布式能源生态系统的三个案例，说明了不同类型的机制如何触发更紧密的合作或协作、可持续性和增加整体价值创造，如表10.3所示。

表10.3 可再生能源企业合作驱动商业生态系统可持续

项目	特许经销权	沼气作为交通燃料	沼气和农业
背景	目前的商业模式存在的问题是难以承担小型锅炉的资金和运营成本。热能企业缺乏成功建立热能服务业务的能力，部分原因是初始资本支出过高	由于燃气供应和车辆可靠性的不确定性，运输公司害怕投资燃气车队	目前的商业模式使干草成为沼气生产的昂贵来源
干预	为生态系统中的新参与者引入特许经营概念。将特许经营商的锅炉订单汇集到制造合作伙伴那里	以稳定的燃油价格、租赁和长期维护合同为基础，为最终用户提供联合服务	沼气生产与生物质生产（联合生产计划）紧密结合，有可能实现养分循环和有机农业
机制	标准化的商业模式使创业者更容易创业（交易效率），并确保锅炉制造商的规模经济（效率）	从系统运行开始就确保沼气消耗和稳定供应，以便同时投资于新车和配电系统。这是通过减少运输公司对沼气技术（交易效率）的不确定性而实现的。沼气公司和汽车经销商都能增加产品和服务的销售量	农民和沼气公司都实现了生产效率的提高，并增加了其产品对客户的价值
结果	商业模式特许经营和非核心业务外包。通过商业模式创新增加了商业生态系统总价值创造的潜力	"鸡和蛋"的问题解决了。投资可以同时进行。沼气作为交通燃料的初始生态系统已经建立。通过商业模式创新增加了商业生态系统总价值创造的潜力	建立在干草低价和确保沼液处理的基础上的新商业模式。通过商业模式创新增加了商业生态系统总价值创造的潜力

（2）顾客参与驱动商业生态系统可持续。

Jaehun等（2018）提出，在商业生态系统的成员中，顾客作为构建可持续商业生态系统的参与者，其作用被忽略了。他们进而以访谈资料为基础，提出七项建议，探讨顾客参与与可持续性商业生态系统之间的关系，并在此基础上，提出整合、系统化、社会化和共同解决四项策略行动，以建立可持续的商业生态系统。

信息技术的进步有助于客户有效地形成利益集团，让他们的声音在商业生态系统中被听到。客户不仅可以通过积极或消极的口碑行为影响商业生态系统，还可以扭转公众舆论，培育有利于企业的商业生态系统。因而，研究者构建了通过顾客参与创造经济价值和社会价值来驱动商业生态系统可持续的理论框架，如图10.3所示。

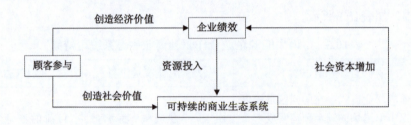

图10.3　顾客参与影响商业生态系统可持续性的理论框架

客户通过形成利益集团或社区参与商业生态系统，这种参与创造了社会价值和经济价值。例如，企业战略性的社会责任和事件营销中的客户合作是客户参与创造社会价值的典型案例。再如，通过参加由公司和非政府组织领导的事件营销活动，客户不仅可以为品牌价值和销售做出贡献，还可以通过在给定的商业生态系统中解决和平、人权、正义和环境等社会问题来贡献社会价值。这样，客户通过直接参与公司的商业活动创造经济价值，并通过与公司合作参与商业生态系统，为创造社会价值做出贡献，培育可持续的商业生态系统。在获取企业绩效的基础上，企业可进一步进行资源投入，通过企业社会责任和社会创新活动，帮助建立可持续的商业生态系统。这些投资活动过程增加了企业在商业生态系统中的社会资本，企业进而可以通过利用在其商业生态系统中积累的社会资本提高业绩和竞争力。

> **问题思考**
>
> 1. 商业生态系统的定义与特征分别是什么？
> 2. 可供企业选择的商业生态系统战略有哪些？
> 3. 商业生态系统与商业模式创新之间的关系是什么？

阿里巴巴的商业生态系统版图

目前的消费市场已经步入了全面消费数字化的后电商时代，多维度的资源争夺是当前互联网企业纷纷采取的重要策略之一。阿里作为电商领域的巨头，凭借其预见性和整体的战略眼光，自2013年起便开始商业生态系统建设。从交易平台到支付平台，再到信用平台、金融平台，推崇太极文化的阿里早年落下多枚棋子，当大数据时代来临，便落子盘活、一气呵成，一个庞大的阿里商业生态系统版图呼之欲出。

1. 以淘宝+天猫交易平台为龙头

阿里正在快速迭代升级，但阿里庞大商业生态的根基始终未变。时至今日，阿里生态万物生长的根源，毫无疑问是阿里创建的国民级应用——淘宝+天猫，其不仅为无数商家提供了创新创业的第一平台，产生了新的消费形态，更是成为了驱动阿里商业基础设施不断升级、阿里商业操作系统持续进化的动力引擎。淘宝与天猫平台一直承接着超级入口和市场培育、用户教育的功能，也带动阿里形成了一整套完整的商业基础设施，衍生出支付宝、聚划算、速卖通、盒马鲜生等新的业务。

2. 众多核心业务平台全方面发展

（1）菜鸟网络：补齐物流短板。自2008年起，网购市场的快速发展给快递业带来了巨量的需求增长。因此，京东从2007年开始自建物流。这是京东能够在众多电商平台中脱颖而出的重要优势。阿里虽然依赖资源优势快速培育了天猫，但快递环节一直是其劣势所在，最为明显的是早期"双十一"活动时频繁出现的爆仓情况。为了提升平台快递服务质量，更好应对B2C领域竞争，补齐自身物流短板，阿里于2013年联合零售、地产、物流等企业，通过平台整合物流资源，搭建了菜鸟网络。为了快速打造菜鸟的市场影响力，阿里协同菜鸟在物流多领域持续投资。阿里在物流领域的投资包括快递企业、落地配企业、即时配企业、仓储企业、供应链服务企业、国内外大型物流企业等，基本覆盖物流所有领域，在拓展物流业务的同时也建立了电商平台和物流公司之间的信息流。

（2）速卖通和Lazada：聚焦跨境B2C。速卖通和Lazada分别于2010年和2019年被阿里收购，主要业务范围都是跨境B2C。但有所不同的是，速卖通主要针对俄罗斯和欧美地区，而Lazada则针对的是东南亚等地。两者皆已成为扶持中国品牌出海、占领国际化市场的重要跨境电商平台，成为阿里生态系统中的重要一环。发展跨境电商是阿里针对当前很多国际市场（比如东南亚地区）仍面临基础设施薄弱、物流效率低、在线支付能力弱、零售布局分散的现状所提出的重要战略。因为市场环境的不完善，阿里在发展跨境电商平台的过程中需要阿里系生态在各环节中的运作支持，才能取得优势，与此同时，阿里也希望借此机会将阿里生态的其他业务逐步渗透入国际市场当中。此举措意味着一旦速卖通和Lazada获得较好的市场反响，将帮助阿里的整个商业生态系统在国际领域的发展建立良好的优势基础。

（3）通过盒马、淘鲜达探索线下服务。在新零售领域，阿里以盒马鲜生系统与淘鲜达系统双线并行，实现阿里生态系统在线下生鲜超市领域的战略布局。两者的不同之处在于，盒马鲜生是阿里自建的线下卖场并被上线到网络服务平台，而淘鲜达旨在系统联动现有的大型商超，以快速实现大面积的业务覆盖。淘鲜达目前已经开始接入大润发，旨在调整阿里以盒马自营为核心的新零售线下布局，且阿里也在将盒马、三江购物、中百超市等门店陆续接入淘鲜达，以形成生态系统中各方的扶持发展态势。

（4）饿了么+口碑：生活服务领域的探索。2018年，阿里宣布将饿了么与口碑合并，并成立本地生活服务公司。在此之前，饿了么与口碑主要围绕餐饮，分别聚焦于外卖、到店两个主要场景，共同服务用户和商家，获得了非常好的市场成绩。阿里本地生活服务公司的成立，是口碑和饿了么两大业务的胜利会师，意味着其将共同着力打造领先的本地生活服务平台，并将与阿里生态内原有各个板块产生更大的协同效应和化学反应，旨在通过获取用户数据以促进新零售、会员体系、营销、物流、金融、数据分析等阿里生态中其他领域的协同发展。

（5）支付宝：零售生态工具。从支付宝建立伊始到现在，阿里已将此零售生态工具实现了从萌芽到融入阿里完整的生态圈重要一环的跨越式发展。通过将支付宝接入自身的淘宝、天猫，以及第三方的大众点评、滴滴、去哪儿、携程等涉及支付的移动应用，用户基本都可以选择支付宝进行业务的支付。这种做法帮助阿里在巩固金融生态体系的同时，与诸多合作伙伴之间也形成了密切的交往合作。随着支付宝在支付领域行业的迅速发展，支付宝开始逐渐搭建自己的"骨骼结构"，目前已经几乎覆盖了线上线下生活消费和金融理财的所有场景。场景的搭建，使得支付宝里面的钱可以流动进入各项领域。钱进入支付宝后，甚至无须再流出这个体系。

（6）阿里云：增长强劲，龙头领跑。阿里云计算业务的诞生与淘宝、天猫的特质有关，因为伴随"双十一"等各种促销活动，大量消费者会挤入淘宝，开始抢购；而活动一结束，人们的购物欲又降低到日常水准。这对平台的计算能力提出了特殊要求——大促前需快速扩容，大促后再撤掉资源。成本最低的方案就是将计算放在云端，各企业按需使用计算机资源，并共同承担成本。基于这一考虑，阿里在2008年制定了云计算战略，并确定进行技术转型，从传统IT架构转向互联网架构。在阿里云智能+数据技术之上，是生态系统中的金融服务以及物流和供应链管理平台，几方的协同发展帮助阿里在数字化营销、品牌管理、销售与分销、智能制造、产品创新、渠道管理和用户运营等领域深入了解消费者,并为其生态合作伙伴提供数据与技术的支持。目前阿里云已成为中国最大的公共云服务商,但用户量和市场份额仍有着较大的发展空间。

除了上述业务以外,阿里也通过收购优酷、建立社区小店等措施使阿里的生态协同又前进了一步。以淘宝生态做延展,连接线上"衣食住行娱"的各个场景入口并同时聚合线下场景,阿里在不知不觉中已经开始包办了用户生活的方方面面。阿里曾这样解释过自己的商业生态系统——"同一个生态,千万家公司",目标是形成良好的社会商业生态系统,以阿里为中心带动生态系统成员的发展,打造以电商为主业的生态圈。事实证明,阿里做到了。目前,阿里已经基本度过了商业生态系统的青春阶段,在行业上树立了权威,成为了绝对的领导者,但阿里生态融合的步伐仍未停止。未来的阿里将涉足哪些领域,又会通过何种方式改变用户生活呢?我们拭目以待。

1. 阿里商业生态系统的构成是怎样的?
2. 阿里如何治理自身的商业生态系统?
3. 结合阿里的实践,分析商业生态系统与商业模式创新的关系是怎样的。

第三篇

前沿专题

第 11 章
新一代数字技术与商业模式创新

11.1 大数据与商业模式创新

11.1.1 大数据的定义

工业经济时代的资源概念更多是指以石油和煤等自然物质资源为代表的资源,而下面提到的新资源则是指人类自己创造的资源——数据。数据是物理世界在虚拟空间的客观反映,伴随着互联网和物联网的发展,人、事、物都在实时被数据化,人与人、物与物、人与物之间瞬间就会产生大量数据。伴随着云网端(云计算+移动互联网+智能终端)等新技术的发展,尤其是物联网设备的广泛应用,数据量、数据种类更是呈现出快速增长的态势。新资源与新技术相辅相成,共同发展,也支撑着新零售、新制造和新金融等多个产业的发展。

表11.1总结了"大数据"的定义。综合各机构对"大数据"的界定,可以将"大数据"通俗地理解为"巨量数据",是所涉及的数据量规模巨大到无法通过目前主流的软件工具,在合理的时间内抓取、管理和处理的数据集合。

表11.1 各机构关于大数据的定义

机 构	定 义
麦肯锡	大数据指的是大小超出常规数据库工具的获取、存储、管理和分析能力的数据集,并不是说一定要超过特定值的数据集才能算是大数据
国际数据公司(IDC)	大数据即海量的数据规模(volume)、快速的数据流转和动态的数据体系(velocity)、多样的数据类型(variety)、巨大的数据价值(value)
亚马逊公司	大数据是任何超过了一台计算机处理能力的数据量
Gartner公司	在一个或多个维度上超出传统信息技术的处理能力的极端信息管理和信息处理问题

续表

机构	定义
IBM公司	大数据应当具备三个特质,可以概括为三个"V",即海量化(volume)、多样化(variety)和快速化(velocity)
Informatica公司	大数据由三项主要技术趋势汇集组成:海量数据交易、海量数据交互和海量数据处理
NetApp公司	大数据包括A、B、C三个要素:分析(analytic)、带宽(bandwidth)和内容(content)
维基百科	无法在一定时间内用常规软件工具对其内容进行抓取、管理和处理的数据集合
同方公司	大指的是数据量级大,结构多元化复杂。数是无规则、无认知、历史的、实时的。据是对数字的采集、加工、分析,形成依据,找出论据体现它的价值
赛迪顾问	大数据是指需要通过快速获取、处理、分析以从中提取价值的海量、多样化的交易数据、交互数据与传感数据

大数据技术是指从各种类型的数据中快速获得有价值信息的能力。适用于大数据的技术,包括大规模并行处理数据库、分布式文件系统、分布式数据库、云计算平台、互联网和可扩展的存储系统等。

11.1.2 大数据的特征

大数据作为数字经济时代的基础设施和新资源,具有以下特点。

1. 共享性和可复制性

真正的大数据由于产生于互联网之上,因此与其他资源存在差异,在于数据具有天然的共享性,可以比较容易低成本地被复制,而数据资源的出让者并未在出让的同时丧失出让数据的使用价值。

2. 外部性与递增性

数据的外部性体现在其不只在某个机构或组织内部发挥作用,而且通过数据流动和融合往往能够激发新的生产力,带来新的商业价值。数据在使用的过程中非但没有被消耗,还因使用而产生新的数据,呈现出边际生产力递增的趋势。

3. 混杂性和实时性

互联网数据随时随地都在产生,数据体量浩大、形态多样,与以往的数据相比,呈现出结构化、半结构化、非结构化等多种形态混杂的特点。

4. 要素性

数据成为一种新的生产要素,通过数据要素可以激活和提高其他要素的生产率,加速劳动力、资金、机器等原有要素的流动、共享;利用数据可以提高全要素生产率。

11.1.3 大数据产业链

大数据时代，围绕数据生产与消费的产业链，可以归纳成六大平台（如图11.1所示）：数据基础设施、数据资源服务、数据分析服务、决策外包服务、数据分析平台、数据开放平台。

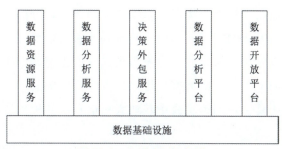

图11.1 大数据产业链

1. 数据基础设施

数据基础设施包括用于支撑大数据存储、管理与分析的各种软硬件产品。在硬件领域，除了业界所熟知的计算设备和存储设备以外，在大数据时代更受关注的是集存储、计算、数据管理与分析为一体的大数据集成设备。例如IBM的PureData专家系统、我国厂商浪潮的云海大数据一体机、华为与拓尔思联合推出的信息采集一体机，都是传统IT软硬件厂商在大数据时代的重要业务创新。在软件领域，大数据产品分为两大类型，一类是用于大数据组织与管理的基础软件，另一类是用于大数据分析与发现的应用软件。大数据组织与管理的基础软件中，除了既有的关系型数据库、数据仓库等产品以外，更为重要的是以Hadoop和MapReduce为代表的分布式数据存储和分布式数据运算系统，以及NoSQL和NewSQL数据库，用于处理海量非结构化数据。用于大数据分析与发现的应用软件分为数据统计、数据挖掘、商务智能、人工智能、知识管理、数据可视化等多个细分方向。

2. 数据资源服务

数据资源服务是指服务提供商聚焦某个行业或者领域，将广泛收集、精心整理的数据集合，通过终端、刊物、App等多种方式发送给客户，以销售或者租赁来获取报酬的方式。在此商业模式下，数据成为具备价值、可供交易的商品，是"数据资产化"理念的直接体现。例如，百度通过收集整理网络玩家搜索热点，建立网游用户行为数据库并销售给网络游戏运营商，创造了以数据销售为主、广告服务为辅的双轨盈利模式。提供数据资源服务的企业以互联网厂商居多，比如搜索引擎、电子商务、网上社区，它们具有天然的采集整合海量数据的能力。也有非互联网企业成为数据资源提供商的例子，比如一家美国的物流公司几乎掌握了全球的商品发货信息。过去，这些信息的收集和储存只是为物流服务的，是一项巨大的成本支出；现在，向制造业企业出售相关数据报表已经成为该公司的重要利润增长点,这也是企业信息部门从"成本中心"转变为"利润中心"的一个成功案例。

3. 数据分析服务

数据分析服务是服务提供商对通过多种渠道获取的大数据集,借助数理统计、数据挖掘等科学方法,对数据的特点、规律、未来变动趋势进行分析与判断,把分析判断结果提供给客户的服务。专业的第三方数据分析服务能够有效提升企业利用数据的能力,帮助企业快速掌握市场变化、深入洞察客户需求,从而迅速做出决策。例如,一些公司旗下的网络舆情分析业务就是专门为客户提供数据分析服务的,它们根据客户要求,从互联网、论坛、社交工具、新闻等媒介中获取大量信息,并根据这些信息为客户提供分析服务。

4. 决策外包服务

决策外包服务是服务提供商对通过多种渠道获取的大数据集进行分析预测,并基于分析预测结论,为客户提供某些业务流程的决策外包服务,也可以称为数据应用服务。对于企业而言,有一些能够根据定性指标进行决策的业务流程可以通过专业机构外包完成,从而缩减业务流程,缩短决策周期,提高决策精准度和企业敏捷性。例如,Facebook通过分析海量用户在线社交行为和网络群组关系数据,对用户进行分类,为企业提供精准广告投放服务。

5. 数据分析平台

数据分析平台是通过弹性租赁的方式为用户提供集数据存储能力、运算能力和分析能力为一体的平台服务。用户不需要为数据的处理分析配置软硬件IT基础设施,只需要通过浏览器上传数据到分析平台,调用平台提供的分析工具,就能对数据进行各种统计和分析。云计算技术的诞生为这种模式提供了最大的可能性,这也是云计算和大数据之间最完美的联姻。例如,谷歌提供了BigQuery和Dremel在线数据分析平台,只要用户上传数据就可以利用谷歌强大的运算能力和数据分析工具执行数据处理和分析。

6. 数据开放平台

数据开放平台是指平台服务商(或数据运营商)基于其拥有的数据资产,为用户提供云数据库、数据推送、数据集成等服务,同时开放数据接口、提供开发环境,供开发者进行基于数据的应用开发从而获取利润分成。例如,百度数据开放平台是第三方站长提交结构化信息数据的端口与平台。像天气预报、北京时间、列车航班、彩票开奖等公共生活信息,电视、电影、漫画、综艺、星座等娱乐休闲信息,奥运会、世界杯、全球五大足球赛事、亚运会等体育赛事信息,重大时事热点焦点信息,常用软件下载,以及教育、医疗、饮食等信息查询,都已通过百度数据开放平台成功上线,并深受广大用户和合作者好评。除互联网巨头提供数据开放平台以外,政府机构也提供了数据开放平台,向公众和开发者开放政府拥有的数据,如人口信息、社保信息、空间地理信息等不涉及隐私和国家安全的数据，其所产生的价值将十分可观。

11.1.4 大数据业务的商业模式创新

大数据的出现为组织获得和保持竞争优势提供了前所未有的机会。为了挖掘大数据所蕴含的战略商业潜力，许多组织开始对其商业模式进行革新，或者开发新的商业模式，从而产生了大数据商业模式现象。目前，大数据相关业务的商业模式主要有以下几种。

1. 数据租售模式

将专有的第一方数据变现的一种方法是将其视为产品，并将其出售给其他方，即收集原始数据并将其出售给客户。这种商业模式的一个相对纯粹的例子是市场研究公司尼尔森（Nielsen），它是全球著名的市场监测和数据分析公司，其商业模式是根据客户的具体需求定制市场调查方案并提供相关的数据和分析。对于客户的调查需求，尼尔森将根据自己的研究领域或合同研究，通过顾客调查组及专项研究为客户收集第一方数据，向他们提供最有力的可比性标准化数据。

若企业通过日常业务运作产生的数据本身就具有市场价值，则可收集和打包内部数据以供出售。例如，Twitter等社交媒体公司将其托管的数据出售给第三方，第三方再将其用于市场洞察和情绪分析等各种目的。同样，新闻机构和在线媒体平台也从网站访问者那里收集数据。这些第一方数据主要反映网络行为（搜索、查看、点击、下载和发布）以及位置和设备信息。当这些数据为内部决策提供信息时，网站所有者也充当数据经纪人并将这些数据出售给第三方。他们还可以选择与其他企业（如广告商）合作，根据这些数据开展活动。

2. 数据平台模式

数据是非常有价值的东西，因此，能够下载或者访问数据平台，自然而然地成为一种商业需求。运营商可以通过建设数据集市，允许数据提供者将数据上传至平台供人免费下载，或者以一定的价格销售，让每个人都能找到自己需要的数据集。

运营商所具有的全程全网、本地化优势，使运营商所提供的平台可以最大限度地覆盖本地服务、娱乐、教育和医疗等数据。典型的应用是中国移动"无线城市"，它由"二维码+账号体系+LBS+支付+关系链"的闭环体系推动，带给本地化数据集市平台多元化的盈利模式。

3. 硬件租售模式

采用硬件租售模式的企业既包括大数据存储设施、计算设施、网络设施的销售商，也包括新兴的提供云存储、云计算业务的服务提供商（相当于硬件设施的出租）等。国外的Dropbox，国内的微盘、华为、联想都是此类公司的代表。例如，DropBox就是Dropbox公司运行的在线存储服务，通过云计算实现因特网上的文件同步，用户可以存储并共享文件和文件夹。该服务采取免费+收费的商业模式，它为初始用户提供2G的免费文件空间，用户可以通过邀请其他人参与、使用以及付费等方式获得更多文件空间。如今，大型互联网企业或者计算机软硬件生产商都涉及大数据云计算，例如亚马逊、网易、阿里、盛大、百度、华为。现在我们使用的腾讯微云、百度网盘，租用的阿里云服务器等，都属于云计算。

4. 软件租售模式

如今许多非数据公司自身没有内部专业知识或能力来创建所需的大数据技术。因此，对于大数据领域的公司来说，一种常见的商业模式就是提供软件租售服务。采用软件租售模式的企业主要是大数据技术（狭义）与服务提供商，这些提供商围绕Hadoop架构开展一系列研发，提供大数据存储、检索、数据挖掘、分析等技术和服务。它们提供专为解决数据挑战而创建的优化型技术，用以捕获、处理、分析和显示非结构化与结构化数据，并将其转换为有意义的洞察性信息。例如在算法层面，目前国内提供非结构化数据处理技术的代表性公司有语音数据处理领域的科大讯飞、视频数据处理领域的捷成股份、语义识别领域的拓尔思、图像数据处理领域的超图软件、大数据存储领域的同有科技公司，等等。在应用层面，以全球商业智能和分析软件与服务领袖——SAS公司为例；它一直致力于数据统计软件的开发和销售，SAS在综合的企业智能平台上提供一流的数据整合、存储、分析和商业智能应用，帮助企业更快、更准确地进行业务决策。

5. 数字方案服务模式

采用服务模式的企业需要与客户进行深度合作，其价值主张是为客户提供一体化的IT问题解决方案。大数据时代，开源软件的兴起和繁荣使传统的操作系统、中间件、数据库等平台级软件的同质化趋势渐趋明显，使最终用户关注的焦点转变为如何解决企业的业务问题，而不是购买谁的设备、使用谁的数据库或者操作系统；深度定制化成为需求的基本特征。在这一背景下，各大IT巨头开始通过收购、合作、创新、调整来布局自己的大数据业务，逐步由硬件供应、软件供应向服务模式转型，其典型代表如IBM、EMC、Oracle、SAP等。例如，EMC通过系统、软件和服务的组合，自上而下设计、构建集成解决方案，帮助IT部门以更敏捷、更可信、成本更低、效率更高的方式存储、管理、保护、分析他们最重要的资产——信息；通过并购VMware、RSA、DataDomain、Greenplum、Isilon等多家在"云和大数据"方面具有高度战略价值的公司，使公司的业务涵盖云基础架构转型服务、关键应用程序转型服务；利用云计算实现业务转型服务等。

视频讲解

11.1.5 大数据驱动传统业务商业模式创新

大数据是企业的一项重要战略性资源，企业通过对海量数据的采集、分析、处理，能够发现大数据带来的新商机，从而驱动商业模式的变革。大数据驱动的传统业务商业模式创新主要表现为：价值主张创新、关键活动和流程创新、收益模式创新。

1. 大数据驱动传统业务的价值主张创新

（1）了解客户的真实需求。过去，企业经常使用焦点小组和问卷调查所得出的数据信息来发现客户需求，但是客户的真实需求具有隐蔽性、复杂性、易变性和情景依赖性，利用历史的、静态的、结构化的数据，企业很难获得客户的真实需求。然而，大数据使企业获得客户的真实需求成为可能。用户在网络中的足迹、点击、浏览、留言等数据能直接反映他与她的性格、偏好、意愿；在物联网世界，企业可以运用来自内置于产品中的传感器数据，了解商品在真实世界里的真实使用情况。例如，Olery公司为酒店行业提供声誉管理与媒体监控工具，它监控了100多个网站，酒店行业的消费者可以在这些网站上留下评论。它的商业模式旨在识别、收集和分析来自客户网络评论的大量数据，以便以非常快速的方式为该行业的高管提供可执行的商业智能分析，帮助他们了解客户群并及时对客户的反馈做出反应。

（2）对客户进行准确细分。企业可操作的传统的客户细分一般以地理位置、人口统计特征为依据，而大数据可以实现越来越接近客户真实需求的细分方式。一是细分标准抽象化。当人们的兴趣、爱好、价值观、生活方式、沟通方式等都可以数据化以后，以这些特征细分客户就具有了现实可行性。二是细分市场微小化。从本质上讲，世界上有多少人就有多少种兴趣、偏好和需求，每个人都是一个细分市场，"大数据"正在使企业向"微市场"化迈进。例如在医疗行业，基于个人遗传基因及分子组成的大数据的个性化医疗已经成为这一行业商业模式变革的大趋势。

（3）产品的即时、精准、动态定位。大数据的实时个性化以及多来源、多格式数据的快速综合对比分析能力使数据的收集、整理、分析、反馈、响应可以在瞬间完成，使企业能够随时随地精准圈定用户群并满足他们的真实需求和潜在需求。零售业就是一个典型的数据驱动实时定制化的行业，目前在线零售商利用实时数据提供精准的商品推荐已经十分普遍。新一代的零售商已经可以通过跟踪消费者使用社交媒体的数据、购买历史、线上与线下浏览模式等数据来分析他们的个人行为，更新他们的偏好，实时模型化他们的行为模式，快速识别出特定产品的最可能购买者以及消费者在什么时候接近购买决策，然后打包首选商品，促进交易的完成。

以Sears Holdings（希尔斯控股）为例，几年前该公司就决定利用它的三大品牌收集关于顾客、产品、促销的巨大数据创造价值——用以量身定做针对顾客的个性化促销手段和产品。但是，这一大规模分析所需要的数据是海量的而且是碎片化的，储存在不同品牌所持有的多个数据库和数据仓库中，运用企业原有的IT架构完成一轮分析需要8个星期的时间，导致其没有商业价值。后来，公司转向了大数据技术和实践，与

Cloudera公司合作搭建了Hadoop Cluster（分布式计算集群）。运用集群可以直接进行数据分析，省去了需耗费大量时间从不同来源抽取数据，再加以合并才能用于分析的复杂过程，将产生一套有效的促销设计的时间从8个星期缩减为了1个星期。而且Hadoop Cluster的存储和运行成本仅仅是传统标准数据库成本的一个零头，大数据技术的运用使其"量身定做"的价值主张得以实现。

2. 大数据驱动传统业务的关键活动和流程创新

基于大数据的关键活动和关键流程创新就是企业业务活动的大数据化。依据其改造和影响的范围，可以分成以下几种情况。

（1）以大数据设施和技术为基础、以数据信息流为线索对整个业务流程进行再造。例如，"大规模定制"生产方式的实现就是基于强大的IT基础设施对企业进行流程再造的结果。

（2）以大数据活动取代传统的业务流程，使企业的业务经营模式发生变化。例如，电子商务的发展就是传统商业流通主要交易流程被数据交换取代的结果。

（3）把大数据活动纳入价值创造流程，寻找新的价值创造方向和路径。例如在汽车行业，利用大数据分析，充分挖掘数据信息背后所隐含的行业技术关联，寻找有效途径延长燃气涡轮、喷气式发动机和其他重型设备的运行时间，这为传统制造业寻找新的价值增长点提供了思路。

（4）基于大数据的流程再设计，以大数据作为解决问题的新方法，提高某一业务流程的效率或优化其效果。以机场为例，预计航班到达时间是机场的一个重要流程，以往这一估计由飞行员从到达最后一个导航点至抵达机场期间提供，高的误差率和大的误差范围引发了相当可观的成本，PASSUR Aerospace公司提供的名为RightETA的航班到达时间估计服务则彻底改变了这种状况。RightETA服务是基于天气、航行时间表等公共数据以及PASSUR收集的多维历史数据进行的精细分析和模式匹配分析。转向使用RightETA服务以后，机场从根本上消除了预测误差，每年可为机场创造几百万美元的价值。

3. 大数据驱动传统业务的盈利模式创新

一方面，大数据时代的商业模式在收入增加方面具有巨大的潜力。很多行业尤其是零售业和消费品行业可以利用大数据来改进运营并提供额外服务，从而创造更多的收入流。举例来说，零售业收集了大量的数据，因为在零售店或者在网上商城购买的任何商品都能产生数据，这些数据可以被分析以获得新的见解。零售商可以将人口统计数据、地理数据，以及线上、线下收集到的交易数据结合起来（如客户忠诚度计划），运用数据分析技术分析消费者购买行为和喜好，然后根据这些信息优化产品定价策略和销售推广活动。通过精确的定价和定位，公司可以吸引更多的消费者并增加销售额。另外，结合消费者使用社交媒体的数据、购买历史、线上与线下浏览模式、客户忠诚度和人口统计数据等不同数据集，将让零售商精确地找到特定产品的最可能购买者，进一步促进销售额增长。

另一方面，大数据时代的商业模式能够通过有效地控制成本结构来降低企业的运营成本。例如，在零售业，零售商可以通过大数据预测分析最畅销的产品来提高出货量，依据季节性的实际销售来进行打折促销，停止购入滞销商品，并和供应链伙伴进行更加有效的沟通以优化库存。如此精确的需求预测将帮助零售商优化库存，及时交货，降低相关成本。在制造业，制造商可以通过使用传感器监测设备运行状态和预测维护需求，实现设备的智能维护，减少突发故障带来的停机时间和维修成本。此外，还可将大数据分析用于欺诈监测和风险管理。在金融交易中，大数据能够实时监控潜在的欺诈行为，从而减少实际损失并降低相关的调查和索赔成本。

总之，大数据时代的商业模式可以为传统业务创造更多的收入流，优化成本结构，为企业带来巨大的机遇和益处。

11.2 云计算与商业模式创新

11.2.1 云计算的定义

早在1969年，云计算概念就被提出。随着计算机网络的发展壮大，效用计算的扩展，云计算就像电话一样，服务于每个单独的家庭和办公室。从现有的云计算定义来看，虽然它并没有形成普遍一致的定义，但也有相通之处。表11.2汇总了国内外学者与机构有关云计算的主要定义。

表11.2 云计算定义汇总

角　度	来　源	定　义
资源池、数据或计算中心	胡惠和王辉，2009	云计算能够提供搜索、开放协作、社会网络和移动商务等Web 2.0应用
	谷歌	云计算就是以公开的标准和服务为基础，以互联网为中心，提供安全、快速、便捷的存储和网络计算服务
	IBM	云计算是一个虚拟化的计算机资源池，一种新的IT资源提供模式
	沈昌祥，2011	云计算是一种运营模式，是把IT资源、数据和应用作为服务通过网络提供给用户，是服务方式的改变——共享数据中心
	加州大学伯克利分校，2009	云计算包含互联网上的应用服务及在数据中心提供这些服务的软硬件设施

续表

角　度	来　源	定　义
资源池、数据或计算中心	美国国家标准与技术研究院，2010	云计算是一种模型，该模型支持用户随时随地便捷地按需访问一个共享的、可配置的资源池（如网络、服务器、存储、应用和服务）
	中国云计算专委会	整合、管理、调配分布在网络各处的计算资源，并以统一的界面同时向大量用户提供服务；借助云计算，网络服务者可以瞬息之间处理数以千万计甚至亿计的信息，实现和超级计算机同样强大的效能
计算模式	王维栋、孙伟和季统凯，2011	一种计算模式，它实现了对共享可配置计算资源方便、按需的访问
	张建勋、古志民和郑超，2010	以付费使用的形式向用户提供各种服务的分布式计算系统；对用户来讲是透明的，其本质是对虚拟化的计算和存储资源池进行动态部署、动态分配/重分配、实时监控的系统
服务	李兰，2010	云计算将IT相关的能力以服务的方式提供给用户
	贾海燕，2011	一种基于Web的服务，目的是让用户只需要为自己需要的功能付费，同时节约硬件、软件、专业技能方面的花费
	龚强，2011	由许多台计算机和服务器组成的通过互联网实现的网络服务
	Irving Wladawsky-Berger	云计算就是将以前那些需要大量软硬件投资以及专业技术能力的应用，以基于Web服务的方式提供给用户

11.2.2　云计算的特征

　　云计算是一种基于互联网的、通过虚拟化方式共享资源的计算模式，资源的部署和提供可以按需动态实现。云计算具有规模超大、资源虚拟化、可靠性高、通用性强、扩展性强、按需供给、物美价廉等特点。

1. 超大规模

　　"云"具有相当的规模，谷歌云计算已经拥有100多万台服务器，亚马逊、IBM、微软、雅虎等的"云"均拥有几十万台服务器。企业私有云一般拥有数百至上千台服务器。"云"能赋予用户前所未有的计算能力。

2. 虚拟化

　　云计算支持用户在任意位置，使用各种终端获取应用服务。所请求的资源来自"云"，而不是固定的有形的实体。应用在"云"中某处运行，但实际上用户无需了解，也不用担心应用运行的具体位置。只需要一台笔记本或一部手机，就可以通过网络服务来实现需要的一切，甚至包括超级计算这样的任务。

3. 可靠性

"云"使用了数据多副本容错、计算节点同构可互换等措施来保障服务的高可靠性，使用云计算比使用本地计算机更可靠。

4. 通用性

云计算不针对特定的应用，在"云"的支撑下可以构造出千变万化的应用。同一个"云"可以同时支撑不同的应用运行。

5. 可扩展性

"云"的规模可以动态伸缩，满足应用和用户规模增长的需要。

6. 按需服务和计费

"云"是一个庞大的资源池，用户对于计算资源的使用，今后可以像水、电、煤气一样做到按需使用和计费。

7. 极其廉价

由于"云"的特殊容错措施，可以采用极其廉价的节点来构成云，"云"的自动化集中式管理使大量企业无须负担日益昂贵的数据中心管理成本。"云"的通用性使资源的利用率较传统系统大幅提升，因此用户可以充分享受"云"的低成本优势，经常只要花费几百美元、几天时间就能完成以前需要数万美元、数月时间才能完成的任务。

11.2.3 云计算产业链

云计算产业链可以简单划分为三部分，即云计算平台供应商，如亚马逊、谷歌；云平台使用者/云计算服务商，如微软、IBM；云计算用户。这三者还支撑着平台、云计算服务的应用开发者。云计算产业链的具体情况如图11.2所示。

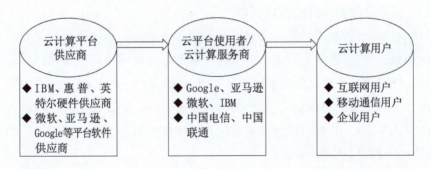

图11.2 云计算产业链

目前，我国云计算产业链主要由云计算硬件提供商、应用平台提供商、应用软件服务提供商以及安全产品提供商四类云计算企业构成。目前，沪深两市共有二十多家上市公司涉及云计算概念，其中有浪潮信息、方正科技、中兴通讯、鹏博士等云计算硬件提供商；还有用友软件、生意宝、焦点科技等云计算应用软件开发商以及启明星辰和卫士通等云安全提供商。

1. 云计算硬件提供商

浪潮信息是我国领先的计算平台和IT应用解决方案提供商，同时，也是我国最大的服务器制造商和服务器解决方案提供商。公司提出行业云的概念，提供基础架构即服务（infrastructure as a service，IaaS）解决方案。

2. 应用平台提供商

网宿科技是一家互联网业务平台提供商，是知识与技术密集型的高新技术企业，自主研发了速通VPN企业互联平台系统、网宿CDN平台软件V2.0和V3.0、网宿快速海量传输软件V1.0、网宿服务质量检测软件V1.0等专有技术。

3. 应用软件和服务提供商

用友软件是亚太地区最大的管理软件供应商之一，国内重点软件企业。公司的管理软件、ERP软件、财务软件等产品在国内处于领先地位，用友软件是我国软件行业知名的品牌。焦点科技是一家本土领先的综合型第三方B2B电子商务平台运营商，是国内最早专业从事电子商务开发及应用高科技的企业之一，致力于为客户提供全面的电子商务解决方案。公司的业务特点非常适合应用云计算以提高效率，降低成本。

4. 云安全提供商

卫士通提供全系列密码产品、安全产品和安全系统，包括核心加密模块和安全平台，密码产品和安全设备整机及具备多种安全防护功能的安全系统，是目前国内以密码为核心的信息安全产品和系统的最大供应商。它建立了国内首家"安全云实验中心"，已推出基于云技术的全系列安全存储产品。

11.2.4 云计算业务的商业模式创新

云计算不仅是一种技术革新，更是一种商业模式革命。云计算实质上是一种IT服务使用和交付模式，把IT资源、数据、应用作为服务，通过网络提供给用户。云计算的典型商业模式包括3类：基础设施即服务（infrastructure as a service，IaaS）、软件即服务（software as a service，SaaS）、平台即服务（platform as a service，PaaS）。无论是IaaS、SaaS还是PaaS，其核心概念都是为用户提供按需服务，都希望用最小的成本支出获得最大的能力和商业价值。

1. 基础设施即服务

IaaS以服务的方式把服务器、存储和网络硬件以及相关软件提供给用户。用户不需购买物理设备，如服务器、网络设备和存储设备等，只要通过云计算服务商提供的虚拟硬件资源进行网上租赁，就可以创建应用程序。该商业模式的优势是节约费用、灵活、可随时扩展和收缩资源、安全可靠。

IaaS模式的价值主张主要有两类：提供存储空间和提供计算能力。例如，亚马逊提供基于其基础设施的服务作为计算服务和存储服务使用，其定价模式主要是付费使用或订阅。在大多数情况下，云计算基础设施被组织成类似集群的结构，以促进虚拟化技术发展。

2. 平台即服务

PaaS以服务的方式把应用程序开发和部署平台提供给用户。用户基于云计算服务商提供的服务引擎构建服务。常用的服务引擎有互联网应用程序接口（API）或运行平台。该商业模式的优势是开发、部署、维护和管理都比较简单。

PaaS模式的价值主张有两类：为在云端部署及管理应用软件提供平台；在云端开发、部署及管理定制化的商业应用软件。平台分为开发平台和商业平台。开发平台使开发人员能够自行编写应用程序并将代码上传到云中，在云中，应用程序是可访问的，并且可以以基于Web的方式运行。随着应用程序使用量的增长，开发人员不必关心系统可伸缩性等问题。

3. 软件即服务

SaaS以服务的方式把应用程序提供给用户，用户不需要安装软件，只需要通过浏览器就可使用Internet上的软件，满足其某种特定需求，供其消费。该商业模式的优势是简单易操作，初始投入成本低，免费试用。

SaaS模式的价值主张是提供可以通过App或网页浏览器在全球范围内使用的应用软件，保证数据安全，提高效率，便于管理。SaaS应用程序与按需提供基本Web服务是不同的。

11.2.5 云计算驱动传统业务商业模式创新

1. 云计算驱动传统业务的灵活性提高

基于云的基础设施服务的一个显而易见的优势，就是其能够快速地、以较低的成本提供扩充基础设施服务的能力。因此，云服务允许传统企业在自助管理中灵活获取IT资源，这样就节省了时间和资金，进而有力支撑了传统业务，使其快速适应市场的变化。此外，云服务供应商通常可以实现规模经济（可以在更多用户身上分摊固定成本的成本优势），而这正是传统公司所欠缺的。

2. 云计算驱动传统业务支出成本降低

企业负责人可能想要为各个部门增加一项商业应用程序，也可能需要为各个部门增加一定量的存储空间，然而资金有限。企业往往会在制定提高IT性能的目标的同时，面临着控制资金支出的压力。在每一项业务中，企业往往都需要对目标和预算进行权衡。云服务供应商可以按需提供这些服务并帮助企业权衡目标与预算。通过按需购买适当数量的IT资源，企业可以避免购买不必要的仪器设备，从而降低成本。

11.3 物联网与商业模式创新

11.3.1 物联网的定义

随着全球信息技术革命的深入和5G的推进，物联网概念越来越受到业界的广泛关注。关于"物联网"（internet of things，IoT）这个词，国内外普遍认为它是麻省理工学院自动标识中心Kevin Ashton教授1999年在研究RFID时最早提出来的，即把所有物品通过RFID、传感器等信息传感设备与互联网连接起来，实现智能化识别和管理。后来，在2005年国际电信联盟以及欧洲智能系统集成技术平台发布的报告中，物联网的定义和范围已经发生了变化，不再只是指基于RFID技术的物联网。具体来说，2005年，在突尼斯举行的信息社会世界峰会上，国际电信联盟发布了《ITU互联网报告2005：物联网》，提出了"物联网"的概念。报告指出，无所不在的"物联网"通信时代即将来临，信息与通信技术的目标已经从任何时间、任何地点连接任何人，发展到连接任何物品的阶段，而万物的连接形成了物联网。2008年5月，欧洲智能系统集成技术平台发布的报告将物联网定义为：物联网是由具有标识、虚拟个性的物体或对象所组成的网络，这些标识和个性等信息在智能空间使用智能接口与用户、社会和环境进行通信。2009年9月，欧盟物联网研究项目组发布了《物联网战略研究路线图》，认为物联网是基于标准的和可互操作的通信协议且具有自配置能力的动态的全球网络基础架构。物联网中的"物"都具有标识、物理属性和实质上的个性，使用智能接口，实现与信息网络的无缝整合。为了便于更好地对物联网进行理解，这里对不同机构、不同学者、不同企业有关物联网的概念界定进行了整理，如表11.3所示。

表11.3 物联网概念一览

年份	来源	定义
1999	麻省理工学院自动标识中心	物联网就是物物相连的互联网，即把所有物品通过RFID、传感器等信息传感设备与互联网连接起来，实现智能化标识和管理
2005	国际电信联盟	无所不在的"物联网"通信时代即将来临，信息与通信技术的目标已经从任何时间、任何地点连接任何人，发展到连接任何物品的阶段，而万物的连接就形成了物联网
2008	欧洲智能系统集成技术平台	物联网是由具有标识、虚拟个性的物体或对象所组成的网络，这些标识和个性等信息在智能空间使用智能接口与用户、社会和环境进行通信
2009	欧盟物联网研究项目组	基于标准的、可互操作的通信协议且具有自配置能力的、动态的全球网络基础架构
2008	IBM	把感应器嵌入和装备到电网、铁路、桥梁、隧道、公路、建筑、供水、大坝、油气管道等各种系统并普遍连接，形成物联网

续表

年份	来源	定义
2007	百度	通过射频识别、红外感应器、全球定位系统、激光扫描器等信息传感设备，按约定的协议，把任何物品与互联网连接起来，进行信息交换与通信，以实现智能化识别、定位、跟踪、监控和管理的一种网络
2010	国务院发展研究中心	物联网就是能够将物体的身份识别、自身特征、存在状态等全生命信息进行智能管理和反馈控制的网络
2010	国务院政府工作报告	物联网是指通过信息传感设备，按照约定的协议，把任何物品与互联网连接起来，进行信息交换和通信，以实现智能化识别、定位、跟踪、监控和管理的一种网络

11.3.2 物联网的特征

作为一种系统，物联网需要具备或支持以下几种关键性的特征。

1. 装置异质性

物联网的一大特点就是在系统中存在大量异质性的装置。这些异质性装置呈现出不同的计算和通信的能力。管理这些异质性装置需要得到架构和协议层面的支持。

2. 可扩展性

当众多对象连接到全球性的信息基础设施时，可扩展性问题就在不同层面上出现了，包括命名和寻址、数据通信和网络化、信息和知识管理以及服务供应和管理。

3. 通过近距离无线技术进行无处不在的数据交换

在物联网中，无线通信技术扮演着突出的角色，它使智能对象彼此连接成为网络。为交换数据而广泛采用无线媒体可能会产生频谱可得性问题，这将促使认知/动态无线电系统获得采用。

4. 能源优化的解决方案

对于物联网中的大多数实体而言，如何减少用于通信/计算所花费的能耗是一大问题。虽然相关的能源收集技术（例如微型太阳能电池板）会减小装置能耗方面的局限性，但能源永远是一种稀缺资源。因而，制定优化能源使用的解决方案（即使以牺牲性能为代价）变得越来越有吸引力。

5. 定位和跟踪能力

由于物联网实体可被识别，并提供短距离无线通信功能，因此它们成为物理领域中可被跟踪定位（和移动）的智能对象。这在物流和产品生命周期管理中特别重要，目前这些领域已广泛采用RFID技术。

6. 自组织能力

许多情境中，物联网出现的复杂性和动态性特征都要求系统中存在分布式智能，从而使智能对象（或其一个子集）能够自主地应对各种不同的情况，并最大限度地减少人为干预。这样，跟随用户的请求，物联网中的节点将自发地组织成临时网络，用于共享数据和执行协调任务。

7. 语义互操作和数据管理

物联网将交换和分析大量的数据。为了将这些数据转化成有用的信息，并保证其在不同应用之间的互操作性，有必要用明确的语言和格式提供足够的、标准化的数据格式、模式和其自身内容的语义描述（元数据）。这将使物联网应用程序自主思考、自动推理。这是一个关键功能，能使物联网技术在更广泛范围内得到采用。

8. 嵌入式安全和隐私保护机制

由于与物理领域的紧密相关性，物联网技术应该具有安全性和隐私保护性。安全性应被视为关键的"系统级"属性，并将其融入物联网解决方案的体系结构和方法的设计中去。这是一个关键的要求，目的是提高用户接受度和技术采用度。

11.3.3 物联网产业链

物联网产业已成为国家战略性新兴产业，但物联网产业本身还是比较宽泛的。一般而言，物联网产业可细分为标识、感知、处理和信息传送四个环节，每个环节的核心技术分别是RFID（二维码）、传感器、智能芯片和电信运营商的无线传输网络。因此，物联网产业链就是围绕着物联网技术应用，由多家企业以某种关联关系而形成的动态链网络组织。物联网产业链涉及的环节比较多，而且环节间的关系比较紧密，为了更好地理解物联网产业链，可以将物联网产业链划分为芯片和传感器等终端设备制造商、网络设备提供商、网络运营商、系统集成商、软件及应用开发商、服务提供商、目标用户七个环节，如图11.3所示。

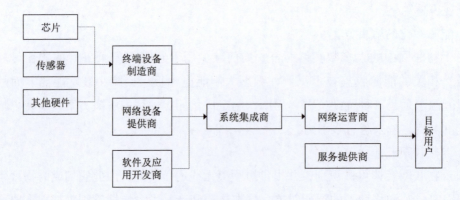

图11.3 物联网产业链

1. 终端设备制造商

终端设备制造商位于物联网产业链的上游环节，主要负责提供必要的软硬件设备，通过将物体智能化后接入物联网,实现物与物的联结。这些终端设备主要有各种RFID卡、传感器、通信模块等。

2. 网络设备提供商

网络设备提供商主要向网络运营商提供建设和运营网络所需的软硬件设备以及网络产品、服务和解决方案,是网络运营商向目标客户提供网络技术服务的基础。例如,思科、华为、汉柏科技、锐捷网络等知名企业都是大型的网络设备提供商。

3. 网络运营商

网络运营商是真正的网络拥有者,负责向目标客户提供基础的网络连接服务,包括有线和无线两种通信网络。越来越多的知名运营商(如移动、电信、联通)已开始与物联网应用行业合作,转变成物联网运营商的角色;而且随着"两化融合"和"三网"融合进程的加快,甚至可能会出现独立的物联网运营商。

4. 系统集成商

系统集成商是具备系统资质,能对行业用户实施系统集成的企业,包括设备系统集成商和应用系统集成商。系统集成商通过选择合适的硬件设备及配套的软件系统,为目标客户提供物联网服务的全面解决方案。随着物联网的发展,系统集成商在物联网产业链中的地位越来越重要,他们不仅要熟悉硬件设备系统的集成,还要深入用户的具体业务和应用层面,具备跨行业应用整合能力。

5. 软件及应用开发商

软件及应用开发商是物联网产业链中的关键环节,负责不断开发能够吸引目标客户的内容和应用。物联网产业发展的重点是能够带来实际效果的应用,软件是做好应用的关键,而中间件可以说是物联网软件的核心。中间件是一种独立的系统软件或服务程序,位于操作系统之上,负责管理网络资源。分布式应用软件就是借助中间件实现资源共享的。

6. 服务提供商

服务提供商是物联网面向用户的服务内容的直接提供者,其基于网络通过各类终端和平台提供服务。具体的服务方式是,通过网络运营商提供的增值接口,向客户提供统一的终端设备鉴权、终端接入控制、行业应用管理、业务运用管理和统一的平台管理等信息服务,最后和运营商按比例分成。

7. 目标用户

目标用户指物联网产品或服务的主要接受对象,也是物联网产业链的利润来源,主要包括个人、家庭、企业和行业。

11.3.4 物联网业务的商业模式创新

物联网相关企业主要还是通过创新商业模式来实现盈利,国内外物联网企业莫不如此。物联网业务的商业模式主要有以下三种：直接付费的物联网商业模式；基于平台的物联网商业模式；生态共赢的物联网商业模式。

1. 直接付费的物联网商业模式

物联网的直接付费模式，总体而言是最终的用户直接对其所使用的硬件、应用进行付费，这是最简单的商业模式，是人类数千年商业发展历程中"一手交钱，一手交货"的模式在物联网行业中的体现。与以面向公众客户为主的消费互联网相比，以政企用户为主要客户群的物联网产业较容易接受直接付费的模式，毕竟这是政企用户长期以来的支付方式。以华为公司为例，华为是全球知名的物联网解决方案提供商之一。他们以政企用户为主要客户群，并较容易接受直接付费的模式。华为向政企用户提供各种物联网硬件设备、平台和解决方案，如智能城市建设、工业物联网等。政企用户习惯于长期以来的直接付费方式，因此对于购买这些物联网解决方案并付费使用是比较容易接受的。

2. 基于平台的物联网商业模式

在物联网产业中，平台地位日益凸显。行业内的各类巨头们都把自己定位为平台运营商，面向物联网行业的其他企业提供服务，包括硬件开发、软件实现等多方面。

硬件平台模式指在分析物联网众多应用场景的基础上，提炼出某些具体的通用硬件功能，形成了硬件生产平台，同时也提供基础的应用平台；平台厂商或者下游厂商结合具体的场景，打造面向多个应用领域、具备一定差异化的硬件，并在基础应用平台上开发增值应用功能。硬件生产平台的收入，主要从硬件销售获得，包括自产硬件的销售，以及下游厂商使用平台所支付的费用。

软件平台模式指物联网平台将南向和北向的平台接口同时开放，基于SDK与API通用接口能力，实现连接、数据服务能力的开放，提供设备接入、设备管理、位置服务、数据展现、数据导出、自动触发、在线调试等方面的服务。其中，南向开放主要实现了对设备的接入功能，北向开放则实现了数据与业务功能的开放。各类应用开发者或者用户可以直接调用所开放的API接口，开发出相应的应用，用于销售或者自用。相关的平台可理解为PaaS平台，而开发出的种种在多种场景下的应用，则聚合形成了SaaS平台。

商业服务平台模式指平台所提供的服务不是聚焦于硬件、软件等技术层面，而是聚焦于销售与服务等方面，包括提供网络、硬件、应用、解决方案的在线销售平台，提供行业研究、企业咨询、培训认证的在线服务平台，提供风险投资的资金中介平台，提供创业创新的科创服务平台等。相应平台通过收取会员费、销售佣金、竞价排名、线上线下服务等方式实现收入。

以阿里巴巴为例，该公司在物联网领域中提供了不同类型的平台服务，并通过多种收入模式实现盈利。

硬件平台模式：阿里巴巴通过物联网操作系统AliOS Things和硬件开发套件

LinkKit，提供通用的硬件生产平台。各类厂商可以基于这些平台开发自己的硬件产品，并通过阿里巴巴平台销售。

软件平台模式：阿里巴巴提供丰富的SDK和API接口，实现设备接入、数据管理、业务功能等服务。应用开发者可以通过这些开放接口开发出各种应用，并将其发布在阿里巴巴的物联网应用市场上。

商业服务平台模式：阿里巴巴在物联网领域提供了一系列商业服务平台，如阿里云、1688平台等。这些平台包括在线销售平台、咨询服务平台、资金中介平台等。

3. 生态共赢的物联网商业模式

企业在生态当中发展，也带动了周边企业的协同发展，共同打造了更加肥沃的生态土壤。以小米公司为例，首先，小米依靠自身的品牌和产品优势，在市场中取得了一定的影响力和用户基础。这使得其他企业或个人愿意与小米合作，共同开发物联网相关产品或应用。其次，小米建立了开放的生态平台，如米家智能家居平台。通过开放平台，其他厂商可以将自己的产品接入小米的生态系统，从而扩大产品的覆盖范围和市场触达，获得更多的用户和收入。此外，小米也积极与其他企业合作，共同推动物联网产业的发展。例如，在智能家居领域，小米与各种家电、家居品牌合作，共同打造智能化的生活方式。这种合作带来了更多的创新和增值服务，满足了用户多样化的需求。通过这种生态共赢的模式，小米在物联网产业中发展壮大，同时也带动了周边企业的协同发展。各方在共享资源、共同研发、互相支持的基础上，共同推动整个物联网生态的繁荣发展。

11.3.5 物联网驱动传统业务商业模式创新

物联网只有与具体的行业融合才能够发挥价值，才能够给相关服务提供商带来收入。因此，行业内的各类服务商都在思考如何让物联网为各类行业赋能，让相关客户接受产品、服务与解决方案。分析本源，相关的赋能方式包括两种形态：一是加法形态，即"物联网+相关行业"；二是乘法形态，即"物联网×相关行业"。

1. 物联网驱动传统企业的设备管理方式效率提高

加法形态主要指用物联网的设备取代当前人工操作的环节，提升政府或企业的内部效率，但它们内外部的运营流程、业务逻辑等则不进行大幅度的改变。因此，物联网在其中发挥的是支撑与配合的作用。具体到产品、方案实现的细节层面，可以看到物联网是作为工具存在的。它的价值主要在于连接，即把信息系统与物理设备、外部自然环境等进行连接，采集数据并进行展示。例如，在水文监测领域，传感器能够监测水位，取代了原先的人工监测，效率更高，但并没有对业务流程产生任何改变，依然遵循着到达一定的水位时发出预警的流程。在智能消防栓、智能井盖等领域，尽管物联网能够起到实时监测的作用，并且当出现问题的时候，系统平台会自动通知网格管理员前往现场处置，但这同人工巡查、汇总、处置的流程并无差别，只是效率更高了。在工业互联网领域，所有的工业设备都会连接到工业互联网平台上，上报当前设备的运行状态，但这也只是让传统设备管理方式效率更高。

施耐德电气是一家专注于能源管理和自动化解决方案的跨国公司，其应用物联网技术来提升政府和企业的内部效率。在能源管理领域，施耐德电气利用物联网设备和技术来改进能源监测和控制。例如，该公司的建筑物自动化系统可以通过连接传感器、智能电表以及信息系统，实时采集和传输能耗数据，并对能源使用进行监测和优化。这取代了传统的人工抄表和能源监测方式，提高了能源的管理效率，但并没有改变能源消耗的基本流程和业务逻辑。此外，在工业自动化领域，施耐德电气的工业互联网平台将各种工业设备连接到网络上，实现对设备状态和运行数据的实时监测和管理。这使得企业可以更好地了解设备的运行状况，并通过数据分析和预测进行有效的设备维护，实施生产计划。然而，这并没有改变传统设备管理方式的基本流程，只是提高了管理效率和响应速度。

2. 物联网驱动传统企业运营流程和业务逻辑创新

乘法形态则强调充分发挥物联网数据或数据应用的价值，去改变政府或企业的运营流程、业务逻辑，使其以全新的姿态出现。物联网在其中发挥了产业使能器的作用。具体到产品、方案实现的细节层面，可以看到，物联网与各类新技术、新产品、新模式相融合，发挥以数据驱动产业变革的价值。例如，智慧工厂可以实现完全无人化的生产，并且生产线上的任意两件成品都可以是不同的成品，这满足了用户对工业品的定制化需求。城市大脑方案是基于对城市当中所有部件（人、车与城市基础设施）的实时监管计算出的最为合适的管理方案。无人驾驶彻底改变了驾驶的方式，随之带来的是物流运输方式、出行生活的全面改变。智慧零售通过各类物联网设备监控用户在购物环节真实发生的行为，不仅用于零售环节，同时也使信息在全产业链条当中传输，改变了企业在产品设计、生产决策等多个方面的行为模式。

思科（Cisco）公司作为一家全球知名的网络设备和解决方案提供商，在智慧工厂领域，利用物联网技术和数据应用，帮助企业实现了智能制造和无人化生产。通过连接各种设备和传感器，监测和分析生产过程中的数据，思科的解决方案可以实现生产线的定制化生产，满足用户个性化需求。在城市管理方面，思科的物联网解决方案也发挥了重要作用。例如，他们开发了智慧城市平台，通过收集和分析城市各项基础设施（如交通信号灯、垃圾桶、公共设施等）的数据，实现了对城市基础设施的实时监控和管理。这样可以优化城市运营效率，提升居民生活质量。此外，思科还在交通运输、能源管理、智慧零售等领域提供物联网解决方案。他们通过物联网技术和数据应用，改变了交通运输方式，提高了能源利用效率，实现了智慧零售的个性化服务。思科作为物联网服务提供商，注重数据的全行业贯通和跨界使用。他们致力于汇聚智慧化技术与产品，提供全面的解决方案，以满足客户的需求。通过提供乘法形态的服务，思科不仅给客户带来了更多的价值，也提高了自身的利润率。他们通过不断创新和积极进取，努力保持在物联网行业中的竞争优势。

11.4 人工智能与商业模式创新

视频讲解

11.4.1 人工智能的定义

1956年夏季，以约翰·麦卡锡（John McCarthy）等为首的一批科学家在美国达特茅斯学院召开会议，他们经过充分的讨论，首次提出了"人工智能"（Artificial Intelligence，AI）这一术语，标志着其作为一个研究领域的正式诞生。

自人工智能出现以来，学界和业界对人工智能的理解众说纷纭，科技和商业的多元化发展导致对人工智能定义、发展方向以及表现形式的理解各异。许多研究机构都试图给出准确的定义，但始终没有形成统一的认知。现如今，人工智能的概念和范围仍处于发展和变化之中，并且已经形成了多视角的解读。表11.4汇总了各学者与机构对人工智能的定义。

表11.4　人工智能定义汇总

定 义 来 源	定 义 描 述
Marvin Minsky，1968	人工智能是"让机器完成人类需要智能才能完成的事情的科学"
John McCarthy，2007	人工智能是关于如何制造智能机器特别是智能计算机程序的科学和工程
Russel和Norvig，2013	人工智能是类人思考、类人行为，理性的思考、理性的行动
Michael Haenlei和Andreas Kaplan，2019	人工智能通常定义为"系统正确解释外部数据，从这些数据中学习，并通过灵活的适应使用这些学习来实现特定目标和任务的能力"
Michael Weber和Moritz Beutter，2021	人工智能指的是一套广泛的技术，它赋予机器"执行与人类思维相关的认知功能的能力，例如感知、推理、学习……甚至展示创造力"
Josef Åström等，2022	人工智能可以被定义为机器通过学习、推理和自我纠正等过程模仿类人行为的能力
维基百科	人工智能就是"机器展现出的智能"，即只要是某种机器，具有某种或某些"智能"的特征或表现，都应该算作"人工智能"

续表

定 义 来 源	定 义 描 述
大英百科全书	人工智能是数字计算机或者数字计算机控制的机器人在执行智能生物体才能完成的一些任务的能力
百度百科	人工智能是研究、开发用于模拟、延伸和扩展人的智能的理论、方法、技术及应用系统的一种新的技术科学，它是计算机科学的一个分支
美国国家科学技术委员会，2016	人工智能可分为狭义人工智能与广义人工智能，前者是专注于完成某个特定任务的人工智能，例如语音识别、图像识别等；后者在狭义人工智能的基础上，充分包含学习、语言、认知、推理、创造和计划等内容
中国电子技术标准化研究院发表的人工智能标准化白皮书，2018	人工智能是利用数字计算机或者数字计算机控制的机器模拟、延伸和扩展人的智能，感知环境、获取知识并使用知识获得最佳结果的理论、方法、技术及应用系统

11.4.2 人工智能的特征

自1956年概念提出以来，经过60多年的演进，人工智能的发展进入了新阶段。在人工智能加速发展的过程中，它呈现出了以人为本、与人交互、具有自适应和学习能力等特征。

1. 以人为本

人工智能由人类设计，为人类服务，计算为本质，数据为基础。从根本上说，人工智能系统必须以人为本，这些系统是人类设计出的机器，按照人类设定的程序逻辑或软件算法，通过人类发明的芯片等硬件载体运行或工作。人工智能的本质体现为计算，通过对数据的采集、加工、处理、分析和挖掘，形成有价值的信息流和知识模型，为人类提供延伸人类能力的服务，实现对人类期望的一些"智能行为"的模拟。在理想情况下，人工智能必须体现服务人类的特点，而不应该伤害人类，特别是不应该有目的性地做出伤害人类的举动。

2. 与人交互

人工智能能感知环境，能产生反应，能与人交互，能与人互补。人工智能系统应能借助传感器等器件产生对外界环境（包括人类）进行感知的能力，可以像人一样通过听觉、视觉、嗅觉、触觉等接收来自环境的各种信息，对外界输入产生文字、语音、表情、动作等必要的反应，甚至反过来影响到环境或人类。借助按钮、键盘、鼠标、屏幕、手势、体态、表情、力反馈、虚拟现实/增强现实等媒介，人与机器间可以产生交互与互动，使机器设备越来越"理解"人类乃至与人类共同协作、优势互补。这样，人工智能系统能够帮助人类做人类不擅长、不喜欢但机器能够完成的工作，而人类则可以去做更需要创造性、洞察力、想象力、灵活性、多变性乃至用心领悟或需要感情的一些工作。

3. 具有自适应和学习能力

人工智能有适应特性，有学习能力，有演化迭代，有连接扩展。人工智能系统在理想情况下应具有一定的自适应特性和学习能力，即具有一定的随环境、数据或任务变化而自适应调节参数或更新优化模型的能力。并且，它能够在此基础上通过与云、端、人、物越来越广泛、深入的数字化连接扩展，实现机器客体乃至人类主体的演化迭代，以使系统具有适应性、鲁棒性、灵活性、扩展性，有能力应对不断变化的现实环境，从而使人工智能系统在各行各业产生丰富的应用。

11.4.3 人工智能产业链

人工智能产业链可以划分为三个层级，分别是基础层、技术层和应用层，如图11.4所示。基础层提供了数据及算力资源，包括芯片、开发编译环境、数据资源、云计算、大数据支撑平台等关键环节，是支撑产业发展的基座。技术层包括各类算法与深度学习技术，并通过深度学习框架和开放平台实现了对技术和算法的封装，快速实现商业化，推动人工智能产业快速发展。应用层是人工智能技术与各行业的深度融合，细分领域众多、领域交叉性强，呈现出相互促进、繁荣发展的态势。

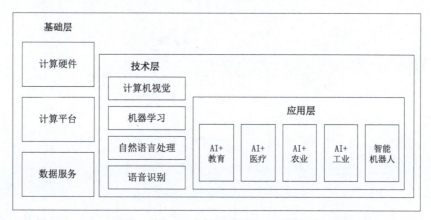

图11.4 人工智能产业链

1. 基础层

基础层是人工智能产业的底座支撑。其主要功能是对AI芯片、数据资源、云计算平台等硬件与软件进行研发，为人工智能产业的发展提供数据与算力支持。其研究成果主要包括三大类：一类是计算硬件，主要是AI芯片；一类是计算平台，包括大数据平台、云计算平台、5G通信；一类是数据的处理，包括数据采集、标注和分析。

人工智能产业的发展离不开AI芯片的支持。随着人工智能算法的发展，视频图像解析、语音识别等细分领域对算力的需求呈爆发式增长，通用芯片已无法满足需求。而针对不同领域推出专用的芯片，既能够提供充足的算力，也满足低功耗和高可靠性要求。例如华为、寒武纪、中星微等企业推出的推理芯片产品，应用于智能终端、智能安防、自动驾驶等领域，可以对大规模计算进行加速，满足更高的算力需求。

人工智能产品的研发与落地离不开大数据、云计算与5G通信的支持。随着积累的数据越来越多，企业开始尝试让大数据做一些过去只有人才能完成的事情。以大数据为基础，辅之以云计算带来的数据资源与能力，通过程序设定对周围的环境变化做出一定的反应，从而推动人工智能落地应用。在这个过程中，5G的主要功能就是让终端用户始终处于联网状态，让信息通过5G网络实现快速传播与交互。

目前，人工智能产业的发展已经进入量变阶段，并将借助大量数据完成质变，突破现有的发展瓶颈。在这种情况下，数据采集与标注行业应运而生。数据采集、标注与分析面向的是文本、图像、视频、语音等数据。

2. 技术层

在人工智能产业的整个体系架构中，技术层建立在基础层之上，主要以基础层的运算平台和数据资源为依托，进行海量识别训练与机器学习建模，开发面向不同领域的应用技术。人工智能技术（层）可分为三个层次，分别是运算智能、感知智能和认知智能，如图11.5所示。

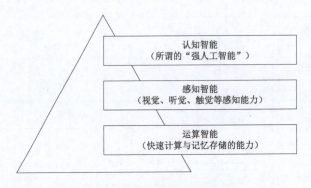

图11.5 AI技术的三个层次

运算智能，指的是快速计算与记忆存储的能力。以IBM的深蓝计算机战胜国际象棋冠军卡斯帕罗夫为标志，机器的强运算能力已远超人类。经过几十年的发展，机器的强运算能力早已不是人类可以较量的。感知智能，即视觉、听觉、触觉等感知能力。人与动物的感知是被动进行的，而机器却可以主动感知，例如自动驾驶会通过激光雷达等设备主动感知周边环境。所以，相较于人类，机器的感知能力更加强大，而且在各种新型感知设备与人工智能算法的辅助下，机器的感知智能越来越接近人类。认知智能，即所谓的"强人工智能"，可以将人工智能与意识、感性、知识、自觉等人类特征联系在一起，具备理解、思考等能力。随着科技的发展，人工智能正在迈向认知智能，即应用于复杂度高的场景中，通过多模态人工智能和大数据等技术，实现分析和决策。

目前，国内的人工智能技术主要聚焦于三大领域，分别是计算机视觉、机器学习和自然语言处理。计算机视觉领域的研究方向主要是动静态图像识别和人脸识别。受技术条件限制，动态监测与识别发展缓慢。静态图像识别与人脸识别现已经开始落地应用。机器学习主要聚焦于算法，但深度神经网络、卷积神经网络及循环神经网络等主流算法都需要构建庞大的神经元体系，以及投入大量资金，所以主要是互联网巨头在该领域布局。各巨头公司在研发基础算法的同时，也会关注机器学习在特定行业的应用。自然语言处理的两个主要方向是语音识别与语义识别。其中，语音识别的关键在于积累大量样本数据，以保证识别的准确性。

3. 应用层

在人工智能的体系架构中，应用层建立在基础层与技术层的基础之上，基于某种算法和具体技术结合产生应用。随着深度学习、计算机视觉、语音识别等技术不断发展，人工智能不仅与传统的教育、医疗、农业、工业等行业实现了融合发展，而且在不同场景实现了落地应用。

（1）人工智能+教育。人工智能已经应用到教育领域的教学、管理、评价等各方向，比如学龄前的人工智能教育启蒙机器人；通过图像识别技术批改作业和阅卷；通过语音识别和语义分析技术，可以辅助教师进行汉语拼音教学和英语口试测评，矫正发音；利用智能教育助手进行在线答疑；通过智能教育评价系统进行教育评价，等等。

（2）人工智能+医疗。随着语音交互、计算机视觉和认知计算等技术不断发展，人工智能医疗领域的各项应用都将逐渐落地，包括语音录入病历、医疗影像智能识别、辅助诊疗、癌症诊断、个人健康大数据的智能分析等。

（3）人工智能+农业。人工智能已经应用于农业生产和运输的全过程中，从产前的土壤分析、水灌溉、种子鉴别，到产中的无人机植保、作物监测和田间管理，再到产后的收割分拣、质量检测、溯源等。人工智能在农业中的应用，起到了有效规避和预防灾害，科学合理化种植方案，提高种植、收割、运输效率等作用。

（4）人工智能+工业。人工智能在工业中的应用有数据可视化、工业机器人、智能检测探损等，但目前提及最多的是人工智能与工业互联网结合。人工智能+工业能够给传统工业注入新活力，实现创新创造，降本增效。

11.4.4 人工智能业务的商业模式创新

如今，人工智能已是全球公认最具变革性的技术之一。人工智能的一个重大作用是改变了现有的商业逻辑，带来了商业变革。目前，人工智能企业已经形成了以下四种典型的商业模式。

1. 人工智能企业作为人工智能收费产品/服务提供商

应用这种模式的人工智能企业将易于训练的人工智能模型嵌入其产品或服务中。人工智能解决方案主要以标准化产品和服务的形式交付，不需要进一步定制。也就是说，企业将人工智能作为其价值主张的一部分，利用人工智能提供标准化产品和服务（解决方案）。采用这种模式的人工智能企业往往为行业内的一种特定任务提供解决方案，例如，检测机场的违禁物品。这些解决方案主要出售给企业客户。由于产品和服务相当标准化，这种模式下的人工智能企业在某些情况下也能够满足个人消费者的需求。

2. 人工智能企业作为人工智能开发服务的提供商

应用这种模式的人工智能企业专注于促进客户人工智能开发。采用这种模式的人工智能企业提供可用于人工智能开发的应用程序、可编程接口或软件开发工具包。此外，一些人工智能企业还提供无代码工作台，不懂IT的商务人士可以在这里开发新的人工智能解决方案（例如，构建自己的聊天机器人）。在这种模式下，NLP（自然语言处理）通常是占主导地位的人工智能技术，因为基于NLP的解决方案（如聊天机器人）几乎无法标准化，并且需要针对客户的特定环境和个人需求进行定制。这种模式的人工智能企业以跨行业的业务客户为目标，并且经常使用基于订阅的方式来获取价值。

3. 人工智能企业作为数据分析提供者

应用这种模式的人工智能企业专注于集成和分析大量数据，包括内部和外部数据。他们为其他企业所提供的解决方案包含了全面的数据分析，以支持明智的决策，例如持续监控运营、发现隐藏的模式或对未来进行预测。因此，应用此模式的人工智能企业通常使用传统的机器学习方法分析数据。对于数据集成，解决方案通常需要在客户处进行初始定制，这些解决方案一般与广泛使用的信息系统连接良好。这种模式的人工智能企业主要针对商业客户，并采用基于交易或订阅的收入模式。

4. 人工智能企业作为深度技术研究员

应用这种模式的人工智能企业将自己在人工智能技术领域（例如机器人、自动驾驶）的前沿研究和开发创新作为其商业模式的核心。采用这种模式的人工智能企业通常以研究为主导，目的是将他们的人工智能模型和算法推向完美。他们不为大众市场提供标准化或易于定制的解决方案，而是提供可由其业务客户实现和定制的复杂基础技术。因此，这些人工智能企业并没有稳定的收入来源，而是经常依赖外部资金。

11.4.5 人工智能驱动传统业务商业模式创新

近年来，人工智能技术飞速发展，并逐渐与传统业务相融合。它从根本上改变了企业经营和发展业务的方式，形成了许多新的经营模式和业务流程。将人工智能功能融入与价值创造、交付和获取相关的商业活动中，是推动传统业务商业模式创新的关键。

1. 人工智能预测功能驱动传统业务的价值创造创新

人工智能的预测功能为企业提供了深入研究数据的可能性，该功能可以使用人工智能算法为生态系统中的客户生成报告和新的见解，并识别出使用传统分析难以发现的隐藏模式。例如，在制造业企业中，大多数产品都安装了传感器并改进了连接性，随着时间的推移，这些产品产生了大量的数据。在大多数情况下，由于数据混乱和缺乏适当的分析模型，这些数据没有被用于生成与客户运营使用相关的见解。但随着人工智能技术的进步，制造业企业能够开发算法来自动生成报告。这些预测报告倾向于提供与产品或产品群相关的运营关键绩效指标概览。它们还能预测设备未来的运行方式以及可能的维护需求。虽然该功能自动生成报告带来的商业收益相当低，但它能够捕获与客户设备使用相关的新模式，从而推动创新，向更先进的由人工智能支持的数字产品发展，并确保更好地满足客户的操作需求。

2. 人工智能的监测、控制和优化功能驱动传统业务的价值交付创新

与启用人工智能的监测和控制功能相关的关键客户价值主张是能够提供设备健康和性能的详细情况。例如，美国无人机制造商Beta公司在商业上提供了由人工智能功能支持的预防性维护合同，此类服务契约包括早期预警、减少故障数量和提高生产率。同时，该企业使用了基于人工智能的简单数字仪表板，为客户提供更强的能力以监测和控制他们的设备性能。此外，为了更好地支持这一服务，该企业建立了一个专门的团队来为客户提供后端支持，并将违规行为和潜在问题告知客户。在这一过程中，企业通过人工智能将许多基本的客户互动自动化，使得个人可以监控更多的设备，大幅节约了提供后端监控所需的人力资源。

在日常生活中，客户经常在某些场合频繁使用某一产品，而在其他场合很少使用，造成产品使用不均匀。此时，可以通过利用人工智能来优化设备使用，以确保"正确的机器为正确的工作做好准备"。例如，制造企业使用人工智能的优化功能来为客户提供规定性的维护合同，并通过使用跨客户站点的数据和跨全球市场的基准测试，为某些类型设备的使用开发模拟模型，从而使用在这些活动中产生的见解指导客户如何最大限度地利用他们的设备。例如，以适当的间隔安排维护或建议采取行动提高机器性能。此外，优化还增加了客户操作的灵活性，因为随着需求或环境的变化，可以对机器进行优化以实现所需的结果。例如，维护之间的间隔可以根据优化条件延长或缩短。因此，人工智能优化功能在提高生产率和节省成本方面为客户创造了更大的价值。

11.5 元宇宙与商业模式创新

11.5.1 元宇宙的定义

元宇宙代表着一个由数字技术、虚拟现实和增强现实等技术构成的虚拟世界，表11.5汇总了一些机构对元宇宙的定义。在元宇宙中，人们可以进行社交、娱乐、教育、商业、医疗等各种活动。"元宇宙"一词是"Meta"（超越）和"Verse"（宇宙）的组

合，意指"超越现实宇宙"，由科幻作家尼尔·斯蒂芬森于1992年在其科幻小说《雪崩》(Snow Crash)中首次提出。在书中，尼尔·斯蒂芬森描述了一个平行于现实世界的网络世界，并将其命名为"元界"。所有现实世界中的人，在"元界"中都有一个"网络分身"。元宇宙并不是一种技术，而是一个生态系统。在这个生态系统中，游戏、社交、人工智能、区块链等技术各尽其责，发挥着自己的作用，且任何一项技术都不能被单独称为元宇宙，元宇宙需要它们共同赋能。元宇宙代表着人类对于虚拟、智能和数字化世界的探索和创新。在元宇宙的世界中，人们可以打破现实的限制，享受到一种全新的科技和文化体验。

表11.5 元宇宙定义

机构	定义
维基百科	元宇宙是一个集体虚拟共享空间，由虚拟增强的物理现实和物理持久的虚拟空间融合创建，包括所有虚拟世界、增强现实和互联网的总和
百度	元宇宙是一个由计算机程序和硬件组成的虚拟环境，它完全模拟了真实世界，并且允许多人同时在线，进行各种活动和交互
阿里巴巴	元宇宙是一个虚拟的、模拟出的世界，由各种数字和技术平台创建。它是一个开放平台，人们可以在其中进行交互、创造、社交、娱乐等
中国信息通信研究院	元宇宙是一个由多种虚拟技术、人工智能、区块链、云计算等数字技术构成的全新虚拟世界，可以为人类提供无穷无尽的创造和探索空间
IBM	元宇宙是一个大型的、开放的虚拟环境，由多种虚拟、增强和混合现实技术构成。在元宇宙中，人们可以自由地交互，并参与各种活动

11.5.2 元宇宙的特征

一般来说，元宇宙具备以下三个特征。

1. 元宇宙能够永远存在

只要文明不熄灭，元宇宙就会一直存在，就像真实世界一样。元宇宙中的用户可以更替，玩法可以变化，规则也可以调整。唯一不能变的就是这个世界本身必须永远存在，绝不能因为某家公司的破产而影响了元宇宙的存续。

2. 元宇宙是去中心化的

就像我们无法判断哪个国家是地球的中心一样，一个原生意义上的元宇宙可以存在热点区域，也可以存在贫穷和富裕，但是一定不能只有一个中心。假如元宇宙世界规则的解释权只属于某家公司、某个组织或者某个国家，则是不可容忍的。就如Meta公司CEO说的那样，元宇宙不属于某个公司、某个机构或组织，元宇宙是地球人共建的。要做到这一点，就必须有一个接入元宇宙开源的共享协议，有点类似于目前大家都在使用的国际互联网的HTTP。

3. 元宇宙是虚拟现实但能与现实相连

元宇宙中的经济系统也必须和真实世界的经济系统直接挂钩且具有互操作性。现实中的人在元宇宙中的身份ID所产生的影响力必须是真实的而非虚幻的。

11.5.3 元宇宙产业链

元宇宙的产业链可以分为四个层级（见图11.6）：感知层、算法层、平台层及应用层。其中，感知层、算法层、平台层为物理世界产品，应用层为元宇宙内的虚拟世界产品。

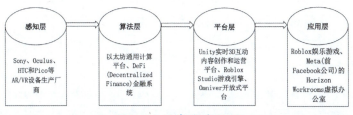

图11.6 元宇宙产业链

1. 感知层

元宇宙感知层主要由各种输入和输出设备组成，包括智能终端、AR/VR设备、体感设备、物联网传感器、摄像头、脑机接口、语言识别系统设备等。

2. 算法层

元宇宙算法层是在元宇宙中用来管理和协调各种活动的算法系统。算法层负责处理和优化大量数据，为用户提供个性化的体验，并确保元宇宙内各个环境的协调和互操作性。算法层可以根据用户的需求和行为模式进行实时的内容推荐、资源分配和交互引导。

3. 平台层

元宇宙平台层为创作者提供内容创作工具，用户可在平台上通过数字创作获得收益，并提升元宇宙内容的丰富度。

4. 应用层

元宇宙应用层是在元宇宙中提供各种应用和服务的层级。它涵盖了广泛的领域，包括社交网络、游戏、虚拟现实体验、电子商务、教育、医疗保健等。应用层通过使用元宇宙的基础设施和功能，为用户提供多样化、个性化和沉浸式的体验。

11.5.4 元宇宙业务的商业模式创新

元宇宙是一个虚拟的数字化空间，是人们可以交互、沟通、创造和共享内容的虚拟现实环境。元宇宙业务的商业模式与传统的线上或线下业务的商业模式相比，更加注重虚拟环境的创造、互动和社交体验。目前，元宇宙业务最基本的商业模式就是核心企业打造元宇宙平台，为内容创作者或开发者提供创作工具、运营服务、技术支持等服务。

此外，也有相关企业在元宇宙平台上通过广告、虚拟商品销售、平台服务和设备销售等方式来获取收入，为用户提供创新的价值。整体来讲，元宇宙业务的商业模式还处于探索阶段，以下是当前比较有代表性的两种元宇宙业务商业模式。

1. 为内容开发者提供服务

例如，Unity是一款著名的跨平台游戏引擎和实时开发平台。它由Unity Technologies开发，并在全球范围内广泛使用。Unity具有强大的功能和灵活性，适用于游戏开发、虚拟现实（VR）和增强现实（AR）应用程序开发以及其他实时交互内容的创建。在元宇宙中，Unity提供各种不同类型的软件许可，用于开发和发布游戏、应用程序和其他实时交互内容。这些许可根据不同的用户需求和使用情况进行定价，包括免费个人版、付费专业版和企业版等。用户可以根据自己的需求购买适合的许可，并获得相应的技术支持和服务。

2. 细分领域的元宇宙平台

（1）社交领域的元宇宙平台。例如，元宇宙平台Facebook Horizon正在开发中。Facebook Horizon通过提供虚拟商品、场景租赁、品牌推广等方式来获取收入。这些虚拟物品可以是服装、家具、装饰品等。当用户在平台上购买这些虚拟物品时，Facebook Horizon可以从中获得收入。此外，在虚拟世界中，用户能够购买或租赁虚拟地皮来建设自己的虚拟空间，Facebook Horizon会收取地皮购买或租赁费用。Facebook Horizon允许品牌在虚拟世界中展示广告或与用户进行合作。这种合作包括品牌在虚拟场景中的展示、虚拟活动的赞助以及与品牌相关的推广活动。

（2）游戏领域的元宇宙平台。Roblox是一个用户生成内容的游戏平台，用户可以在其中创建和玩游戏。Roblox的商业模式主要依赖虚拟商品销售和开发者分成。在元宇宙中，Roblox通过销售虚拟商品、开发者分成、广告等方式来获取收入。Roblox平台上的主要货币是Robux，用户可以用它购买虚拟物品、游戏道具和其他服务。当用户购买Robux时，一部分金额会成为Roblox公司的收入。此外，Roblox公司通过创建并运营开发者平台，允许开发者将自己的游戏发布到Roblox平台上。当玩家在这些游戏中进行付费购买时，Roblox公司会从中收取一定比例的分成，作为平台提供和推广服务的回报。同时，在一些免费游戏中，Roblox还会在适当的时机展示广告，当玩家点击或观看这些广告时，Roblox公司根据广告商与他们的合作协议获得收入。

11.5.5 元宇宙驱动传统业务商业模式创新

1. 元宇宙驱动传统价值创造转向并行、动态、开放

传统的企业大多遵循链条式的生产模式。但在元宇宙的影响下，这种链条式生产模式正逐渐被打破。企业将以往完整的价值链条进行拆分，不再包揽生产过程的所有环节：它自身更像是生产链上的一颗螺钉，只做自己最擅长的部分或环节，而其他部分或者环节则在整个社会范围内进行优化配置，由市场中具有相同观念的"大家"共同完

成，最终的价值创造和实现取决于利益相关者之间的合作。企业逐步放开组织边界，从"就企业做企业"到"跳出企业做企业"，企业的边界随着可用社会资源的丰富而不断拓展，以并行、动态、开放的价值链代替传统企业的线性、静态、封闭的价值链，从而实现价值创造革新。

2. 元宇宙驱动传统业务转向扁平化、网络化运行

在传统的管理体系中，无论是泰勒提出的"流水线"，还是韦伯总结的"科层制"，抑或是法约尔提出的"管理五大职能"，都需要企业里存在很多的管理者，在运作过程中需要层层论证审批，信息传递具有层级局限性。但随着互联网以及元宇宙的发展，虚拟空间可以实现随时随地在线、即时连接、即时交流，企业与员工之间的信息传递不再受到时空限制，信息传播与交流实现"零时间、零距离、零成本、无边界"。

元宇宙强调去中心化，每个人都能够从某一个节点连接进去，然后不断地互联。理论上，元宇宙没有所谓的"层级结构"。在信息技术与网络技术的驱动下，企业信息可以在同一层级之间进行传递和共享，而不必自上而下层层下达命令或自下而上逐级汇报。传统员工之间的纵向关系在企业信息网络平台（数据平台）上变成了纵横交错的平等关系，且企业管理人员的信息沟通能力和管理跨度已成倍甚至数十倍地增长，从而大大压缩了企业组织结构的层级，向扁平化方向发展。元宇宙的数据化、信息化将进一步推动企业打破原有的金字塔式或科层制组织结构，建立元宇宙时代更为合适的扁平化、网络化组织。

3. 元宇宙驱动传统实体经营活动在共享虚拟空间实现

传统企业经营活动被限制在特定的办公场所内，所有业务和人员都聚集在一个地方，容易造成经营场所的空间拥挤以及工作效率的降低。而未来企业在元宇宙的加持之下，组织和业务的数字化升级和转型都会向着元宇宙的方向发展，企业可以通过虚拟经营，将不同类型的业务分散在不同的区域内，从而突破时间和空间的限制，在趋近于真实的共享虚拟空间中实现高效经营。

4. 元宇宙驱动三大潜在超级个体的孵化

在传统观念中，组织形态的企业才是企业发展的主要模式，人类社会的实践结果也大都是群体的劳动成果。工业化时代，群体通过标准化、工业化流水线的生产模式进行生产劳动实践。信息化时代，尤其是自动化技术的普及和广泛应用，将个体从繁重的体力劳动、部分脑力劳动以及恶劣、危险的工作环境中解放出来，极大地提高了劳动生产率，使个体能够实现以前较大规模群体劳动才能完成的任务与目标。但是由于层级限制，"个体"在组织中能够获取的资源是非常有限的，无论是数量还是质量。

进入智能化时代，个人获取的信息爆发性增长，个人的思维方式和创造性也得到极大解放，更加追求自我价值的实现。以人工智能、区块链、物联网等为代表的数字技术

在解放了人的体力和部分脑力的同时,也让每个人都能够获得一部分生产资料并提供生产力,从而实现个体价值的最大化发展,"个体"将成为社会价值创造的主体。这意味着"人人都是企业","个体"既是价值创造主体又是价值创造客体,既是消费者又是生产者。这里所说的"个体"并非自然人个体,不代指所有人,而是可以熟练掌握和运用各种数字化技术和数字化工具,充分发挥自身创造力的个体。

元宇宙时代,各类开放性创作平台快速发展,极大地解放了个体创作的天性,个体创造力被最大化挖掘并得到最大化体现。元宇宙是庞大且复杂的场景,在某种程度上也可以理解为是人类社会的复刻版本,而要完成其内在的构建,目前没有任何一家企业或者机构具备这个实力。这也意味着我们所设想的理想化的元宇宙场景必然是所有参与者建设的结果,小到主题、界面、人物、数字资产等,大到完整的虚拟空间,都会将个体的创造力发挥到极致。

在元宇宙中可能孵化出三种新的超级个体:一是平台创作者,依托平台创作工具,成为平台的头部创作者,实现较大规模的收益回报;二是数字资产拥有者(在比特币发展过程中就已经出现过类似情况),未来大量的数字资产必然被个体所拥有,这些数字资产的价值受其稀缺性影响,其产生的收益可能是惊人的;三是数字内容创作者,与数字创作者的区别在于,数字内容创作者具有非常明显的身份标签,容易定义自己擅长的领域。这些超级个体的出现,又将影响运营、内容、设计等岗位的人员,使每个人都希望成为超级个体。

> **问题思考**
>
> 1. 大数据技术的发展对商业模式创新有哪些影响?
> 2. 云计算技术的发展对商业模式创新有哪些影响?
> 3. 物联网技术的发展对商业模式创新有哪些影响?
> 4. 人工智能技术的发展对商业模式创新有哪些影响?
> 5. 元宇宙技术的发展对商业模式创新有哪些影响?

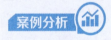

阿里supET工业互联网平台

阿里云在工业互联网领域拥有多个核心产品,如ET工业大脑和supET、飞龙、飞象工业互联网平台等。ET工业大脑是阿里云工业互联网平台的智能引擎和核心构件,而三个工业互联网平台无论在技术架构、服务能力还是运营模式等方面都是类似的，它们实际上是同一个平台，是阿里出于区域布局需要而做出的策略性安排。其中，supET是全国性的平台，飞龙面向广东，飞象面向重庆。

1. supET平台发展历程

2009年，由阿里云自主研发、服务全球的超大规模通用计算操作系统——飞天操作系统诞生，将云计算的三个方向整合起来：提供足够强大的计算能力，提供通用的计算能力，提供普惠的计算能力。2018年，飞天2.0发布，支撑阿里云遍布全球的计算基础设施，针对亿万个端进行广泛适配，覆盖从物联网场景随时启动的轻计算到超级计算能力。

2013年，淘工厂开始运营。淘工厂是链接淘宝卖家与工厂的平台，旨在解决淘宝卖家找工厂难、试单难、翻单难、新款开发难的问题。它为电商卖家与优质工厂搭建了一条稳固的桥梁，一站式解决卖家供应链难题。

2017年3月，阿里云在云栖大会深圳峰会宣布推出ET工业大脑。ET工业大脑解决的是制造业的核心问题，通过并不昂贵的传感器、智能算法和强大的计算能力，让机器能够感知、传递和自我诊断问题。

2018年4月，阿里云牵头启动supET工业互联网平台建设，旨在构筑包容、共赢、开放、协作的工业互联网平台生态，推动云计算、大数据、物联网、人工智能等新一代信息技术与工业的融合，为各行各业提供普惠的、一站式的数字化、网络化、智能化服务，助推中国制造业转型升级。

2018年6月，supET"1+N"工业互联网平台体系建设启动仪式在杭州阿里巴巴西溪园区举行，阿里云工业互联网有限公司正式揭牌成立。

2018年8月，在重庆云栖大会上，阿里云IoT联合南岸区政府发布"飞象工业互联网平台"，计划3年内将接入100万工业设备，5年内助力重庆4000家制造企业实现"智造"，打造工业互联网的"重庆标准"。

2018年11月，在广东云栖大会上，阿里云发布飞龙工业互联网平台，该平台立足广东，辐射粤港澳大湾区，帮助广东打造新能源、电气装备等八大工业互联网产业集群。阿里云还在会议上宣布阿里云工业互联网总部落户广州。

在世界互联网大会上，阿里云supET工业互联网平台获世界互联网领先科技成果，它也是唯一获奖的工业互联网平台，并成功入选首批国家工业互联网创新发展工程。

2019年8月，阿里云supET入选工信部跨行业跨领域工业互联网平台。

2020年6月，阿里云在2020云峰会上正式发布"云上春雷"计划，升级阿里云工业互联网平台，计划在未来3年新增100万家企业上云，培养1000家行业服务商，助力10000家工厂完成数字化改造。

2. "1+N"工业互联网体系

图11.7显示了整个supET "1+N"工业互联网平台体系架构,该平台体系由阿里云、中控、之江实验室联合打造。阿里云负责平台技术及产品架构,提供云计算能力、工业大数据模型和算法,以及生态协同创新模式。中控提供流程制造工业自动化、智能制造的专业技术能力和工业场景。之江实验室则结合其在工业领域的科研能力,为平台提供基础科研技术支撑。

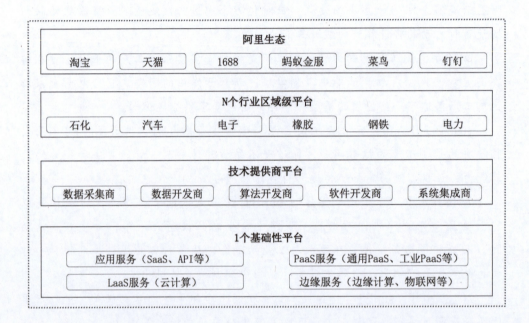

图11.7 supET "1+N"工业互联网平台体系

"1"指培育一个跨行业、跨领域、具有国际水准的国家级工业互联网平台——supET工业互联网平台,提供基础架构、算法模型、数据处理、计算能力、安全存储、平台联通等基础、共性、通用工具和服务。"N"指培育一批行业级、区域级、企业级等多级工业互联网平台——围绕石油化工、汽车制造、电子制造、船舶修造、纺织服装、工程机械、供应链物流等领域,培育一批具有引领作用的行业级工业互联网平台;面向毛衫、经编、袜业、水晶、轴承、螺杆等浙江省块状经济产业集聚区,培育一批具有地方特色的区域级工业互联网平台;围绕龙头企业上下游产业链生态圈数字化、网络化、智能化发展需求,培育一批具有市场竞争力的企业级工业互联网平台。

3. supET平台构架与体系

supET是阿里"新制造"最重要的基础设施,向上对接订单信息,向下对接生产信息,同时沟通金融服务平台、物流服务平台和人才培育平台,实现工厂智能改造、工厂与工厂智联,最重要的是打通消费与生产之间的联系,其构架体系可分为以下四个层级。

第一层:感知层,智能的感知控制。各类传感系统嵌入设备中,或者贴附在设备上,连接生产、库存、物流等环节,收集生产和环境数据。

第二层:平台层,全面的互联互通,即物联平台与边缘计算平台。传感器数据回传至平台,自动触发相关动作,打造以数据为关键要素的一站式服务平台。

第三层:智能层,深度的数据应用,即ET工业大脑。一方面对数据进行清洗、建模、分析和优化,另一方面将行业知识凝练在行业软件中,支持多源异构数据和设备的深度开发应用,实现行业技术和信息技术的"组合进化"。这一层主要包括数据工厂、算法工厂、AI创作间三个部分。

第四层:应用层,创新的服务模式。技术的"组合进化"引发服务业创新,产生新的商业价值,如定制、增值、运营、租赁、咨询、设计、教育等。

4. 平台核心服务能力

平台核心服务能力主要有三项。

第一,工业物联网服务。实现云、边、端一体化管理,服务了纺织服装、电子制造、机械加工等行业。

第二,工业数据智能化服务(ET工业大脑)。实现工业数据智能化分析应用,服务了光伏、橡胶、化工、电力、水泥、钢铁等数十个行业,且相关行业知识、领域能力都由这个平台上的合作方共同提供。

第三,工业App运营服务。帮助软件开发商、系统集成商实现一站式的工业App的开发、集成、托管、运维服务。此外,浙江中控侧重在企业现场端为大中型企业提供工业自动化和智能制造的解决方案,并可与阿里云的云上平台对接。之江实验室建设了工业互联网攻防实验场和威胁态势感知平台。

问题讨论

1. 阿里supET工业互联网平台的搭建体现了哪些技术的最新发展?
2. 阿里supET工业互联网平台本身的商业模式创新具有什么特征?
3. 阿里supET工业互联网平台将会引致哪些领域的商业模式创新?

第 12 章
数字化转型与商业模式创新

12.1 数字化转型的相关概念

近年来，互联网、大数据、云计算、人工智能、区块链等技术加速创新，日益融入经济社会发展各领域全过程，世界主要国家和地区纷纷加快企业数字化转型战略布局。数字化转型是建立在数字化转换（digitization）、数字化升级（digitalization）基础上，又进一步触及公司核心业务，以新建一种商业模式为目标的高层次转型。Verhoef等（2021）也将数字化转换、数字化升级和数字化转型视为广义数字化转型过程经历的三个阶段。

12.1.1 数字化转换

数字化转换指从模拟数据到数字数据的转换过程，即将模拟信息流转换为具有离散和不连续值的1和0的数字位的技术过程。

模拟数据是连续的数据，例如自然界中的声音、光线、温度等，其值可以在一定范围内连续变化。而数字数据是离散的数据，是由0和1这两个二进制位表示的，它们具有离散和不连续的特性。

数字化转换的过程通常涉及使用传感器、扫描仪、摄像头或其他数字化设备来捕捉模拟数据，并将其转换为数字数据。一旦信息被数字化转换，它们就可以被储存为数字文件，并通过计算机网络进行传输。

通常，数字化转换主要对内部和外部文档流程进行数字化，但不会改变价值创造活动。以下为一些常见的数字化转换示例。

（1）电子文档：将纸质文件扫描成数字图像或文档，方便存储和检索。

（2）数字音频：将模拟音频转换为数字音频格式，使其能够在数字设备上播放和存储。

（3）数字图像：将模拟图像转换为数字图像，以便在数码相机和计算机上处理和编辑。

（4）数字视频：将模拟视频转换为数字视频，以便在计算机和数字媒体设备上播放和编辑。

（5）数字图书馆：将纸质书籍和文档数字化，建立数字图书馆，便于远程访问和搜索。

12.1.2 数字化升级

数字化升级指的是运用IT或数字技术来改变现有的沟通、分销、业务关系管理等业务流程。数字化升级过程主要体现在企业转向数据驱动决策、应用数字技术优化现有业务流程、增强企业对客户的洞察力、实现流程之间更高效的协调、产生新的收益和价值创造机会等方面。

1. 数据驱动决策

数字化升级的组织倾向于依靠数据做出决策，而不仅仅依靠主观判断。数字化升级为高层管理者提供了更全面、准确的数据。组织利用大数据、数据分析和预测模型来帮助他们做出更明智的战略决策，从而增强组织的竞争力。

2. 业务流程优化

数字化升级不是简单地将现有的业务流程从传统模式转换成数字形式，而是要重新思考和改变流程本身。它鼓励企业重新设计和优化现有的业务流程，避免产生信息孤岛，提升内部协作和沟通效率，以适应数字化时代的需求和挑战。

3. 客户洞察力增强

通过数字化升级，企业能够更好地了解客户需求和行为模式。企业可以利用数据分析和机器学习进行客户细分，预测客户行为和提供个性化的产品推荐，进而提高销售转化率和客户满意度。

4. 伙伴关系管理改进

数字化升级可通过客户关系管理系统和供应链管理系统等工具，帮助企业更好地管理与客户、合作伙伴和供应商之间的关系。这些系统可以跟踪客户需求，优化供应链，实现更有效的供应链协调和资源分配。

5. 创造新的收益机会

数字化升级可能通过改进产品或服务，提供新的增值功能，从而吸引更多客户或开辟新的市场，带来额外的收入来源。

6. 价值创造

通过利用数字技术更深入地了解客户需求、预测市场趋势和优化资源配置，企业可以更好地创造价值，满足客户需求并提供更具竞争力的产品或服务。

总体来说，通过数字化升级，企业能够应用数字技术优化现有业务流程，实现流程之间更高效的协调，并通过增强用户体验创造额外的客户价值。因此，数字化升级不仅提高了企业生产率，降低了生产成本，同时还增强并优化了供应链管理和客户服务模式。

12.1.3 数字化转型

当前有关数字化转型的定义很多，不同学者给出了不同的定义，这是由于人们在理解数字化转型的过程中采用了不同的视角，进而对数字化转型的概念提供了不同的解释。

表12.1列举了数字化转型的一些定义。

表12.1 数字化转型的一些定义

定 义 来 源	定 义 描 述
Volberda 等，2021	数字化转型被定义为使用新的数字技术实现全公司范围的变革（渐进式与变革式），包括重新构建管理认知模型（设计新的数字商业模式），建立新的数字化流程（用于抓住数字化机遇），以及实施新的组织形式（用于建立和整合数字运营），进而在已建立的或新的生态系统中创造和分配新的价值
Vial，2019	数字化转型是通过信息与通信、云计算、大数据等技术的组合触发其属性的重大变化，进而实现企业变革的过程
Warner和Wäger，2019	数字化转型被定义为使用新的数字技术，如人工智能、云、区块链和物联网技术，以实现重大业务改进，从而增强客户体验、简化运营或创建新的商业模式
曾德麟、蔡家玮、欧阳桃花，2021	数字化转型是以数字化技术、数字化产品和数字化平台的基础设施为支撑起点，引发个人、组织、产业等多个层面变革的过程
Hess 等，2016	数字化转型指利用数字化技术引发企业在商业模式、产品、流程和组织结构等方面的重大变化

综合以上定义可以看出，数字化转型概念强调利用最新的数字技术，如人工智能、物联网、大数据分析、云计算等，来推动企业的转型和发展。这些新的数字技术为企业提供了更多创新和竞争的机会。同时，数字化转型要求企业重新思考和创新其商业模式，这不但是对传统业务流程的数字化改造，而且要打破传统的商业模式，寻找全新的市场机会和增值点，通过数字化技术来开创全新的商业模式。

对于企业管理者来说，数字化转型是一项重大的战略变革，涉及企业整体的战略和愿景。它不是一次表面的技术升级，需要管理者重新思考企业的使命和愿景，制定长期的战略规划，重塑组织结构和文化，并通过数字技术来实现这些战略目标。可见，数字化转型并非一蹴而就，而是一个复杂的过程，需分阶段稳步推进。

12.2 数字化转型的主要内容

数字化转型被视为一个过程，在这个过程中，数字技术在创造和强化社会与行业层面发生的"破坏"中发挥着关键作用。这引发了使用数字技术的组织的战略反应，以改变价值创造和价值获取的机制，从而保持竞争力。

数字技术是数字化转型的基础和支撑，商业模式创新则是数字化转型的核心和关键。数字技术提供了技术工具和基础设施，使企业能够更高效地运用数字化手段进行业务改进和优化。商业模式创新则是企业在数字化时代重新思考和设计自身商业模式，以实现更好的竞争力和适应性。数字技术和商业模式创新相辅相成，共同推动着企业的数字化转型。

12.2.1 数字技术是数字化转型的基础

数字技术是企业实现数字化转型的支撑条件，Nambisan（2017）从数字技术的构成要素视角将数字技术归纳为三个不同但相关的元素：数字人工制品（digital artifacts）、数字平台（digital platforms）以及数字基础设施（digital infrastructure）。

1. 数字技术的内容

（1）数字人工制品（digital artifacts）。数字人工制品即应用程序或媒体内容，是新产品（或服务）的一部分，为终端用户提供特定的功能或价值。例如应用程序、电子芯片、软件开发工具包等。

从存在形式上看，数字人工制品是以数字形式存在、通过计算机或数字设备运行的产品。它们不是传统的实体产品，而是以数字化（digitization）的方式呈现和交付的产品。

从表现和应用上看，数字人工制品可以是应用程序，也就是我们通常所说的软件应用或手机App，它们通过计算机、智能手机或其他数字设备来运行和提供功能。同时，数字人工制品也可以是媒体内容，例如电子书、音乐、视频等，这些媒体内容以数字化的形式呈现，通过互联网或数字平台传递给用户。

从价值和目标上看，数字人工制品的目的是为终端用户提供特定的功能或价值。它们可以满足用户的需求，提供各种服务和体验。例如，电子商务平台为用户提供线上购物功能，音乐流媒体服务为用户提供音乐播放和定制播放列表的功能，这些都是数字人工制品的实际体现。

数字人工制品在数字化时代得到广泛应用，涵盖了许多不同的领域和行业。以下是一些应用实例。

① 移动应用程序（App）。移动应用程序是最常见的数字产品，包括社交媒体应用如Facebook和Instagram，电子商务应用如亚马逊和淘宝，金融服务应用如支付宝，健康与健身应用如MyFitnessPal和Fitbit等。

② 在线媒体内容。数字化使得传统媒体内容如电影、音乐、电子书等可以以数字形式传播和消费。这类数字人工制品包括视频流媒体平台如Netflix和YouTube，音乐流媒体服务如Spotify和Apple Music，电子书平台如Kindle和iBooks等。

③ 云计算服务。云计算是通过网络提供计算资源和服务的模式，为企业和个人提供了强大的计算能力和存储空间。云计算服务产品包括云存储服务如Dropbox和Google Drive，云计算平台如Amazon Web Services（AWS）和Microsoft Azure。

④ 智能家居设备。智能家居设备是连接到互联网的智能家居产品，可以通过手机或其他数字设备远程控制，包括国外智能家居助手如Amazon Echo和Google Home，国内智能家居App如米家和海尔智家等。

⑤ 人工智能产品。人工智能技术被广泛应用于各种数字产品中，包括语音助手如Siri和Alexa，自动驾驶汽车，智能机器人，AI推荐算法和个性化内容服务等。

以上只是数字人工制品应用的一部分。实际上，数字化时代的发展和创新不断推动着更多类型的数字人工制品涌现，其应用领域日益扩大。数字人工制品的广泛应用使得人们的生活更加便捷和丰富，同时也促进了各行各业的数字化转型和发展。

（2）数字平台（digital platforms）。数字平台由一组共享的、通用的连接服务和架构构成。它们能够连接不同的参与者、资源和应用程序。数字平台可以为多个产品或服务提供共同的基础设施和功能，使得不同的产品能够在平台上相互连接和交互。

数字平台上的服务和架构通常用于承载互补的产品或服务。这些产品或服务在数字平台上相互协同，形成一个生态系统，为用户提供更丰富的体验和价值。

数字平台通常由一个领先的企业或组织构建和管理。该平台领导者负责协调平台上的各种资源、参与者和产品，以实现价值创造和价值分配，促进平台的发展和增长。

数字平台包括电子商务平台（如阿里巴巴、亚马逊）、在线社区平台（如Facebook、微信）和开源平台（如GitHub）等。这些平台具有通用性，可以支持多种不同类型的产品和服务。它们也具有兼容性，能够与其他系统和应用程序进行连接和交互。此外，数字平台还具有可扩展性，可以根据需求进行扩展和升级，以适应不断变化的市场和用户需求。

因此，数字平台作为共享的、通用的连接服务和架构，能够承载互补的产品，由平台领导者构建和管理，是数字技术和创新流程产出的重要特征之一。数字平台的出现和发展推动了数字化时代的商业模式变革和数字经济的繁荣。

（3）数字基础设施（digital infrastructure）。数字基础设施指提供通信、协作和计算能力以支持创新和创业的数字技术工具和系统，被广泛应用到创业企业和转型企业智能化发展中，例如人工智能、物联网、大数据、云计算、区块链、5G网络和3D打印技术等。

人工智能可以为企业提供智能化决策和服务，物联网可以实现设备之间的连接和数据交换,大数据技术可以帮助企业挖掘和分析海量数据,云计算可以提供强大的计算和存储能力,区块链技术可以确保数据的安全和不可篡改性,5G网络可以提供更高速的网络连接,而3D打印技术则推动了数字制造的发展。

2. 数字技术的性质

(1)开放性。开放性(openness)指数字技术促进多方信息交换和包容互动的特征和程度,可以改变数字创业活动的行动主体及其资源投入、过程及结果。

开放性体现在数字资源可以由多个数字实体访问和修改,而不仅由控制者掌控;同时,数字技术所搭建的平台也允许外部实体参与并做出相应贡献。这使得企业能够与利益相关者构建新的合作形式,共享资源,共同创造知识,为更多利益相关者参与价值共创奠定基础。

开放性不仅体现在数字技术允许其他主体参与和共享的程度较深,也体现在数字技术可以依据使用环境和使用需求的差异,将自己的非物质成分与不同的物质实体相结合。

作为开放性的结果,数字技术是分布式的,体现在其非物质对象可以同时与不同物质对象结合,因此数字技术很少包含在单一来源中。从这个属性来看,数字技术是功能、信息项目或组件的瞬时组合,分布在数字基础设施和互联网上。开放的数字技术不断地嵌入物质实体中,将物质实体的属性(如成分、结构、性质)转化为源源不断的数据,再通过算法将特定的计算模型转化为可理解的信息,作为人类决策的依据。

(2)自生长性。自生长性(generativity)被定义为数字技术通过混合或重组而产生自发变化的能力。企业与利益相关者通过交流协作,以及对已有技术和信息进行创新,从而进行更新迭代或推出新产品和服务,实现价值共创。

(3)可编辑性。可编辑性(editability)指可被控制主体以外的对象访问和修改的能力。一方面,可编辑性促使设备的逻辑符号功能与执行功能的物理实体相分离,可以通过逻辑结构的变化注入新的功能,以适应新的环境。另一方面,由于数据的同质性(数字信号可以将任何模拟信号映射成二进制数字),可编辑性可以促使数字内容和来源于其他设备的数据重组,实现媒体设备和数字内容之间的分离。

(4)可供性。可供性(affordance)是由著名认知心理学家Gibson(1977)提出的概念,用于刻画行为主体利用环境要素或客观物体完成某一具体行为的可能性。它既是物理的也是心理的,同时指向环境和观察者。

数字技术可供性指相同的数字技术及数字资源由不同的行为者利用或在不同环境中会产生不同的结果,从而能够确保价值共创过程中各利益相关者能够利用共享的信息资源创造具有差异化的价值。

数字技术可供性主要强调了实体对数字技术功能性的感知,也强调了数字技术与组织中特定实体之间的交互,即数字技术能够与组织实体融合,两者匹配可为特定实体的发展提供更大的行动潜力。换句话说，可供性意味着数字技术为特定用户群体提供相关功能的可能性；同时，数字技术是可互动的，人类主体可以按照自己的意愿激活数字对象在物质实体中嵌入的不同功能。

根据数字技术的本质特征，数字技术可供性可分为积累可供性和变异可供性，为数字技术的使用提供了两种截然不同的途径。

积累可供性指数字技术能够以二进制数字表征企业生产制造、销售运营等数据和信息，并利用数字技术进行同质化处理。基于积累可供性，企业便于与其他组织在统一标准下实现沟通、协作，进而达到组织目标。

变异可供性则源于数字技术的可编辑性，是数字技术应用于数字设备的已有数字编程中，实现新的数字技术组合而带来的异质性变化，为不同企业在集体层面实现数字技术组合使用提供支持。

12.2.2 数字技术赋能商业模式创新

商业模式创新是数字化转型的核心和关键要素。数字化转型不仅仅是简单地应用数字技术来数字化现有业务流程，更重要的是重新构思和创新商业模式，以适应数字化时代的变化和市场需求。

商业模式创新指对商业模式要素及其连接架构做出新颖的、重要的改变。Osterwalder和Pigneur（2010）构建了逻辑清晰的商业模式画布，将商业模式分为四部分，并细分为九个要素，其中包括产品与服务（价值主张）、客户（客户关系、渠道通路、客户细分）、基础设施（关键业务、关键资源、重要合作）、财务（成本结构、收入来源）等组成部分。

数字技术着重于对商业模式的九个关键要素进行变革，涉及企业的价值主张界面和客户界面（见图12.1）、基础设施界面（见图12.2）和财务界面（见图12.3）。

1. 数字技术赋能商业模式的价值主张界面和客户界面创新

（1）数字技术与价值主张。价值主张描述了企业能够为顾客提供什么样的价值（产品或服务）。数字化可以帮助企业创造全新的价值主张。通过数字技术，企业可以提供更个性化、定制化的产品和服务，满足消费者不断变化的需求。

（2）数字技术与客户关系。客户关系描述了需要与顾客建立什么样的关系。数字化使得企业能够更好地与客户进行互动和沟通。通过社交媒体、移动应用等数字渠道，企业可以更加接近客户，了解客户需求，提供更好的客户体验。

（3）数字技术与渠道通路。渠道通路描述了如何沟通、接触顾客，并将价值提供给顾客。数字化改变了产品和服务的传递方式。电子商务、移动应用和社交媒体等数字渠道为企业提供了更直接、更高效的销售和传递方式。

（4）数字技术与客户细分。客户细分描述了给什么样的顾客（群体、市场）提供价值。数字化帮助企业更精准地进行客户细分。通过大数据分析和人工智能技术，企业可以深入了解客户的特征和需求，从而更好地满足不同客户群体的需求。

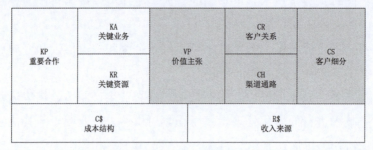

图12.1　数字技术赋能商业模式的价值主张界面和客户界面创新

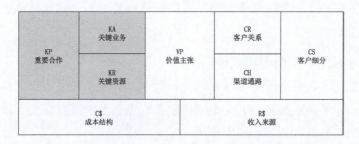

图12.2　数字技术赋能商业模式的基础设施界面创新

图12.3　数字技术赋能商业模式的财务界面创新

2. 数字技术赋能商业模式的基础设施界面创新

（1）数字技术与关键资源。关键资源描述了执行商业模式所需要的核心资产，如人力、物力、财力等资产。数字化改变了企业所需的关键资源。数字技术的快速发展正在拓展产品创新的资源基础和能力基础。大数据、人工智能、物联网、传感器、云计算等加速成为企业的关键资源。

（2）数字技术与关键业务。关键业务描述了将价值提供给顾客所需要的行动、活动。数字化影响了企业的关键业务活动，企业需要适应数字化技术的发展，不断优化业务流程，提高运营效率。企业通过关键业务、关键环节、关键部位的数字化推进管理变革，增强应对市场变化的灵活性和敏感性；通过数字技术革新工艺流程，实现客户价值创造的改变，使企业的价值创造被重新定义和有效创新。

（3）数字技术与重要合作。重要合作描述了商业模式有效运作所需要的合作伙伴与供应商网络。数字化使得企业通过数字平台寻找战略合作伙伴，并通过平台技术、云技术等与合作伙伴进行协作开发。数字技术的应用使得企业具有快速、高效分享和获取供应链信息的基础，进而创造企业间的关系价值。

3. 数字技术赋能商业模式的财务界面创新

（1）数字技术与成本结构。成本结构描述了商业模式运营过程中所发生的所有成本。数字技术可以降低企业的五类成本，分别是搜寻成本、复制成本、流动或运输成本、追踪成本、验证成本。

首先，数字技术降低了搜索成本，同时扩大了经济主体之间匹配的潜在范围和质量。例如，基于匹配算法的识别和判断使得在线招聘可以加快公司和雇员搜寻彼此的过程，而匹配效率的提高又进一步提高了公司和雇员之间的匹配质量。

其次，由于数据具有非竞争性和规模报酬递增的特点，在没有法律或技术刻意阻挡的情况下，可以被任何人或公司以接近零成本进行复制，而不会降低最初质量。正如Shapiro和Varian(1998)所说，互联网可以被看作一台"失控的巨型复印机"。

再次，数字技术使得信息的流动成本接近于零。换句话说，数字商品的分销成本接近于零，近距离和远距离通信的成本差异接近于零。此外，基于数字技术的在线销售模式降低了消费者购买实物商品的运输成本。

同时，数字活动很容易被记录和存储，使跟踪任何个体的行为变得很容易。数字技术也让企业能够更加容易地了解市场需求，进行精准预测和实时调整，有效缓解由于企业内部信息不对称引起的问题。

最后，验证成本的减少得益于在线反馈机制的建立，这促进了网络信任环境的营造，使得声誉机制更好地发挥作用。例如，数字流通平台的声誉机制，可对假冒伪劣现象起到一定的监督和惩罚治理效用，促使信用在交易中发挥日益重要的作用，降低了验证成本。

（2）数字技术与收入来源。收入来源描述了用什么样的方式获取收入。数字技术在很大程度上改变了企业的收入来源，为其创造了新的商业机会，提高了效率，扩展了市场，并创造了更紧密的客户关系。数字技术改变企业收入来源的方式主要包括电子商务与线上销售、订阅模式和服务化、个性化营销、数字平台和市场、数字化产品创新、物联网和智能设备、在线广告和推广等。

①电子商务与线上销售。数字技术使企业能够在全球范围内通过互联网销售产品

和服务。电子商务平台使企业能够直接与消费者互动,减少了中间环节,降低了销售成本,拓展了市场范围。

②订阅模式和服务化。数字技术为企业提供了实现订阅模式和服务化的机会。通过将产品转变为服务,企业可以实现稳定的收入流,同时建立更深入的客户关系。

③个性化营销。数字技术允许企业根据客户的偏好、行为和历史数据,实施个性化的营销策略。这样可以改善营销效果,提高客户忠诚度,从而增加收入。

④数字平台和市场。企业可以利用数字平台和市场,将其产品和服务与其他企业的产品集成,以提供更全面的解决方案。这样可以扩大企业的市场份额,增加销售机会,并创造新的收入来源。

⑤数字化产品创新。数字技术使企业能够开发新的数字化产品和服务,如应用程序、在线课程、虚拟现实体验等,为客户提供全新的价值和体验,创造新的收入来源。

⑥物联网和智能设备。物联网技术使设备能够互相连接并收集数据。企业可以通过监测设备和产品的使用情况,提供远程支持,提高维护效率,甚至开发基于设备数据的附加服务,从而创造额外的收入。

⑦在线广告和推广。数字技术使企业能够更精准地投放广告和推广活动,吸引更合适的受众。这样可以提高品牌知名度,吸引更多潜在客户,最终促进销售增长。

综上,数字化转型不仅仅是简单地应用数字技术来数字化现有业务流程,更重要的是重新构思和创新商业模式。商业模式创新涉及企业的价值主张、客户关系、收入来源和重要合作等方方面面(如图12.4所示),是对商业模式的修改(或适应),从而引发消费者和社会行为的变化。

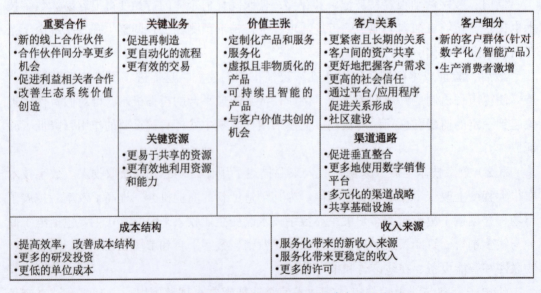

图12.4 数字技术为商业模式创新带来的新机会

12.3 数字商业模式创新

12.3.1 数字商业模式的内涵和维度

视频讲解

数字技术的发展不断催生新的商业模式，通过使用数字技术实现新的商业逻辑，为利益相关者创造和获取价值。这种新的商业模式称为数字商业模式（digital business model）。

通常来讲，数字商业模式描述了数字技术从根本上影响公司结构和开展业务的方式，从而为客户、公司本身及合作伙伴创造价值的情况。

钱雨和孙新波（2021）把数字商业模式解构为数字价值主张、数字价值创造与数字价值获取的架构系统。具体表现在以下三方面：

（1）数字价值主张。数字价值主张建立在客户生命周期体验的基础上，随着时间的推移，激活客户对组织产品的情绪、认知和社交、感官和价值等其他体验因素。数字价值主张是企业识别其服务的用户群体，并针对性地利用数字技术设计产品或服务性能，确定所提交的价值属性的基本假设的活动。

（2）数字价值创造。数字价值创造指通过数据技术、数据资源等的组合利用，触发企业设计、研发、生产、运营、管理等价值创造各环节的改变，企业联合价值生态圈中的用户、供应商、服务商等利益相关者共创价值。

（3）数字价值捕获。数字价值捕获是企业利用数字技术从创造的价值中获取利润并将其分配给参与者、客户和合作伙伴的过程。具体表现为数字技术使企业能够通过创新不同的价值分配机制，实现对价值的交付；核心企业通过数字技术赋能合作伙伴，共同降低价值创造过程的成本损耗，实现降本增效，或是通过数字平台为参与者创造基于双边或多边的交互价值。

12.3.2 数字商业模式的类型

钱雨和孙新波（2021）结合数字情境下企业资源配置的特征和商业模式供需设计角度，将数字商业模式划分为锁定型数字商业模式、连接型数字商业模式、复制型数字商业模式和桥接型数字商业模式。

1. 锁定型数字商业模式

锁定型数字商业模式强调企业精准地锁定用户生命周期不同阶段的个性化需求，并通过数字技术将数据资源转化为数字化产品或服务提供给用户。数字技术（如芯片、传感器等）的出现使产品不再是单纯的功能满足的产物，而是更多地融入用户生命周期的使用场景中，成为深入感知用户个性化需求的机会窗口。数字化产品能够采集不同时间和地点的客户数据，企业通过对标准化需求数据的分析，为用户提供高度满足其需求偏好的迭代产品或服务解决方案。

总之，锁定型数字商业模式强调企业深入解锁客户的需求内容（需求端），以增强与客户之间的互动。

2. 连接型数字商业模式

在连接型数字商业模式中,企业通过搭建数字平台整合多边资源,实现资源跨边界高效匹配。企业利用数字技术直接将上游资源与下游客户建立关联,"直连"的方式取代了利用信息优势在上游资源持有者和下游客户之间的传统套利行为,从而围绕终端用户需求提供搜索、个性化推荐或大规模定制等附加值服务。

连接型数字商业模式意味着企业加强下游用户群体与其客户的交互强度。数字平台中的互补资源组合越多,则平台能够吸引的用户规模越大,平台的价值创造能力越强。

3. 复制型数字商业模式

复制型数字商业模式聚焦于为企业开辟新的市场,并将拥有的资源或能力在新的市场中进行复制。企业通过将自身数字化转型的实践抽象、提炼、固化为方法论,实现由隐性经验资源向显性知识资源到数字惯例的转化,从而满足不同行业企业的数字化转型需求。数字化转型成功的企业通常具有提供数字化解决方案的潜力。企业也能够通过不同行业细分市场的选择,不断深入挖掘和整合由于行业差异所造成的微观转型流程的区别,进而通过对外部知识的内化反向促进自身知识系统的迭代升级,从广度与深度两方面提升商业模式复制的能力。

复制型数字商业模式强调企业根据自身的数字资产和能力(供给端)挖掘新的市场细分领域,建立未知的交互内容。

4. 桥接型数字商业模式

桥接型数字商业模式通过构建资源交互的渠道,促进行业企业核心资源或核心能力的嫁接,企业充当桥梁作用。数字技术拓宽了核心企业的研发资源,降低了获取资源的交易成本。企业搭建有助于知识资源交互的数字平台,通过开放API(应用程序接口)的形式赋予下游用户群体或社会大众主体自主开发软件应用的能力,开发后的应用程序通过操作系统进行推广,并向所有系统使用者开放。

桥接型数字商业模式强调企业为下游用户群体创建未知的交互内容。

12.3.3 数字商业模式创新的内涵和属性

视频讲解

数字技术催生了创造和交付价值的新途径,导致现有商业模式过时且缺乏竞争力。为此,企业纷纷投资并利用数字技术开展数字商业模式创新。在追求数字化转型的过程中,企业要实现的核心目的就是寻求并实施商业模式创新。这种数字化转型驱动下所实现的商业模式创新,可以被视为一种新型的商业模式创新,即"数字商业模式创新"。

Trischler和Li-Ying(2022)将"数字商业模式创新"界定为企业通过将模拟的、物理的对象、流程或内容转化为主要(或完全)的数字形式,对商业模式的关键要素进行有目的的、有意义的、动态的变革。数字商业模式创新的属性包括以下4点：

1. 数字商业模式创新是有目的和深思熟虑的

（1）数字商业模式创新被视为与战略相关的独特现象，由企业家或管理者的战略决策发起，需要基于详细的数字情景规划。

（2）分析、规划和设想未来数字商业模式创新涉及数字创新过程，确定数字商业模式创新的详细方法以及数字化转型商业模式的整体规划图。

（3）数字商业模式创新并非凭空发生，而是基于前期阶段的试验和学习过程产生的，因此被视为一种有目的的、深思熟虑的行为。

2. 数字商业模式创新是新颖且有意义的

新的数字商业模式必须很难模仿，企业需大幅调整其商业模式以适应数字化转型带来的机遇。也有一些观点认为真正新颖的数字商业模式创新很难实现，对于大多数在位企业来说，创建真正全新的数字商业模式是不太可能的。因此，数字商业模式创新应该在某种意义上是新颖的。

3. 数字商业模式创新是动态的

（1）创建一个成功的数字商业模式是一段旅程。数字技术和商业模式创新带来的新需求需要持续改进，以追赶竞争对手和客户的需求，因此，数字商业模式会随着时间的推移不断演变。

（2）新兴信息技术的快速发展，使得商业环境变得更为VUCA（即易变的、不确定的、复杂的和模棱两可的），企业面临的隐患和机遇日益复杂多变，因此要不断地进行数字商业模式创新。

（3）由于数字技术的广泛扩散、客户对数字文化的适应以及数字市场的低进入壁垒等带来的激烈竞争，数字企业会迭代其商业模式，以建立必要的产品市场匹配度。

4. 数字商业模式创新是对商业模式的关键元素进行改变

数字商业模式创新的底层逻辑是改变商业模式的基本组件。Blaschke等（2016）描述了数字商业模式的五个组成部分：人（数字连接的个人/社区）、企业（数字连接的企业/企业集团）、事物（数字连接的对象/智能事物）、数据（实时、完整、详细、一致、透明和可访问的信息）和云（创造价值的服务）。

12.3.4 数字商业模式创新的驱动因素

数字商业模式创新的驱动因素有很多，这些因素共同推动了企业在数字化时代进行商业模式的转型和创新。以下是数字商业模式创新的主要驱动因素：

1. 数字技术进步

数字技术的兴起和发展是企业开展数字化转型的基础。随着数字技术的不断迭代演变，企业实体加速与数字技术融合，推动了企业数字化转型。新兴的数字技术不断涌现，如人工智能、大数据分析、物联网、区块链等，为企业提供了更多的数字化工具和解决方案，激发了创新的潜力。数字技术的嵌入通过改变企业现有的价值创造和价值获取方式，实现数字商业模式创新。

2. 数据驱动

在数字经济时代，数据作为一种新的生产要素，依托大数据、人工智能、物联网等数字技术在生产生活中的广泛应用和渗透，已然成为经济高质量发展的新动能。数据驱动的优势在于即时地、持续地提供有关商业利益相关者的新信息，使管理层的直觉和创造力合理化；同时，通过精准捕捉并分析需求数据，企业能够跟踪用户不断升级的价值属性，动态塑造自身价值主张。此外，数据驱动作用保障了网络主体间的交互合作，拓展了价值网络的边界，促进商业模式架构不断创新。

3. 竞争压力和外部冲击

为了在激烈的市场竞争中保持竞争优势，企业需要通过数字化商业模式创新来提供独特的价值主张和创新的服务。来自传统竞争对手和新兴科技企业的竞争压力推动着企业不断进行产品和服务创新。同时，外部冲击会导致创造性破坏和资源释放，创新能力强的企业会利用现有的知识去寻找新的机会，更快地进行适应性变革，并形成新的比较优势，进而开启新的增长路径，推动企业探索新的数字商业模式。

4. 战略敏捷性

战略敏捷性指管理者通过制定战略并调整组织配置以便持续快速地感知和响应不断变化的环境的能力，以便执行相关的业务战略。数字商业模式创新会随着时间的推移不断发展，因此既需要整合企业内外部资源，又需要在战略方向、组织架构等方面进行相应变革以适应技术环境的不断变化。战略敏捷性是企业持续进行商业模式创新的驱动力。

5. 跨界合作与数字生态系统

数字技术极大地降低了信息不对称的程度，分布式信息结构和共享式网络平台提供了企业内外部高度协同的实时信息交互，数字化连接打破了组织的内外边界，赋能企业跨界发展，不仅使企业之间建立起互联互通的商业网络，也实现了各利益相关者对生产和创新过程的深度参与。从生态系统视角来看，企业依托数字技术解构传统的价值链，使得价值创造流程逐渐趋于价值网络化，形成数字生态系统。数字生态系统的嵌入为企业数字商业模式创新提供了良好的环境，数字生态系统主体间的合作关系和良性互动通过跨层次资源互补与共享，提高企业数字资源水平、数字技术能力、战略柔性，进一步推动企业数字商业模式创新。

综上所述，驱动企业进行数字化商业模式创新的因素涵盖了数字技术、组织、环境等多个方面。企业需要积极适应这些因素的变化，持续创新和调整商业模式，以成功实现数字化转型，并在不断变化的商业环境中保持竞争优势。

12.3.5 数字商业模式创新的应用场景

应用场景是数字商业模式创新的基础与依托。以制造业为例，典型的数字商业模式创新场景包括但不限于平台化设计、智能化制造、网络化协同、个性化定制、服务化延伸和数字化管理。

1. 平台化设计

平台化设计指企业依托工业互联网平台，汇聚人员、算法、模型、任务等设计资源，实现高水平、高效率的轻量化设计、并行设计、敏捷设计、交互设计和基于模型的设计，着力破解传统设计方式中存在的单线程、慢反馈、低时效、长周期、高成本、设计与生产装配脱节、协同修订困难等问题。通过汇聚人员、算法、模型、任务等设计资源，着力实现云化协同、共享资源、实时交互等，提升大中小企业协同研发设计的效率和质量，降低中小企业的研发设计成本，推动数字交付等新型设计成果产出。

2. 智能化制造

智能化制造指利用互联网、大数据、人工智能等新一代信息技术和先进制造工具加快生产制造全过程数字化改造，着力破解传统制造方式存在的生产运营数据缺失、资产管理方式落后、备品备件库存率高、设备故障率高、生产效率低、设备难以预测性维护等问题。通过新一代信息技术在制造业领域加速创新应用，智能化制造一方面可提升生产过程的智能化，凭借感知设备、生产装置、控制系统与管理系统等的广泛互联，实现工业现场全要素全环节的动态感知、互联互通、数据集成和智能管控；另一方面可实现生产环节对市场信息的智能反馈，通过数据分析、决策优化进行生产智能管控和智慧运营决策。

3. 网络化协同

网络化协同是一个集成了工程、生产制造、供应链和企业管理的先进制造系统，包括基于关键业务在线化运行的平台技术网络和合作关系网络，实现相关方之间关键业务和资源的在线协同与动态优化等。网络化协同可以把分散在不同地区的生产设备资源、智力资源和各种核心能力通过平台的方式集聚，是一种高质量、低成本的先进制造方式。

企业通过使用云化设计软件（CAX）、云化企业资源计划系统（ERP）、云化制造执行系统（MES）、云化供应链管理系统（SCM）等新型软件工具，共享设计模型、生产数据、用户使用信息、产品数据库等，实现企业间的数据互通和业务互联，供应链上下游企业与合作伙伴共享各类资源，实现网络化的协同设计、协同生产和协同服务。

4. 个性化定制

个性化定制面向消费者个性化需求，通过客户需求准确获取和分析、敏捷产品开发设计、柔性智能生产、精准交付服务等系统，实现用户在产品全生命周期中的深度参与、供需精准对接和高效匹配。它是以低成本、高质量和高效率的大批量生产将产品个性化设计、柔性生产、交付服务集于一体实现的一种制造服务模式。

个性化定制平台以用户全流程参与、定制化设计、个性化消费为特征，它几乎完全颠覆了"标准化设计、大批量生产、同质化消费"的传统制造业生产模式。在整个过程中，用户不仅是消费者，同时也是设计者和生产者，这种用户需求驱动下的生产模式革新最大程度契合了未来消费需求的大趋势。

5. 服务化延伸

服务化延伸以突出效能延伸和价值创新为路径，着力破解传统制造企业难以实时获取客户反馈和产品数据、难以将价值创造环节向微笑曲线两端延伸并因而导致盈利能力不足等问题。通过对智能产品装备的远程互联和数据分析，帮助企业从简单加工组装、单纯出售产品向"制造 + 服务""产品 + 服务"转变，形成产品追溯、在线监测、远程运维、预测性维护、设备融资租赁、互联网金融等服务模式；并通过现代供应链管理、共享制造、互联网金融等产业链增值服务，加速无形资产和智力资本转化，向价值链高端迈进。

6. 数字化管理

数字化管理是以透明化、实时化、扁平化管理为路径，着力破解企业因缺乏实时数据，而无法对人力、设备、资金、电力等资源进行统筹配置，难以从海量数据中提取关键信息等问题。通过打造数据驱动、敏捷高效的经营管理体系，数字化管理一方面有助于打通内部各管理环节，推进可视化管理模式普及，开展动态市场响应、资源配置优化、智能战略决策；另一方面可创新企业业务活动，优化乃至重塑企业战略决策、产品研发、生产制造、经营管理、市场服务等，构建数据驱动的高效运营管理新模式。

问题思考

1. 什么是数字化转型，它包括哪几个阶段？
2. 数字商业模式的内涵和维度是什么？
3. 数字商业模式的类型有哪些？
4. 数字商业模式创新的内涵和属性是什么？
5. 数字商业模式创新的驱动因素有哪些？
6. 制造业数字商业模式创新的场景有哪些？

三一集团的数字化商业模式创新

三一集团（以下简称三一）自1989年创立以来，一直以"创建一流企业，造就一流人才，做出一流贡献"为企业的愿景，打造了业内知名的"三一"品牌。目前三一正在实施三大战略：全球化、数智化、低碳化。

三一依托数字化转型成长为全球领先的装备制造企业，同时也是中国"智能制造"首批试点示范企业。三一广泛采用前沿工业技术和数字化技术，通过智能化和数字化打造卓越精益的运营体系，加快了智能化升级和数字化转型进程。

1. 利用数字化、智能化打造卓越精益的运营体系

1）初次尝试智能工厂

智能工厂是推动制造业自动化、智能化的切入点和突破口，三一是国家智能制造首批试点示范项目入选企业。长沙产业园18号工厂是三一首个投产的智能工厂，通过技术升级和改造，实现了精益化运营，拥有多条自动化生产线和装配线，实现了整体运营成本的降低。2019年，三一依据数字化战略的布局，又对长沙产业园18号工厂实施了全方位的数字化、智能化升级，将之建设成亚洲最大的智能化生产车间。

2）"灯塔工厂"建设

近年来，三一不断加大研发投入，积极投资"灯塔工厂"建设。尤其是"18号工厂"作为全球重工行业首座"灯塔级"绿色工厂，被誉为"世界上最先进的工厂"，代表当今全球制造业领域智能制造和数字化最高水平。"灯塔工厂"建设主要表现在智能制造管理平台、自动化提升作业效率以及智能化和柔性制造三个方面。

智能制造管理平台。通过深度融合制造运营系统（MON）、物联网管理平台（IoT）、远程控制系统（RCS）、智能搬运机器人（AGV）等系统，三一构建了生产制造的"工业大脑"。通过智能制造管理平台实时监控设备的能源消耗数据，建立能源消耗拓扑图数字化看板，三一实现了更精确化的能耗管理。

自动化提升作业效率。借助5G高清传感器，柔性装配线机器人能实时获取场景深度信息和三维模型，在作业时自动修复偏差。以往只能依靠人工操作、劳动强度大、效率低的桩机动力头组装工作，现在几分钟内就能实现精准组对和低误差装配。

智能化和柔性制造，能有效满足复杂多变的客户需求。高度柔性生产激发了生产潜能，有效缩短了产品生产周期，在多品种、小批量、迅速变化的工程机械市场环境中能灵活快速地响应日益复杂的客户需求。

3）打造精益卓越的运营体系

首家"灯塔工厂"的成功经验迅速在三一得到全面推广。截至2022年，三一已在长沙、昆山、重庆等产业园先后启动智能制造"灯塔工厂"及智能产线项目，并实现了国内42家工厂的终端连接以及产品端机器互联。

三一通过"灯塔工厂"的建设和推广，构建了一套精益卓越的运营体系，大幅提高了工艺流程自动化效率，缩短了产品制造周期，快速响应了市场变化。在提高经营效益的同时，三一也实现了从劳动密集行业到技术密集行业的转型。

2. 数据赋能与价值共创

1）数据赋能优化客户服务

当大多数企业还处于传统生产模式中时，三一就已经开始考虑利用先进的互联网技术赋能客户价值，并且付诸行动。

三一的每一台工程设备上都装配智能传感器，用于采集和分析这些设备的运行工况、移动路径等信息，可以赋能研发、服务等产品生命周期的各环节，完善产品质量和使用体验，为客户创造更大价值。根据采集来的大数据可以预测故障，精准匹配对应的服务资源，将客户因停工受到的损失降到最低。

三一通过优质的客户服务，有效提高客户黏性，实现产品与客户需求的精准匹配。每台设备交付使用后，系统内都会自动生成保养订单，售后工程师会根据系统信息主动上门提供保养服务。此外，系统还会通过数据分析对设备所需配件进行损耗预测，并提醒更换配件。

2）数据赋能反映经济形势

"挖掘机指数"是用来反映基础建设领域投资情况的指数。它基于三一的工程机械设备传感器和工业互联网大数据平台，采集和分析工程机械的销量、各地现有设备开工率、开工时间、零部件消耗速度等工业信息，以此反映基建投资情况。该平台汇聚了几十万台挖掘机设备的第一线工况的庞大数据资源，不仅能反映目前的市场行情，还能精准反映国家基建投资情况，从宏观层面对经济形势进行判断和分析。

3. 立足主营业务，打造业务生态多元化

如今，三一主营业务已从工程机械领域拓展到新能源、环保、金融等众多新领域。围绕工程机械主业，三一不断通过业务模式的革新，打造出多元化的

业务生态，以挖掘新的利润空间。

三一新能源目前已形成新能源投资、风电设计、风电建设、风电运维和分布式光伏等几大业务板块，覆盖风电项目前、中、后期的全产业链需求，是三一新能源和环保的主战场。

三一汽车金融有限公司的业务范围覆盖新机融资贷款、工程机械直租、工厂设备保险领域，可以为经销商与客户提供从产品到服务再到金融的"一揽子"解决方案，有效降低了融资成本，从而提升了自身的市场竞争力。

三一孵化的树根互联旗下的根云平台，基于三一重工在装备制造及远程运维领域的经验，打造出工业互联网操作系统，可以为多个行业提供工业设备物联接入、工业数据应用和智能服务等工业互联网应用场景解决方案，从而实现跨行业赋能。目前，三一在机械、节能环保、保险、租赁、新能源、食品加工等多行业都进行着深度合作，已初步形成了工业物联网生态效应。

4. 探索互联网制造和关系营销，挖掘私域流量价值

互联网造车。三一在开发新能源重卡时，积极将互联网思维应用到生产制造中并取得成功。三一利用互联网，采取敏捷研发模式，主动向卡车司机调研，收集一线用户的需求数据，同时在社交媒体发布三一重卡的最新动向和造车思路，听取公众意见。三一采取"全民造车"的价值共创模式，三一重卡的产品从立项到交付使用只用了一年多，相对于传统车企3~5年的开发设计周期，无疑创造了一个行业神话。

关系营销。三一搭建了机惠宝线上数字化营销平台，利用互联网作为连接，以老用户推荐新用户的方式开拓了私域流量，实现了精准高效的客户引流和流量转化，深度挖掘三一客户、员工、营销代表、供应商等私域流量价值。

资源服务平台。利用设备数据平台，机惠宝平台还可以提供资源对接服务，实现与设备主、工地承包商和机械设备机手的价值共赢。设备主可以在机惠宝平台发布"找机手"或"找工地"信息，平台可以精准匹配合适的机手，自动对接合适的工地承包商，让闲置设备大展"钱"途；工地承包商可以在机惠宝平台发布等待接活的工地信息，或通过"找设备"板块查看方圆数千米内的挖掘机、吊车、泵车、搅拌车、压路机等工程设备的相关信息，直接预约合适的设备；机手空闲的时候可以上机惠宝平台发布简历或查找招聘信息，向设备主申请工作或接单。

1. 三一集团数字化商业模式创新的核心内容有哪些?
2. 三一集团数字化商业模式的价值主张是什么?
3. 三一集团数字化商业模式价值创造的逻辑有哪些?

本书配备习题库资源,读者可扫描二维码获取。

习题库资源

主要参考文献

[1] 《人工智能概论》编写组. 人工智能概论[M]. 南京：南京大学出版社，2021.

[2] 奥利弗，卡洛琳，米凯拉. 商业模式创新设计大全[M]. 聂茸，贾红霞，译. 北京：中国人民大学出版社，2017.

[3] 奥斯特瓦德，皮尼厄. 商业模式新生代[M]. 王帅，毛心宇，严威，译. 北京：机械工业出版社，2011.

[4] 本力，秦弋. 创业伦理[M]. 北京：机械工业出版社，2023.

[5] 边沁. 道德与立法原理导论[M]. 时殷弘，译. 北京：商务印书馆，2000.

[6] 蔡余杰. 一本书读懂元宇宙[M]. 北京：中国纺织出版社，2023.

[7] 陈根. 泛工业革命：直达信息社会5.0的路径解析[M]. 北京：电子工业出版社，2022.

[8] 陈劲，杨文池，于飞. 数字化转型中的生态协同创新战略——基于华为企业业务集团（EBG）中国区的战略研讨[J]. 清华管理评论，2019(6)：22-26.

[9] 陈一华，张振刚. 商业模式创新前因研究：决策逻辑、组织学习的视角[J]. 管理评论，2022，34(5)：81-92.

[10] 陈子薇. 创业伦理：问题、审视与对策[J]. 科技管理研究，2020，40(4)：263-267.

[11] 程聪，缪泽锋，严璐璐，等. 数字技术可供性与企业数字创新价值关系研究[J]. 科学学研究，2022，40(5)：915-926.

[12] 程月明. 企业持续发展视角的企业伦理研究[D]. 江西财经大学，2012.

[13] 池本正纯. 图解商业模式[M]. 耿丽敏，译. 北京：人民邮电出版社，2018.

[14] 邓宏. 数字化商业模式[M]. 北京：清华大学出版社，2022.

[15] 邓双琳. 世纪大分拆：阿里动骨[J]. 中国企业家，2023(8)：6-21.

[16] 冯维江，徐秀军. 一带一路：迈向治理现代化的大战略[M]. 北京：机械工业出版社，2016.

[17] 葛鹏楠，吴爽，韩彩欣. 我国互联网医疗的发展路径研究——基于SWOT-CLPV模型分析[J]. 卫生经济研究，2021，38(10)：47-51.

[18] 龚天平，窦有菊. 与生态伦理交融：当代企业伦理发展的新逻辑[J]. 井冈山大学学报（社会科学版），2010，31(4)：38-44+54.

[19] 韩洪灵，陈帅弟，刘杰，等. 数据伦理、国家安全与海外上市：基于滴滴的案例研究[J]. 财会月

刊，2021(15)：13-23.

[20] 何诚颖，刘平.元宇宙：理论、范式和实践[M].北京：中国财政经济出版社，2022.

[21] 赫尔维茨，考夫曼，哈珀，等.云计算商业应用[M].王云，齐蓓蓓，译.北京：人民邮电出版社，2015.

[22] 胡保亮.商业模式：创新机理与绩效影响[M].北京：经济科学出版社，2014.

[23] 胡保亮.物联网商业模式：构建机制与绩效影响[M].北京：经济科学出版社，2016.

[24] 胡世良.5G+：开启商业模式新生代[M].北京：清华大学出版社，2021.

[25] 黄继生.网络嵌入与突破性创新绩效关系研究：创新合法性和创新资源获取的影响[D].杭州：浙江工商大学，2017.

[26] 姜启军，齐亚丽.企业伦理[M].北京：中国轻工业出版社，2009.

[27] 今枝昌宏.商业模式教科书[M].王晗，译.北京：华夏出版社，2020.

[28] 荆浩.大数据时代商业模式创新研究[J].科技进步与对策，2014，31(7)：15-19.

[29] 克莱顿·克里斯坦森.创新者的窘境[M].胡建桥，译.北京：中信出版社，2014.

[30] 兰涛.华为智慧：转型与关键时刻的战略抉择[M].北京：人民邮电出版社，2020.

[31] 李晶，曹钰华.基于组态视角的制造企业数字化转型驱动模式研究[J].研究与发展管理，2022，34(3)：106-122.

[32] 李玮玮，郑文清.考虑碳排放约束议题的商业模式内要素演变与支撑框架研究[J].生态经济，2015，31(11)：60-64.

[33] 李文莲，夏健明.基于"大数据"的商业模式创新[J].中国工业经济，2013(5)：83-95.

[34] 李晓华，叶振宇，方晓霞，等.新工业革命条件下的中国产业布局发展趋势研究[M].北京：经济管理出版社，2022.

[35] 梁洪波，王雷，杨爱喜.AI新基建：数智化浪潮下的商业变革与产业机遇[M].北京：中国友谊出版公司，2021.

[36] 林伟贤，杨屯山.低碳经济带来的新商业机会[M].北京：北京大学出版社，2013.

[37] 刘德良，沈楠.元宇宙+：经济、产业与企业的重塑[M].北京：中译出版社，2022.

[38] 刘慧杰.浅议市场竞争中的伦理问题和竞争伦理规范[J].现代商业，2008(24)：10.

[39] 刘淑春，闫津臣，张思雪，等.企业管理数字化变革能提升投入产出效率吗？[J].管理世界，2021，37(5)：170-190.

[40] 刘宇.资源、环境双重约束下辽宁省产业结构优化研究[D].沈阳：辽宁大学，2012.

[41] 罗素，诺维格.人工智能：一种现代的方法（第3版）[M].殷建平，等译.北京：清华大学出版社，2013.

[42] 马海英.云计算及商务应用[M].北京：科学出版社，2022.

[43] 马化腾，孟昭莉，闫德利，等.数字经济——中国创新增长新动能[M].北京：中信出版集团，

2017.

[44] 马克·冯·里吉门纳姆. 企业的大数据战略[M]. 盛杨燕, 译. 浙江：浙江人民出版社, 2017.

[45] 买忆媛, 古钰, 叶竹馨, 等. 创始人的亲社会动机与创业企业共创共益研究[J]. 研究与发展管理, 2023, 35(1): 41-56.

[46] 钱雨, 孙新波. 数字商业模式设计：企业数字化转型与商业模式创新案例研究[J]. 管理评论, 2021, 33(11): 67-83.

[47] 三谷宏治. 商业模式全史[M]. 马云雷, 杜君林, 译. 南京：凤凰文艺出版社, 2015.

[48] 首席数据官联盟, 刘冬冬, 鲁四海, 等. 赋能数字经济：大数据创新创业启示录[M]. 北京：人民邮电出版社, 2017.

[49] 数字经济发展研究小组, 中国移动通信联合会区块链专委会, 数字岛研究院. 中国城市数字经济发展报告(2019—2020)[R/OL]. (2020-05-09)[2024-01-01]. https://m.sohu.com/a/393961273_353595/.

[50] 宋吉鑫, 魏玉东. 大数据伦理学[M]. 辽宁：辽宁人民出版社, 2021.

[51] 宋政隆. 元宇宙的商业机会[M]. 北京：中华工商联合出版社, 2022.

[52] 汤潇. 数字经济——影响未来的新技术、新模式、新产业[M]. 北京：人民邮电出版社, 2019.

[53] 唐瑶. 高溢价并购与大股东利益侵占研究[D]. 成都：西南财经大学, 2021.

[54] 樋口晋也, 城塚音也. AI新商业模式：你能保住自己的饭碗吗？[M]. 万宁, 译. 深圳：海天出版社, 2019.

[55] 仝允桓, 邢小强, 周江华, 等. 包容性创新[M]. 北京：经济管理出版社, 2017.

[56] 汪存富. 开放创新和平台经济：IT及互联网产业商业模式创新之道[M]. 2版. 北京：电子工业出版社, 2017.

[57] 王志成, 孙健, 刘玉明. 物联网商业模式：星辰大海的新商战[M]. 北京：清华大学出版社, 2020.

[58] 吴小龙, 肖静华, 吴记. 当创意遇到智能：人与AI协同的产品创新案例研究[J]. 管理世界, 2023, 39(5): 112-126.

[59] 夏晓峰, 朱正伟, 李茂国. 工业4.0及适应其价值链的工程人才培养模式关联性分析[J]. 高等工程教育研究, 2019(4): 96-100.

[60] 肖雄辉, 傅慧. 数字创业成长：文献述评与研究展望[J]. 外国经济与管理, 2023, 45(6): 118-136.

[61] 许利群. 移动健康和智慧医疗：互联网+下的健康医疗产业革命[M]. 北京：人民邮电出版社, 2016.

[62] 杨大鹏. 数字产业化的模式与路径研究：以浙江为例[J]. 中共杭州市委党校学报, 2019(5): 76-82.

[63] 杨建初, 刘亚迪, 刘玉莉. 碳达峰、碳中和知识解读[M]. 北京：中信出版集团, 2021.

[64] 杨尊琦. 大数据导论. [M]. 2版. 北京：机械工业出版社, 2022.

[65] 易加斌, 徐迪, 王宇婷, 等. 学习导向、大数据能力与商业模式创新：产业类型的调节效应[J]. 管理评论, 2021, 33(12): 137-151.

[66] 于惊涛, 肖贵荣. 商业伦理理论与案例[M]. 北京：清华大学出版社, 2016.

[67] 于晓宇，王洋凯，李雅洁.VUCA时代下的企业生态战略[J].清华管理评论，2018，10(12)：68-74.

[68] 余来文，陈吉乐，温著彬，等.大数据商业模式[M].北京：经济管理出版社，2014.

[69] 余来文，封智勇，孟鹰.物联网商业模式[M].北京：经济管理出版社，2019.

[70] 余来文，林晓伟，封智勇，等.互联网思维2.0：物联网、云计算、大数据[M].北京：经济管理出版社，2018.

[71] 余来文，王乔，封智勇.云计算商业模式[M].福州：福建人民出版社，2013.

[72] 原磊.商业模式与企业创新[M].北京：经济管理出版社，2017.

[73] 赵亚洲，肖军，乐粉鹏.AI+：人工智能时代新商业模式[M].北京：化学工业出版社，2022.

[74] 中国电子技术标准化研究院.人工智能标准化白皮书(2018版)[R/OL].http：//www.cesi.cn/images/editor/20180124/20180124135528742.pdf.

[75] 中国电子技术标准化研究院.人工智能标准化白皮书(2021版) [R/OL].http：//www.cesi.cn/images/editor/20210721/20210721160350880.pdf.

[76] 中国科学院科技战略咨询研究院课题组.产业数字化转型战略与实践[M].北京：机械工业出版社，2020.

[77] 中国科学院科技战略咨询研究院课题组.数字科技：第四次工业革命的创新引擎[M].北京：机械工业出版社，2021.

[78] 中国信息通信研究院.中国数字经济发展研究报告(2023) [R/OL].http：//www.caict.ac.cn/kxyj/qwfb/bps/202304/t20230427_419051.htm.

[79] 中国信息通信研究院.全球数字经济白皮书(2022) [R/OL].http：//www.caict.ac.cn/kxyj/qwfb/bps/202212/t20221207_412453.htm.

[80] 周辉，徐玖玖，朱悦，等.人工智能治理：场景、原则与规则[M].北京：中国社会科学出版社，2021.

[81] 周茂君，刘明秀.数字营销伦理与法规[M].北京：科学出版社，2023.

[82] 朱岩，田金强，刘宝平，等.数字农业：农业现代化发展的必由之路[M].北京：知识产权出版社，2020.

[83] BERENDS H, SMITS A, REYMEN I, et al. Learning while (re) configuring: business model innovation processes in established firms[J]. Strategic Organization, 2016, 14(3): 181-219.

[84] BURSTRÖM T, PARIDA V, LAHTI T, et al. AI-enabled business-model innovation and transformation in industrial ecosystems: a framework, model and outline for further research[J]. Journal of Business Research, 2021, 127: 85-95.

[85] CHATTERJEE S, MOODY G, LOWRY P B, et al. Information Technology and organizational innovation: harmonious information technology affordance and courage-based actualization[J]. The Journal of Strategic Information Systems, 2020, 29(1): 101596.

[86] CLAUSS T. Measuring business model innovation: conceptualization, scale development, and proof of performance[J]. R&D Management, 2017, 47(3): 385-403.

[87] CLAUSS T, KESTING T, NASKRENT J. A rolling stone gathers no moss: the effect of customers' perceived business model innovativeness on customer value co-creation behavior and customer satisfaction in the service sector[J]. R&D Management, 2019, 49(2): 180-203.

[88] ELIA G, MARGHERITA A, PASSIANTE G. Digital entrepreneurship ecosystem: how digital technologies and collective intelligence are reshaping the entrepreneurial process[J]. Technological Forecasting and Social Change, 2020, 150: 119791.

[89] FOSS N J, SAEBI T. Fifteen years of research on business model innovation: how far have we come, and where should we go?[J]. Journal of management, 2017, 43(1): 200-227.

[90] GARZONI A, DE TURI I, SECUNDO G, et al. Fostering digital transformation of SMEs: a four levels approach[J]. Management Decision, 2020, 58(8): 1543-1562.

[91] GOLDFARB A, TUCKER C. Digital economics[J]. Journal of Economic Literature, 2019, 57(1): 3-43.

[92] GUO H, SU Z, AHLSTROM D. Business model innovation: the effects of exploratory orientation, opportunity recognition, and entrepreneurial bricolage in an emerging economy[J]. Asia Pacific Journal of Management, 2016, 33: 533-549.

[93] HAAKER T, LY P T M, NGUYEN-THANH N, et al. Business model innovation through the application of the Internet-of-Things: a comparative analysis[J]. Journal of Business Research, 2021, 126: 126-136.

[94] HAENLEIN M, KAPLAN A. A brief history of artificial intelligence: on the past, present, and future of artificial intelligence[J]. California Management Review, 2019, 61(4): 5-14.

[95] HESS T, MATT C, BENLIAN A, et al. Options for formulating a digital transformation strategy[J]. MIS Quarterly Executive, 2016, 15(2).

[96] HEUBECK T, MECKL R. Antecedents to cognitive business model evaluation: a dynamic managerial capabilities perspective[J]. Review of Managerial Science, 2022, 16(8): 2441-2466.

[97] HOU H, CUI Z, SHI Y. Learning club, home court, and magnetic field: facilitating business model portfolio extension with a multi-faceted corporate ecosystem[J]. Long Range Planning, 2020, 53(4): 101970.

[98] HUANG J C, HENFRIDSSON O, LIU M J, et al. Growing on steroids: rapidly scaling the user base of digital ventures through digital innovation. MIS Quarterly，2017; 41: 301-314.

[99] JOO J, SHIN M M. Building sustainable business ecosystems through customer participation: a lesson from South Korean cases[J]. Asia Pacific Management Review, 2018, 23(1): 1-11.

[100] KEININGHAM T, AKSOY L, BRUCE H L, et al. Customer experience driven business model innovation[J]. Journal of Business Research, 2020, 116: 431-440.

[101] KEININGHAM T, BALL J, BENOIT S, et al. The interplay of customer experience and commitment[J]. Journal of Services Marketing, 2017, 31(2): 148-160.

[102] KLOS C, SPIETH P, CLAUSS T, et al. Digital transformation of incumbent firms: a business model innovation perspective[J]. IEEE Transactions on Engineering Management, 2021, 70(6): 2017-2033.

[103] LEE M C M, SCHEEPERS H, LUI A K H, et al. The implementation of artificial intelligence in organizations: a systematic literature review[J]. Information & Management, 2023: 103816.

[104] LEMON K N, VERHOEF P C. Understanding customer experience throughout the customer journey[J]. Journal of Marketing, 2016, 80(6): 69-96.

[105] LI J, CAO Y H. Digital transformation driving model of manufacturing enterprises based on configuration perspective[J]. R&D Management, 2022, 34: 106-122.

[106] LÜDEKE - FREUND F, GOLD S, BOCKEN N M P. A review and typology of circular economy business model patterns[J]. Journal of Industrial Ecology, 2019, 23(1): 36-61.

[107] MALIK A, SHARMA P, KINGSHOTT R, et al. Leveraging cultural and relational capabilities for business model innovation: the case of a digital media EMMNE[J]. Journal of Business Research, 2022, 149: 270-282.

[108] MANCUSO I, PETRUZZELLI A M, PANNIELLO U. Digital business model innovation in metaverse: how to approach virtual economy opportunities[J]. Information Processing & Management, 2023, 60(5): 103457.

[109] MARTIN J A, BACHRACH D G. A relational perspective of the microfoundations of dynamic managerial capabilities and transactive memory systems[J]. Industrial Marketing Management, 2018, 74: 27-38.

[110] MARTINS L L, RINDOVA V P, GREENBAUM B E. Unlocking the hidden value of concepts: a cognitive approach to business model innovation[J]. Strategic Entrepreneurship Journal, 2015, 9(1): 99-117.

[111] NAMBISAN S, LYYTINEN K, MAJCHRZAK A, et al. Digital innovation management: reinventing innovation management research in a digital world[J]. MIS Quarterly, 2017, 41(1): 223-238.

[112] NAMBISAN S. Digital entrepreneurship: Toward a digital technology perspective of entrepreneurship[J]. Entrepreneurship Theory and Practice, 2017, 41(6): 1029-1055.

[113] PEDERSEN E R G, GWOZDZ W, HVASS K K. Exploring the relationship between business model innovation, corporate sustainability, and organisational values within the fashion industry[J]. Journal of Business Ethics, 2018, 149: 267-284.

[114] PRIEM R L, WENZEL M, KOCH J. Demand-side strategy and business models: putting value creation for consumers center stage[J]. Long Range Planning, 2018, 51(1): 22-31.

[115] PRIEM R L. A consumer perspective on value creation[J]. Academy of Management Review, 2007, 32(1): 219-235.

[116] RAMEZANI J, CAMARINHA-MATOS L M. Approaches for resilience and antifragility in collaborative business ecosystems[J]. Technological Forecasting and Social Change, 2020, 151: 119846.

[117] RITTER T, PEDERSEN C L. Digitization capability and the digitalization of business models in business-to-business firms: past, present, and future[J]. Industrial Marketing Management, 2020, 86: 180-190.

[118] RONG K, PATTON D, CHEN W. Business models dynamics and business ecosystems in the emerging 3D printing industry[J]. Technological Forecasting and Social Change, 2018, 134: 234-245.

[119] SCHROEDER R. Big data business models: challenges and opportunities[J]. Cogent Social Sciences, 2016, 2(1): 1166924.

[120] SNIHUR Y, TARZIJAN J. Managing complexity in a multi-business-model organization[J]. Long Range Planning, 2018, 51(1): 50-63.

[121] SOLUK J, MIROSHNYCHENKO I, KAMMERLANDER N, et al. Family influence and digital business model innovation: the enabling role of dynamic capabilities[J]. Entrepreneurship Theory and Practice, 2021, 45(4): 867-905.

[122] SPIETH P, ROETH T, MEISSNER S. Reinventing a business model in industrial networks: implications for customers' brand perceptions[J]. Industrial Marketing Management, 2019, 83: 275-287.

[123] SPIETH P, SCHNEIDER S. Business model innovativeness: designing a formative measure for business model innovation[J]. Journal of Business Economics, 2016, 86: 671-696.

[124] TEECE D J. Business models and dynamic capabilities[J]. Long Range Planning, 2018, 51(1): 40-49.

[125] TRISCHLER M F G, LI-YING J. Digital business model innovation: toward construct clarity and future research directions[J]. Review of Managerial Science, 2023, 17(1): 3-32.

[126] VASKA S, MASSARO M, BAGAROTTO E M, et al. The digital transformation of business model innovation: a structured literature review[J]. Frontiers in Psychology, 2021, 11: 539363.

[127] VENKATESH R, MATHEW L, SINGHAL T K. Imperatives of business models and digital transformation for digital services providers[J]. International Journal of Business Data Communications and Networking (IJBDCN), 2019, 15(1): 105-124.

[128] VERHOEF P C, BROEKHUIZEN T, BART Y, et al. Digital transformation: a multidisciplinary reflection and research agenda[J]. Journal of Business Research, 2021, 122: 889-901.

[129] VIAL G. Understanding digital transformation: a review and a research agenda[J]. The Journal of Strategic Information Systems, 2019, 28(2): 118-144.

[130] WARNER K S R, WÄGER M. Building dynamic capabilities for digital transformation: an ongoing process of strategic renewal[J]. Long Range Planning, 2019, 52(3): 326-349.

[131] WEBER M, BEUTTER M, WEKING J, et al. AI startup business models: key characteristics and directions for entrepreneurship research[J]. Business & Information Systems Engineering, 2022, 64(1):

91-109.

[132] WIENER M, SAUNDERS C, MARABELLI M. Big-data business models: a critical literature review and multiperspective research framework[J]. Journal of Information Technology, 2020, 35(1): 66-91.

[133] YANG Z, CHANG J, HUANG L, et al. Digital transformation solutions of entrepreneurial SMEs based on an information error-driven T-spherical fuzzy cloud algorithm[J]. International Journal of Information Management, 2021: 102384.

[134] YI Y, CHEN Y, LI D. Stakeholder ties, organizational learning, and business model innovation: a business ecosystem perspective[J]. Technovation, 2022, 114: 102445.